汽车专业高技能职业教育“十二五”规划教材

汽车车身电控系统原理与检修

董恩国　主　编

机　械　工　业　出　版　社

本书以现代汽车车身电子控制技术的理论基础为重点，系统介绍了汽车安全系统、中控门锁与防盗控制系统、汽车巡航控制系统、汽车空调系统、辅助电气系统、通信与智能化控制系统及其他车身控制新技术等最新车身电子控制技术的理论知识，以及各系统的组成、分类、工作原理、故障诊断与维修等内容。

本书可以作为汽车设计与制造专业、车辆工程专业、汽车运用专业、汽车服务工程和交通运输等专业应用型本科及高职院校教材，也可作为汽车维修高级工及技师培训教材。

图书在版编目（CIP）数据

汽车车身电控系统原理与检修/董恩国主编．—北京：机械工业出版社，2012.6（2022.1 重印）
汽车专业高技能职业教育“十二五”规划教材
ISBN 978-7-111-38275-1

Ⅰ.①汽….　Ⅱ.①董…　Ⅲ.①汽车-车体-电器控制系统-检修-职业教育-教材　Ⅳ.①U472.41

中国版本图书馆 CIP 数据核字（2012）第 093692 号

机械工业出版社（北京市百万庄大街 22 号　邮政编码 100037）
策划编辑：齐福江　责任编辑：齐福江　杨　帆
责任校对：王　欣　封面设计：陈　沛
责任印制：张　博

北京玥实印刷有限公司印刷
2022 年 1 月第 1 版第 11 次印刷
184mm×260mm · 13.75 印张 · 340 千字
19 501—21 000 册
标准书号：ISBN 978-7-111-38275-1
定价：33.00 元

电话服务
客服电话：010-88361066
010-88379833
010-68326294

网络服务
机　工　官　网：www.cmpbook.com
机　工　官　网：weibo.com/cmp1952
机　工　官　博：www.golden-book.com
机工教育服务网：www.cmpedu.com

前 言

Foreword

随着电子工业的迅速发展，现代汽车的车身电控技术发生了巨大的变革，在提高汽车的安全性、舒适性方面起了重要的作用。汽车制造业、汽车组装行业、汽车检测行业、汽车维修行业等许多相关行业都需要大量的熟练掌握汽车车身电控技术的人才，因此各大专院校、职业院校都积极开设了汽车车身电控专业课程，以满足汽车科技飞速发展的需要。

为了帮助汽车相关专业的学生以及汽车使用与维修人员全面系统地掌握现代汽车车身电控技术的理论基础、基本结构及工作原理等方面的内容，适应汽车新技术发展的需要，编者根据多年的教学实践、科学研究，参阅了大量的文献、资料和专著，编写了本书。本书具有如下特征：

(1) 全面性　本书内容广泛，涉及汽车车身电子控制技术的各个方面。编写重点放在对汽车车身控制技术的学习和应用方面，摒弃了许多不必要的理论内容和繁复的控制软件技术。

(2) 新颖性　本书编写内容包括最新的车身电子控制技术，注重与时代发展同步。对于落后的电子控制技术，不再重点讲解。

(3) 形象化　本书采用了多种图形对电控系统的组成、部件结构、工作原理等进行讲解，从一定程度上方便读者的理解和记忆。

(4) 实用至上　本书注重知识的实际应用能力，每章都包括本系统故障诊断的基本方法以及故障诊断步骤等，以培养学生的故障诊断能力，也就是对知识的应用能力。

本书共八章。其中第一章为绪论；第二章为汽车安全系统，包括安全气囊系统、电控安全带、汽车防撞安全系统；第三章为中控门锁与防盗控制系统；第四章为汽车巡航控制系统；第五章为汽车空调系统；第六章为辅助电气系统，内容包括：电子仪表、电动车窗系统、电动座椅、电动后视镜等；第七章为通信与智能化控制系统，内容包括：汽车导航系统、车载局域网；第八章为其他车身控制新技术，包括汽车“黑匣子”、倒车雷达系统、智能灯光控制系统、汽车蓝牙技术等。

本书由天津职业技术师范大学董恩国主编，第一章～第三章、第五章由董恩国编写，第四章由李健编写，第六章由天津市塘沽区中等专业学校王佳编写，第七章、第八章由徐湜清编写。参加编写的人员还有：邢艳云、包丕利、张希通。

由于编者水平所限，书中难免存在一些缺点和错误，诚望读者批评和指正。

编　者

目 录

Contents

第四章　巡航控制系统

第五章　汽车空调系统

第六章 辅助电气系统

第七章 通信与智能化控制系统

第八章 其他车身控制新技术

第一章

汽车车身电子控制系统概述

◎ 掌握技能

➢ 查找车身电子控制系统的安装位置

◎ 基本理论

➢ 车身电子控制系统的基本内容

➢ 车身电子控制系统的基本组成

★ 案例导入

汽车车身电子控制技术包括汽车安全、舒适性控制以及信息通信系统等，如安全气囊、智能随动转向灯头、前排安全带报警系统等安全辅助系统，以及中央电动门锁、自适应空调系统、电动座椅等舒适性系统。这些电子控制技术的广泛应用，已经使汽车成为“电子控制汽车”。

从上述论述中思考如下问题：

1）在现代汽车中应用了哪些车身电子控制技术，又分别有什么作用？

2）各汽车生产厂商最新推出的车型都采用了哪些车身电子控制技术？

随着计算机技术、电子控制技术、人工智能及网络通信技术在汽车上的广泛应用，为汽车车身电气系统向电子化发展创造了必要的条件。电子技术在汽车车身上的广泛应用，是当今汽车工业发展的重要标志之一。

一、电子控制系统的基本组成

电子控制系统的主要组成可分为信号输入装置、电子控制单元（ECU）和执行元件三大部分，如图 1-1 所示。

图 1-1　电子控制系统的基本组成

（1）传感器　电子控制系统中的信号输入装置主要是各种传感器。传感器安装在汽车的各个部位，其功用是检测汽车运行状态的电量参数、物理参数和化学参数等，并将这些参数转换成计算机能够识别的电信号输入电子控制单元（ECU）。信号有两种类型：

模拟信号：信号电压（或电流）随时间变化而连续变化的信号称为模拟信号。

数字信号：信号电压（或电流）随时间变化而不是连续变化的信号称为数字信号。

由于采用了计算机技术，与模拟电路相比，数字信号处理的速度和容量都大大提高。而ECU能接收的信号为数字信号。

（2）电子控制单元　电子控制单元（Electronic Control Unit，ECU）又称电子控制组件，如图1-2所示。它是以单片机为核心而组成的电子控制装置，具有很强的数学运算和逻辑判断功能。ECU主要由输入回路、微机和输出回路三部分组成。输入回路和输出回路一般都与微机一起制作在一个金属盒内，固定在车内不易受到碰撞的部位，如仪表台下面或座椅下面等。

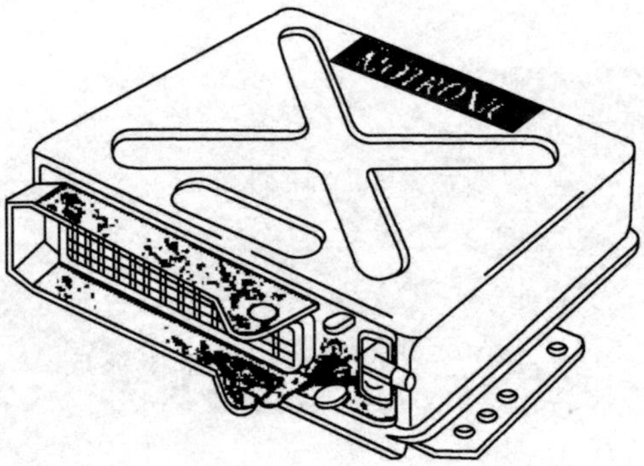

图1-2　电子控制单元（ECU）

（3）执行元件　执行元件是控制系统的执行机构，其功用是接受ECU输出的各种控制指令，完成具体的控制动作，从而使车身各种控制处于最佳的工作状态。执行元件类型主要包括电动机、继电器、开关和电磁阀。

二、车身电子控制技术的基本内容

汽车车身电子控制技术所涉及的内容很多，如汽车的视野性、方便性、舒适性、娱乐性、通信功能等。汽车车身电子控制主要包括：安全控制（电控安全气囊、电控安全带、车辆碰撞安全系统等）、舒适性控制（巡航系统、中央电动门锁系统等）、仪表控制（电子仪表、多功能综合屏幕显示等）、通信与智能化控制（导航系统、车载网络系统等）。

1. 安全控制

（1）安全气囊系统　安全气囊系统（Supplant Restraint System），简称SRS。安全气囊是汽车上一种常见的被动安全装置。撞车时，由ECU提供电流，引爆安放在转向盘中央及仪表板（杂物箱）后面气囊中的氮化合物，使其像“火药”似地迅速燃烧而产生大量的氮气，在瞬间充满气囊（气袋），整个动作过程约在0.02s内完成。这样，在驾驶人与转向盘之间、前排乘员与仪表板（杂物箱）之间立刻形成一种缓冲的软垫，从而避免因硬性撞击而发生严重的伤亡。现在越来越多的车辆将其定为标准配置。

（2）电控安全带　为确保乘员的安全，除了车身结构设计中应考虑有效地吸收撞击能量，确保车内具有有效的乘员生存空间外，作为乘员约束装置之一的座椅安全带，也要求当汽车发生碰撞和翻车事故时使乘员免受大的减速度，同时约束乘员防止二次冲撞，减轻乘员伤害程度。

（3）车辆碰撞安全系统　车辆碰撞安全系统包括预防碰撞安全系统、防追尾碰撞系统、倒车防撞报警系统等。预防碰撞安全系统可以在发生碰撞之前收缩前座椅安全带的松弛部分，并使制动控制系统进入制动辅助状态，以降低对驾驶人和前排乘客造成的伤害。防追尾碰撞系统又叫自动控制的防追尾碰撞系统，这是一种新型主动安全新技术。倒车防撞报警系统又称为倒车雷达系统或声呐测距系统，可以防止车辆在倒车过程中发生碰撞。

2. 舒适性控制

（1）中控门锁系统　采用中央电动门锁系统的车辆，当驾驶人锁住驾驶人侧车门时，其他几个车门（包括后车门或行李箱门等）能同时被自动锁住；当打开驾驶人侧车门时，其他几个车门能同时被打开；且乘客仍可用各车门的机械或弹簧锁开关车门。

（2）防盗报警系统　为了防止车辆被盗，许多汽车公司开始将汽车防盗装置作为汽车的标准配置。防盗报警系统通常与汽车中控门锁系统配合工作，当汽车处于防盗报警功能状态时，若有人企图强行进入汽车车厢或打开发动机室盖、行李箱门，防盗报警系统一方面会发出警告，如灯光闪烁、喇叭鸣叫，另一方面还会阻止车辆运行，如切断点火电路、起动电路及供油电路等。

（3）巡航控制系统　汽车巡航控制系统根据其特点又称恒速控制系统、车速自动控制系统等，该系统无需驾驶人操纵加速踏板即可将汽车车速自动控制在驾驶人设定的目标车速上。该系统将根据行车阻力自动增减节气门开度，使汽车行驶速度保持一定，省去了驾驶人频繁地踩加速踏板的动作。在行驶中，驾驶人只要掌握转向盘就可以轻松地进行驾驶。当路况发生变化时，驾驶人能重新操纵汽车，如加减速、停靠等，从而使整个驾驶过程变得简便、轻松和舒适。

（4）汽车空调系统　空调是空气调节器的简称。汽车空调系统用于对汽车驾驶室和车厢内空气的温度、湿度、流速和清洁度等参数进行调节，并预防或去除风窗玻璃上的雾、霜和冰雪，保障乘员的身体健康、视野和行车安全。汽车空调系统由制冷剂循环流动实现制冷，液体制冷剂在蒸发器中低温下吸取被冷却对象的热量而汽化，使被冷却对象降温，然后又在高温下把热量传给周围介质而冷凝成液体。如此不断循环，借助于制冷剂的状态变化，达到制冷目的。

3. 车身电气系统

（1）电子仪表　传统的仪表仅对车速、发动机转速、燃油消耗等信息进行监测、传递和显示。随着汽车工业的发展，人们对汽车行驶过程中各系统工作状态的信息需求量显著增加，即对汽车仪表功能的要求越来越大。因此，传统的汽车仪表逐渐被电子仪表所取代。电子仪表采用微处理器采集处理不同传感器信号，控制显示如车速、发动机转速、燃油消耗和行车里程等多种信息。

（2）多功能综合屏幕显示　随着汽车电子技术的飞速发展，汽车仪表的电子显示系统，从简单地显示传感器信息，发展成为可以对各种信息进行分析计算、加工处理的综合信息系统。综合信息系统能够从大量的信息中选择出驾驶人所需要的各种信息内容，包括电子行车地图、维修、后视镜等信息，还可以显示电视、广播、电话等信息。

（3）辅助电气系统　汽车辅助电气系统主要包括电动车窗、电动座椅、风窗玻璃刮水系统等。

电动玻璃升降机构实质上是在手动玻璃升降系统的基础上，增设了玻璃升降驱动电动机和减速器而构成。驾驶人侧面的总开关可以控制全部车门玻璃的升降，各车窗升降开关可以单独控制各自车门玻璃的升降。汽车电动座椅系统又称为座椅位置（座位）调节系统，通过操纵座位控制开关，可以调整座位的前后滑移、前垂直、后垂直位置，靠背和头枕的倾斜位置以及腰垫的位置。汽车风窗玻璃刮水系统的功用是刮除风窗玻璃上的雨水、积雪、尘土和污物，为驾驶人提供良好的视野，确保行车安全。

4. 通信与智能化控制

（1）导航系统　随着科学技术的发展，汽车导航系统快速发展，目前已发展到比较先进的具有汽车导航功能、防盗功能、调度功能、汽车主要工况的监测报警等功能的综合系统。从设备上看，目前已发展成为利用“3C 技术”，即计算机、通信及控制技术结合的全球卫星定位系统，建立了具有行车导航、控制等功能的综合系统，而且民用精度已达到米级。

（2）车载网络系统　20 世纪 90 年代以来，汽车上的电控装置越来越多，例如电子燃油喷射装置、防抱死制动装置（ABS）、安全气囊装置、主动悬架等，因此，电子控制区域网络（CAN）应运而生。它通过不同的编码信号表示不同的开关动作，信号解码后，根据指令接通或断开对应的用电设备（前照灯、刮水器、电动座椅等）。这样，就将过去一线一用的专线制改为一线多用制，减少了汽车上电线的数量，缩小了线束的直径，从而增大了汽车使用空间。

思考题

1）电子控制技术的应用对汽车的动力性、燃油经济性、安全性有哪些影响？

2）你还知道哪些先进的汽车车身电子控制技术，它们有什么作用？

练习题

1. 填空题

1）车辆碰撞安全系统包括________、防追尾碰撞系统、________等安全系统。

2）汽车巡航控制系统根据其特点又称________、车速自动控制系统等。该系统无需驾驶人操纵________即可将汽车车速自动控制在驾驶人设定的目标车速上。

3）导航系统目前已发展成利用“3C 技术”，即________、通信及________结合的全球卫星定位系统，建立了具有行车导航、控制等功能的综合大系统。

4）电子控制系统中的信号输入装置是________。

5）传感器安装汽车的各个部位，其功用是检测汽车运行状态的________、物理参数和________等，并将这些参数转换成计算机能够识别的电信号输入 ECU。

6）模拟信号是：____________________。

7）数字信号是：__________________。

8）汽车电子控制单元（ECU）主要由________、单片机和________三部分组成。

9）执行元件类型主要包括________、继电器、开关和________。

2. 简答题

1）安全气囊系统有哪些作用？

2）巡航控制系统有哪些作用？

3）导航系统有哪些作用？

3. 论述题

汽车车身电子控制技术有哪些主要的应用技术，分别有什么作用？

第二章

汽车安全系统

◎ **掌握技能**

- 通过安全气囊 SRS 指示灯读取故障码
- 清除安全气囊系统的故障码
- 处理爆开的安全气囊

◎ **基本理论**

- 安全气囊控制系统的组成及工作原理
- 智能安全气囊系统的组成及工作原理
- 电控安全带控制系统的组成及工作原理
- 预紧式安全带控制系统的组成及工作原理
- 预防碰撞安全系统的组成及工作原理

★ 案例导入

故障现象：一辆福特林肯轿车安全气囊（SRS）警告灯亮。

故障诊断：林肯轿车左、右前碰撞传感器安装在散热器塑料饰板的下方，中央安全传感器安装在驾驶座左脚仪表板下方，SRS ECU 安装在右前乘客座杂物箱后方，主气囊安装在转向盖板下，副气囊安装在右前乘坐杂物箱上方。

首先调取故障码，将点火开关置于“ON”，SRS 故障码为“42”，为中央安全传感器电源线断路。经检查发现左前碰撞传感器插头 6 与该传感器连线断路（图 2-1）。将断线接好后，故障排除。

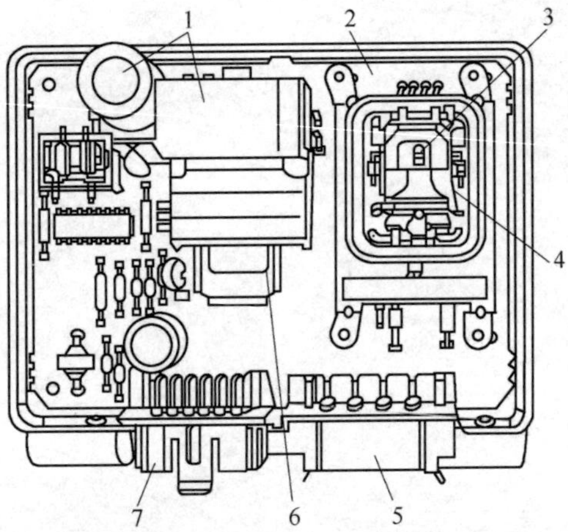

图 2-1　福特林肯轿车安全气囊 ECU 内部元件

1—能量储存装置（电容器）　2—碰撞防护传感器总成　3—传感器触点　4—传感器滚轴　5—4 端子插座　6—专用 CPU　7—SRS ECU 插座

根据上述案例，请思考下列问题：

1）SRS 系统的中央安全传感器有什么作用？

2）为什么左前碰撞传感器插头断路，SRS 系统不能正常工作？

3）SRS 系统有哪些部分组成？

第一节 安全气囊系统

现代公路，特别是高速公路，汽车行驶的平均车速一般在 80km/h 以上，车辆一旦发生碰撞，由冲击惯性造成的伤亡事故将非常严重。因此，现代轿车、旅行车及越野车等，为了保护乘员，必须配置安全气囊系统。

安全气囊系统（Supplemental Restraint System）简称 SRS，是汽车上一种常见的被动安全装置。目前，较为普遍的是驾驶人安全气囊和前排乘员安全气囊（前排座椅）。一旦车辆发生碰撞，由 ECU 提供电流，引爆安放在转向盘中央及仪表板（杂物箱）后面气囊中的氮化合物，使其像“火药”似的迅速燃烧而产生大量的氮气，在瞬间充满气囊（气袋），整个动作过程约在 0.02s 内完成。这样，在驾驶人与转向盘之间、前排乘员与仪表板（杂物箱）之间立刻形成一种缓冲的软垫，避免硬性撞击而发生严重的伤亡。

一、安全气囊系统的组成与工作原理

1. 安全气囊的类型

根据碰撞类型，安全气囊可以分为正面碰撞防护安全气囊和侧面碰撞防护安全气囊。正面气囊的主要作用是保护驾驶人和乘员的面部和胸部，而侧面气囊主要是保护驾驶人和乘员的头部和腰部。

按照气囊的数量分类，可分为单气囊系统（只装在驾驶人侧）、双气囊系统（正、副驾驶人侧各有一个安全气囊）和多气囊系统（前排安全气囊、后排安全气囊、侧面安全气囊）。

按照气囊大小分类，可分为保护全身的安全气囊、保护整个上身的大型气囊和保护面部的小型护面气囊。

按照保护对象的不同分类，可分为驾驶人侧防撞安全气囊、前排乘员侧防撞安全气囊、后排乘员防撞安全气囊与侧面防撞安全气囊。

按照气囊的安装位置分类见表 2-1。

表 2-1 安全气囊分类

类 别	安装位置	用 途
驾驶人气囊	转向盘内	正碰撞时保护驾驶人
前排乘员气囊	仪表板内	正碰撞时保护前排乘员
侧气囊	B 柱、车门、座椅等	侧面碰撞、翻滚时保护驾驶人、乘员
帘式气囊	顶棚侧面	侧面碰撞、翻滚时保护驾驶人、乘员
膝部气囊	仪表板下部	正碰撞时保护驾驶人、乘员
其他位置气囊	风窗玻璃下等位置	保护行人

按照触发机构的不同，安全气囊分为三种型式：一是电子式的，它只用一个减速仪，一

般都安装在朝着车厢的前方；另一种是电气—机械式的，要求在车前方有多个传感器；第三种是机械式的，它包括一切必要的装置。

2. 安全气囊对人体保护的作用原理

汽车从正面撞车时，气囊系统被引爆的有效范围如图 2-2 所示。以汽车纵向轴线为基准，从气囊转向盘的位置相对于汽车纵向轴线引出两条左右各成30°的直线，在汽车前方 ± 30°的角度范围内撞车，并且撞车后汽车纵向减速度又达到某一值时，正面气囊才会被引爆。

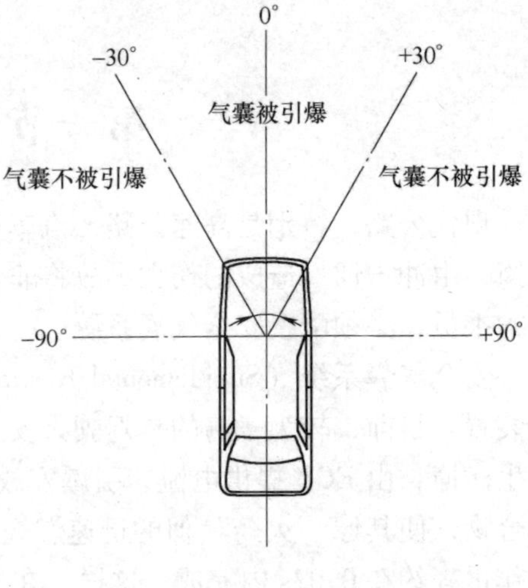

图 2-2　撞车时气囊系统被引爆的有效范围

若是汽车从侧面撞车或绕纵向轴线侧翻，以及在正常或恶劣地行驶条件下，甚至是从后面撞车时，正面安全气囊系统都不会引爆。

假设汽车以 50km/h 的车速行驶，从正面与障碍物相撞，气囊引爆的时序如图 2-3 所示。

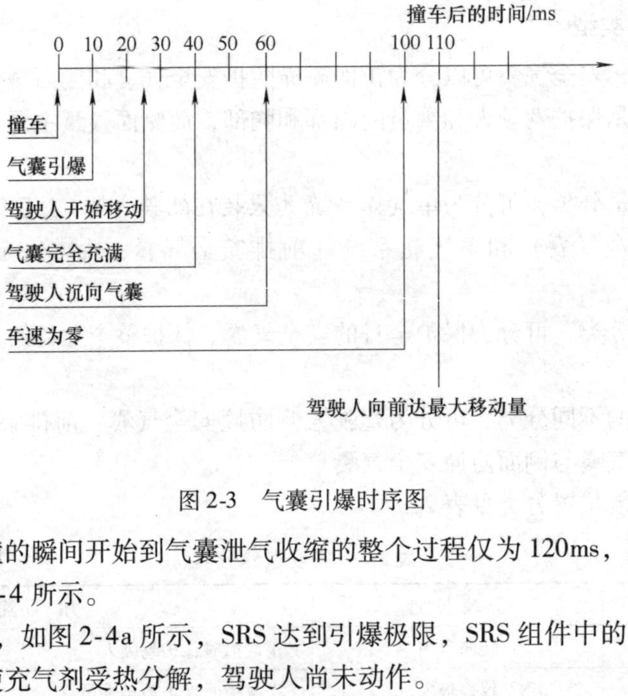

图 2-3　气囊引爆时序图

从汽车发生碰撞的瞬间开始到气囊泄气收缩的整个过程仅为 120ms，其引爆过程可以分为四个阶段，如图 2-4 所示。

碰撞约 10ms 后，如图 2-4a 所示，SRS 达到引爆极限，SRS 组件中的电雷管引爆点火剂并产生大量热量，使充气剂受热分解，驾驶人尚未动作。

碰撞约 40ms 后，如图 2-4b 所示，气囊完全充满，体积最大，驾驶人向前移动，安全带斜系在驾驶人身上并收紧，部分冲击能量已被吸收。

碰撞约 60ms 后，如图 2-4c 所示，驾驶人头部及身体上部压向气囊，气囊背面的排气孔在气体和人体压力作用下排气，利用排气节流作用吸收人体与气囊之间弹性碰撞产生的动能。

碰撞约 110ms 后，如图 2-4d 所示，大部分气体已从气囊逸出，驾驶人身体上部回到座椅靠背上，车辆前方恢复视野。

碰撞约 120ms 后，如图 2-4e 所示，碰撞危害解除，车速降低至零。

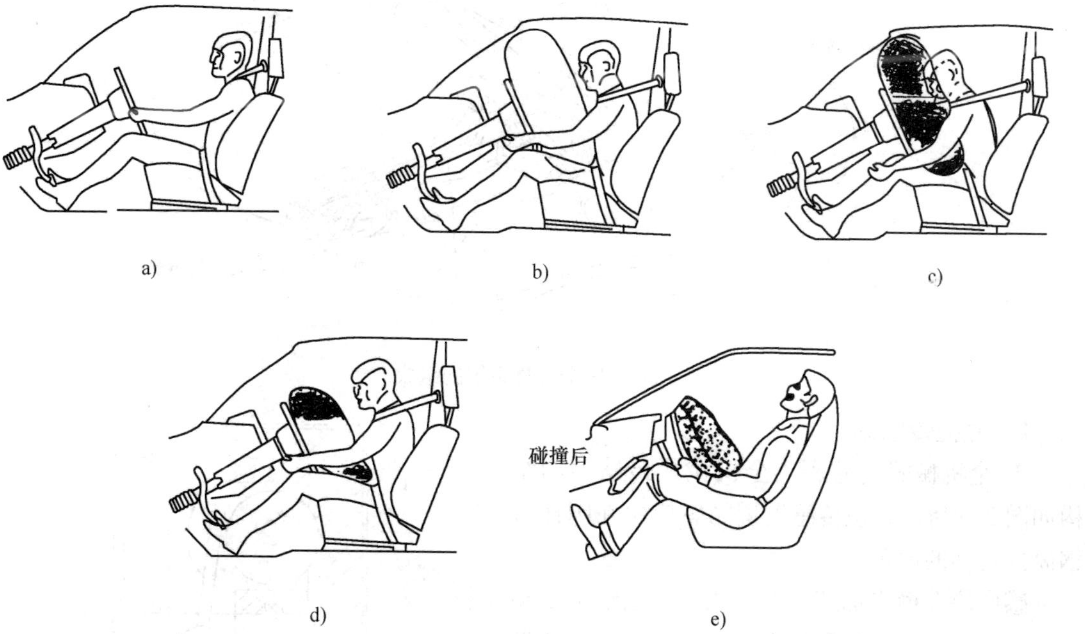

图 2-4 安全气囊的动作过程

a）10ms 时 b）40ms 时 c）60ms 时 d）110ms 时 e）120ms 时

撞车时，气囊系统与一个仪表板上的指示灯接通。每次打开点火开关，安全气囊系统自动执行一个测试周期，同时指示灯亮大约 10s。

通过各种试验和实际使用证明，装有安全气囊的汽车在发生碰撞事故时，乘员所受到的伤害程度大为减轻。有些车辆的安全气囊系统，还可在引爆安全气囊的同时，通过电子或机械式安全带收紧装置收紧安全带，这样能够有效地降低二次碰撞对驾驶人和乘员带来的伤害。

3. 安全气囊系统的组成与工作原理

安全气囊系统是一种被动安全措施。安全气囊系统主要由碰撞传感器、安全气囊系统警告灯、带防护碰撞传感器的 SRS ECU 和气囊组件四部分组成。图 2-5 所示为典型的单安全气囊系统，气囊紧紧地折叠，放置于转向盘中间缓冲垫的下面。

（1）传感器 汽车安全气囊用传感器用于检测、判断汽车发生事故后的撞击信号，以便及时起动安全气囊，并提供足够的电能或机械能点燃气体发生器。传感器按其功能分为碰撞传感器和安全传感器两大类。碰撞传感器按汽车上的安装位置又分为前方碰撞传感器和中央碰撞传感器两种。碰撞传感器负责检测碰撞的激烈程度，如果汽车以 40km/h 的车速撞到一辆正在停放的同样大小的汽车上，或以不低于 22km/h 的车速迎面撞到一个不可变形的固定障碍物上，碰撞传感器便会动作，接通搭铁回路。安全传感器，也称触发传感器，其闭合的减速度要稍小一些，起保险作用，防止因碰撞传感器短路而造成误膨开。

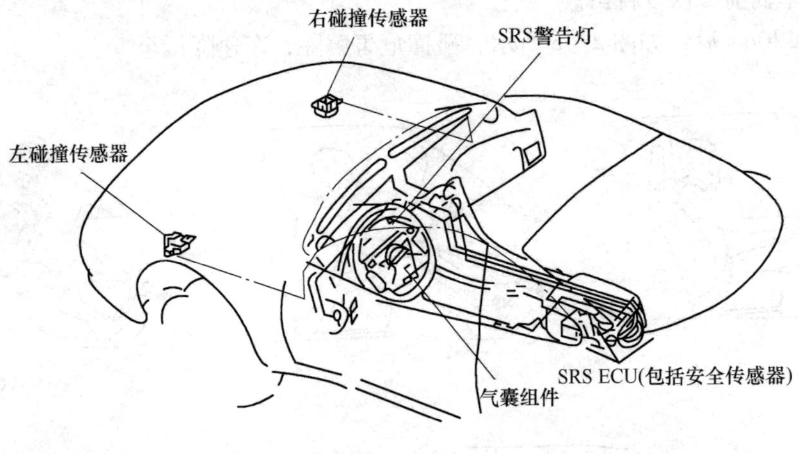

图 2-5　安全气囊系统的组成

1）碰撞传感器

① 全机械式传感器。全机械式传感器的结构如图 2-6 所示，该传感器遵循感应块在圆柱形钢筒内运动的原理。

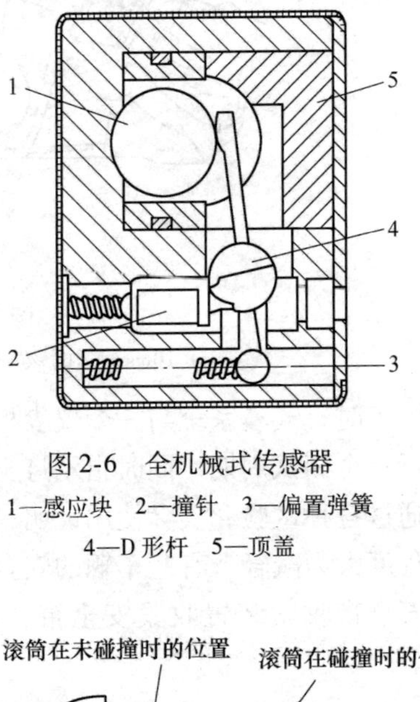

图 2-6　全机械式传感器

1—感应块　2—撞针　3—偏置弹簧　4—D 形杆　5—顶盖

感应块在撞击加速度的作用下向前运动推动杠杆，杠杆的另一端受弹簧力支持，有一个 D 形杆成 90°连接在杠杆靠近弹簧端。当杠杆运动时，带动 D 形杆转动，使限制在 D 形杆下面的 2 个撞针射出，打到镶嵌在外壳上的点火帽上，将其点燃，引发气体发生器（其灵敏度取决于弹簧力、小球和钢筒之间的间隙）。这种传感器在低速撞击以及粗糙路面撞击下能保证安全气囊不起动，可靠性极高；但缺点是受单点传感的限制，对各部件精度要求高，且各零件需耐磨。

② 机电式传感器。目前应用最多的机电式传感器有两种，其中一种是滚筒式机电传感器，如图 2-7 所示，它主要由电路触点、加载弹簧滚筒、电阻器、壳体等组成。加载薄壁滚筒有一定的质量，当发生碰撞所产生的冲击力达到一定程度时，在加速度的作用下，会引起滚筒沿着自己的轨迹展开并向前推动。当滚筒接触到其前部电路触点时，使连接 SRS ECU 的电路闭合接通。它是一种加速度传感器，只能测量到前后的运动力而不能检测左右的移动力，并且对低速撞击和粗糙面过于敏感，所以目前已被钢球式传感器

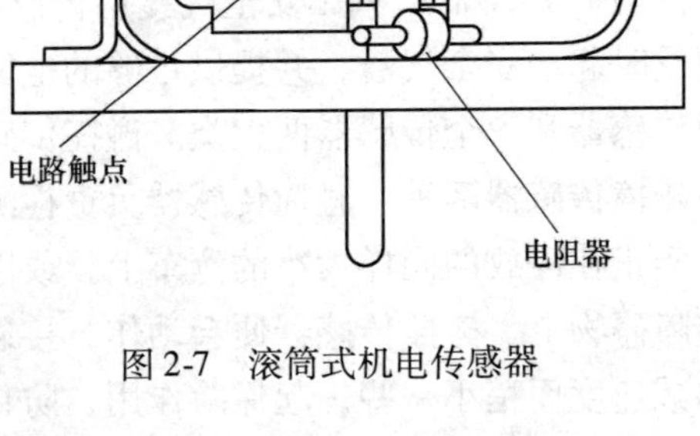

图 2-7　滚筒式机电传感器

取代。

钢球式机电传感器的结构如图 2-8 所示。这种传感器是一个钢球在圆柱形钢套内运动，钢球被磁场力约束，其工作原理如图 2-9 所示。在正常情况下，钢球被磁力吸附在钢套的一端，当汽车以超过某特定的车速发生碰撞时，钢球将克服磁场力，向前运动，当接触到电触头时便将局部电路接通。碰撞后磁场力自动把钢球吸离电触头，回到原位。这种传感器既是加速度传感器，又是速度传感器。传感器的灵敏度由 3 个参数确定，即磁场力大小、钢球和圆柱形钢套之间的间隙以及钢球距电触头的距离。

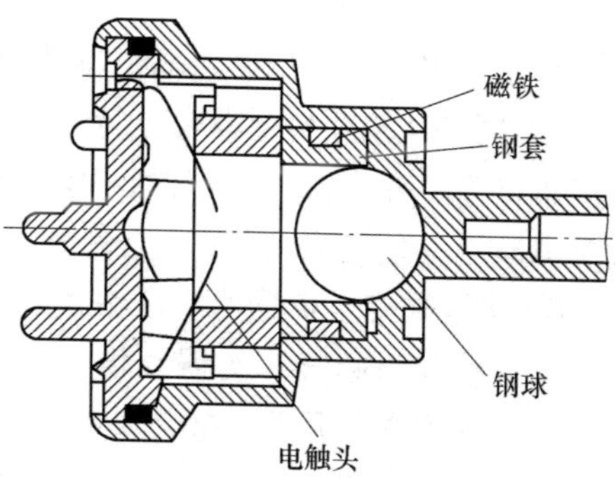

图 2-8 钢球式机电传感器的结构

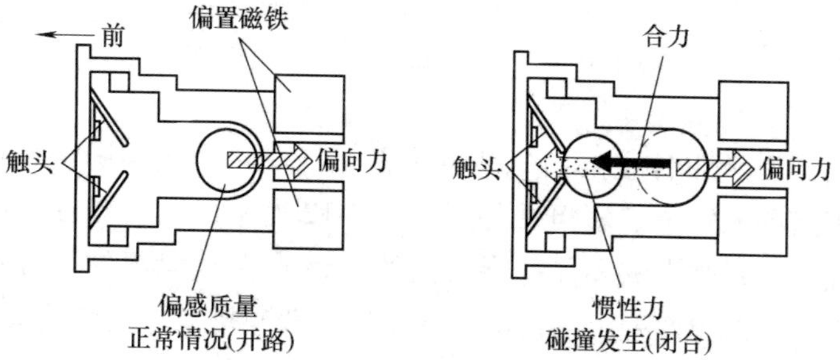

图 2-9 钢球式机电传感器的工作原理

2）安全传感器

① 中央传感器。中央传感器是一个半导体压力传感器，具有稳定性好、应变灵敏系数 K 值大（约 100 ~ 150）以及压敏电阻效应性好等特点，其结构及电路原理如图 2-10 所示。

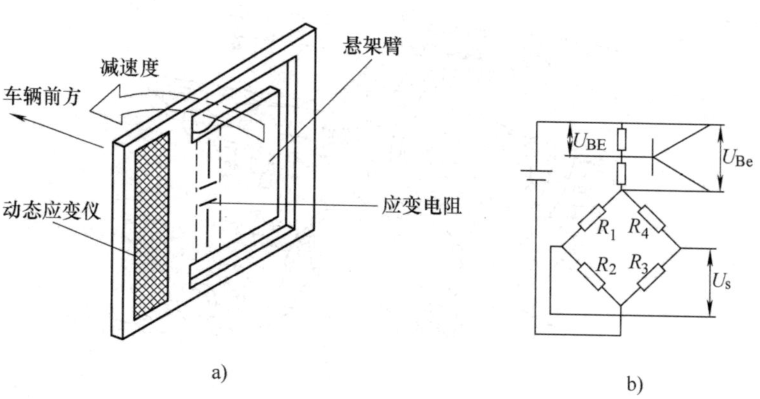

图 2-10 中央传感器的结构及电路原理

a）结构 b）电路原理

工作原理：其悬臂架压在半导体应变片的两端。当汽车发生碰撞时，半导体应变片在悬臂减速力作用下发生弯曲应变，受压后的电阻发生变化，电阻的变化引起动态应变仪输出电压的变化。汽车的速度越高，碰撞后产生的减速度力越大，则输出的电压也越大。

由于半导体压力传感器输出特性受温度影响较大，故应用晶体管的基极—发射极间电压U_{BE}的温度变化消除传感器输出特性的变化。所以，半导体压力传感器要求有稳压电源。中央传感器安装在中央控制器内，用来感测汽车高速碰撞的信号，并将其输入到 ECU，引爆气囊电雷管，使气囊张开。

② 水银式安全传感器。水银式安全传感器用来防止系统在非碰撞状况引起气囊的误动作。它装在电子控制器内，实际是一个水银常开开关，如图 2-11 所示。当发生碰撞时，足够大的减速度力将水银抛上，使安全传感器两触头（触点）闭合，将电雷管电路接通。它只有在车辆前方发生冲撞时才对减速度作出响应。否则，当冲撞以外的其他原因，即便中央传感器和前方传感器有信号输出，如果此安全传感器无输出，则应判定车辆无冲撞，以防止不必要情况下安全气囊的展开。

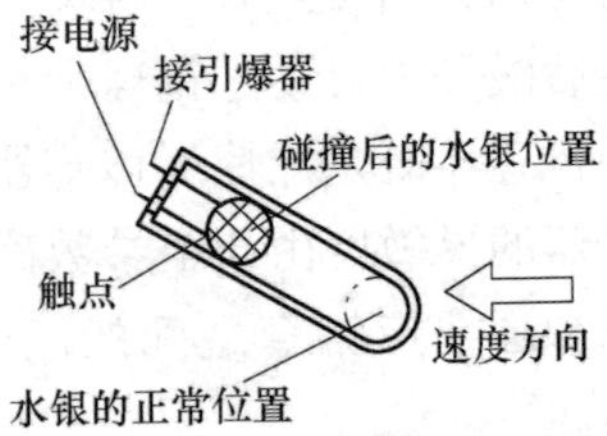

图 2-11　水银式安全传感器

（2）气囊组件　气囊组件主要由气体发生器、气囊、衬垫和固定部件等组成。安装在驾驶人侧和前排乘员侧的安全气囊组件外形如图 2-12 所示，此图是在已断开点火开关和蓄电池搭铁线的前提下，驾驶人侧和前排乘员侧的 SRS 安全气囊组件已分别从转向盘中央和仪表盘上取下，缓冲装饰垫面朝上的情况。气囊位于缓冲垫里，气囊接头一端从转向柱套管经由转向盘中间的配合面引出，另一端插接在缓冲垫后面和气囊相通的孔内。气囊接头管线由装置在缓冲垫后面的夹子固定住。缓冲垫做成特殊形状，以便通过螺钉安装在转向盘相应的凹槽内，构成气囊式转向盘。缓冲垫前面的中间部位开有预置接缝，当气囊被引爆时，接缝裂开使缓冲垫张开成为两半，充满气体的气囊由缓冲垫内胀出。驾驶人侧气囊组件位于转向盘中心处，其内部结构如图 2-13 所示。

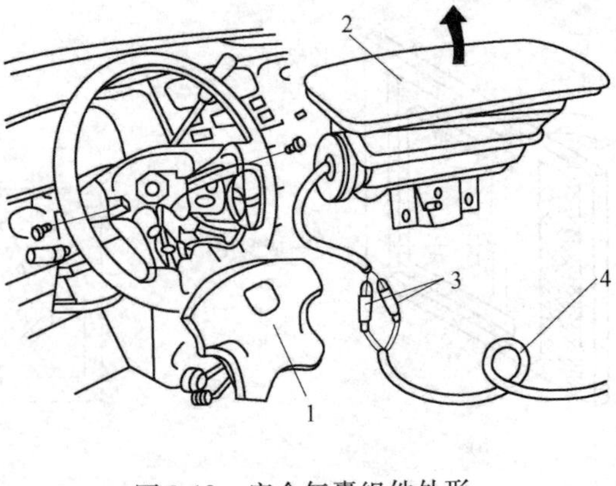

图 2-12　安全气囊组件外形

1—驾驶人侧 SRS 安全气囊组件　2—前排乘员侧 SRS 安全气囊组件　3—鳄鱼夹　4—导线

1）气体发生器　气体发生器是气囊组件中非常重要而又复杂的一部分。该装置最突出的特点是燃爆品在极短的时间内可以使环境发生剧烈变化。气体发生器通常分为燃料式和混

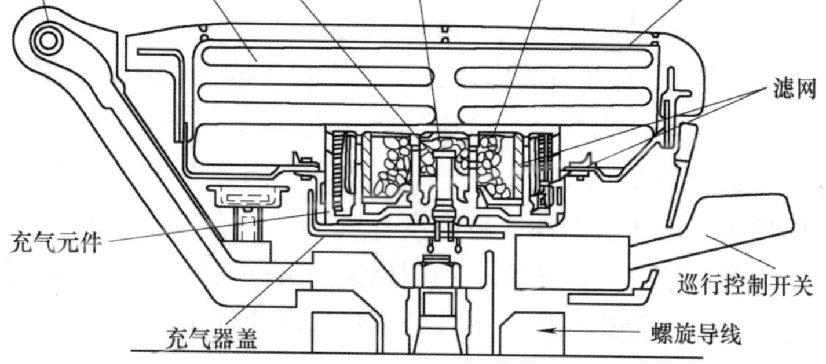

图 2-13 气囊组件的结构

合式两种。

燃料式气体发生器主要由外壳、引爆器（电雷管、点火器、引燃器）、增压充剂、气体发生剂、过滤器等组成，各部分结构如图 2-14 所示。

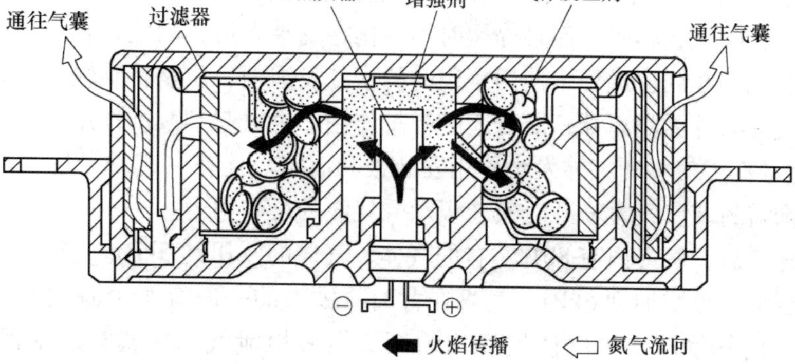

图 2-14 燃料式气体发生器的结构

① 气体发生器外壳。一般采用铝合金或钢板冲压成形，目前铝合金外壳已逐步取代钢板外壳。铝合金外壳底部采用惰性气体焊接，出气口处用铝箔粘接封严。

② 引爆器（电雷管或称点火器）。引爆器由引爆筒总成和尼龙壳体组成，如图 2-15 所示。引爆筒又由电热丝、药托、药筒等组成。在传感器动作时，引爆器响应来自电源的低电平信号使气囊点火系统触发。其作用过程是：引爆器引线端有电，电流通过电热丝，电热丝产生热量引燃火药，生成的压力和热量冲破药筒将增压充剂引燃。

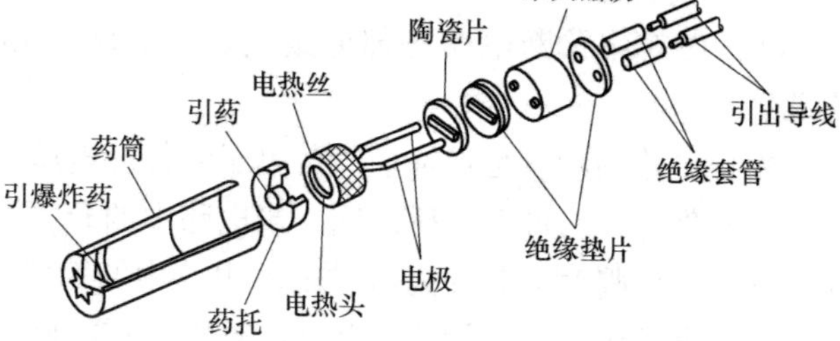

图 2-15 引爆器结构

③ 增压充剂。增压充剂装于引爆器与气体发生剂之间，当引爆器引燃

后，引燃增压充剂，冲撞或粉碎气体发生剂，促进气体发生剂的快速燃烧。

④ 气体发生剂。目前，气体发生器使用的气体发生剂主要是叠氮化钠合剂，该合剂燃烧后产生氮气。为使叠氮化钠充分燃烧，需加入助燃剂。

⑤ 过滤器。过滤器具有两方面的作用，一是冷却生成的气体，二是滤出燃烧后产生的杂质。一般采用金属纤维毡加陶瓷纤维纸作过滤介质。

混合式气体发生器则是在储气缸中有压缩气体和小部分火药。工作时，火药将储气缸阀门炸开，压缩气体冲出。由于瞬间储气缸内没有热交换，储气缸内的温度将骤然下降，并引起气体压力下降。为了补偿失去的压力，利用燃烧的火药对冲出的气体加热，以使气囊内部有足够的工作压力。使用混合式气体发生器的气囊温度比使用固体燃料式气体发生器时的温度低，但是气囊的温度比人体高。

2）气囊。气囊折叠在气囊盒中，其材料为尼龙织物，内层涂聚氯丁二烯，能承接大于2.5kN 的拉力。

安全气囊按大小可以分为保护整个上身的大型气囊和保护面部的小型护面气囊。由于欧洲车系普遍使用安全带，气囊只是补充性的保护装置，因此欧洲车系气囊多为小型护面气囊。

3）衬垫。气囊衬垫也是一个关键零件，它具有保护气囊的作用，又必须在气囊张开时易于碎裂而不影响气囊膨胀，而且碎裂时不会伤害驾乘人员，因此，它采用轻度发泡的聚氨酯塑料薄板制成。在制造过程中使用了很薄的水基发泡剂，质量特别轻。平时它作为转向盘的上表面把气囊与外界隔离开，既可起到维护作用，也可起到装饰作用。

4）固定部件。气囊和气体发生器用安装板和固定环连在一起并予以密封。气囊总成用转向盘气囊饰盖封装。气囊充开时安装板承受气囊的反作用力。

当完全充气后，气囊内有 80L 左右的气体，气体的气压约 5kPa。当驾驶人压向气囊时，气囊内的气压最大可增加到 6kPa。气囊在背离驾驶人的一面有 4 个溢气孔，这些孔在驾驶人身体上部压向气囊时，可以使气囊均匀而又缓慢地泄气，这就有效地保证在撞车大约 110ms 后，由撞车产生的能量被有效地吸收。

（3）电子控制系统　安全气囊的电子控制系统主要由 SRS ECU、螺旋形电缆、SRS 指示灯、SRS 电源、线束等组成。

1）SRS ECU（安全气囊 ECU）。SRS ECU 是安全气囊的控制中心，其功用是接收碰撞传感器及其他各传感器输入的信号，判断是否点火引爆气囊充气，并对系统故障进行自诊断。

安全气囊 ECU 由稳压电路、备用电源电路、SRS 侦测电路、点火控制引爆电路、安全传感器、故障自诊断电路等部分组成。图 2-16 所示为韩国现代轿车 SRS ECU 组成及连接电路。

稳压电路的功能是保证供给各电子元件的电压不至于发生大的波动而损坏元器件。由于汽车电器部件中有许多电感线圈，当电路中的开关器件接通或断开使负载电流发生突然变化时，都会产生瞬时的脉冲高压对 SRS 电路中的元器件造成损害。

备用电源由电容器构成，其功能是在汽车碰撞时，如蓄电池或发电设备损坏而不能给安全气囊系统供电的情况下，紧急提供保证安全气囊系统工作所需要的电力。备用电源的供电

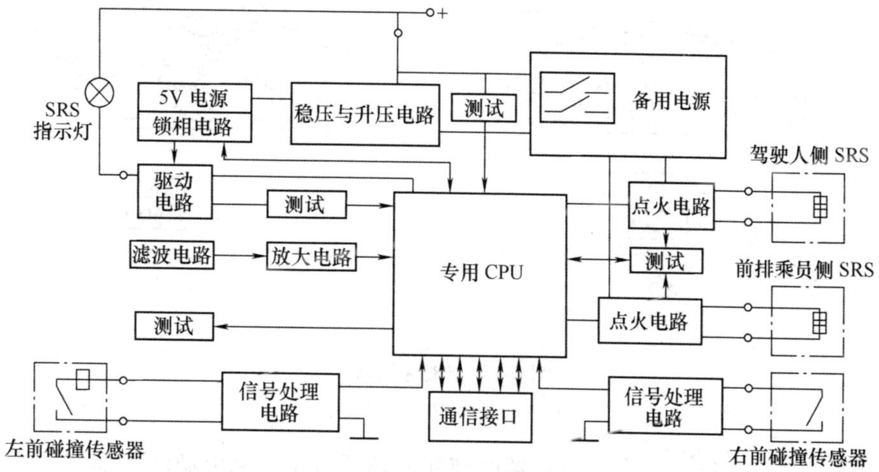

图 2-16 韩国现代轿车 SRS ECU 电路图

时间虽然只能延续 6s，但在此供电时间内，却能保证 SRS ECU 测出碰撞强度、发出引爆指令点燃气体发生剂，使安全气囊可靠启动。当时间超过 6s 以后，备用电源的供电能力下降，不能再保证安全气囊系统正常工作。

汽车点火开关接通 10s 后，如果汽车蓄电池电压或发电电压高于 SRS ECU 的最低工作电压，则对备用电源的电容器进行充电，直至电容器电能储存足够为止。

2）螺旋形电缆。螺旋形电缆的功用是把电信号输送到安全气囊引爆器（装在转动的转向盘内）的接线上。

驾驶人侧气囊安装在转向盘上。它被安装在托盘内，托盘则通过螺栓固定在转向轴顶部，以顺逆两个方向的盘绕实现做旋转运动的一端与固定端的可靠连接。电缆内侧是固定端，用键与转向轴固定在一起，外侧是活动端，通过插接器与引爆器连在一起。

螺旋形电缆的电阻取决于其本身材料和长度。电缆材料为复合膜铜带，一面是铜，一面是聚酯薄膜。长度由转向盘最大转向圈数和转向轴安装毂的最小内径决定，一般电缆长约为 4. 8m。转向轴处于中间位置，可分别向左右作 2. 5 圈转动。由于与电缆连接的引燃器阻抗很小，故对电缆阻抗的偏差要严格控制，否则会影响 ECU 对引爆器故障的诊断。

螺旋形电缆与转向轴的安装位置关系对于能否保证安全气囊系统的性能有很大关系。若偏差过大，就会导致螺旋形电缆旋转过量而造成永久性的损伤。因偏差无法避免，所以在安装电缆时，在顺、逆两个方向都要留出半圈的余量。

3）SRS 指示灯。SRS 指示灯装在仪表板上，有的用图形显示，如图 2-17a 所示，有的用字母显示，如图 2-17b 所示。SRS 指示灯可以反映 SRS 系统的工作情况，一般把点火开关置于“ON”档后，SRS 指示灯闪亮（或不间断亮）6 ~ 8s 后熄灭，说明 SRS 系统正常。如果 SRS 指示灯不亮，或不停地闪烁，或常亮，则说明 SRS 系统有故障。

4）SRS 系统电源。安全气囊电源由从点火开关流出的汽车蓄电池（或交流发电机）主电源、稳压器、备用电源等组成。平时由主电源供电，并对备用电源充电。由于主电源波动较大，一般都设有稳压器，以便获得稳定的电压。在主电源损坏时，电源监控器立刻切断主

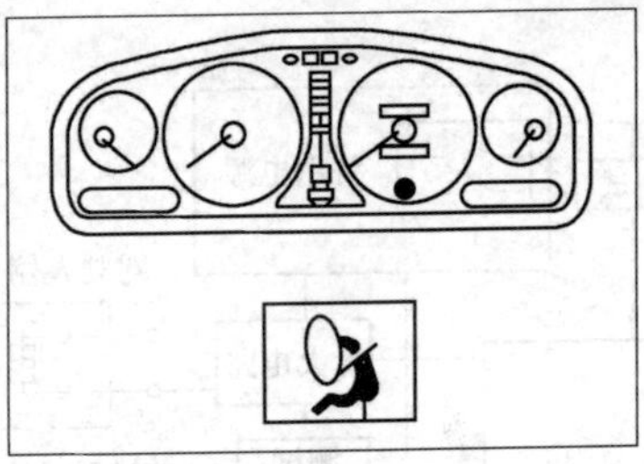
a)

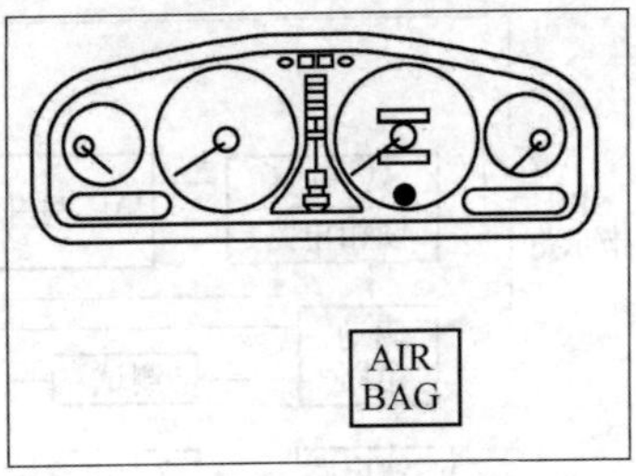

b)

图 2-17　SRS 指示灯
a）图形显示　b）字母显示

电源，启动备用电源。同时，电源监控器的储能电容器也是备用电源的一部分。当蓄电池电压低于 4V，气囊引爆时，电压转换器在点火开关已经打开的情况下将供给气囊系统的电压增加到 12V 左右。

5）SRS 线束。SRS 线束用特种包装和颜色标识。螺旋形电缆能保证安装在转向盘中央的安全气囊系统电路可靠连接。另外，插接器触片与插头表面通过镀金来防止接触不良。

二、智能安全气囊

1. 常规安全气囊存在的问题

1）碰撞传感器只监测碰撞时的惯性变化，即减速度。但碰撞损坏不仅与减速度有关，还与碰撞时的初速度相关，即人体的动能是撞伤的能量源，不可忽视。

2）在紧急制动或车轮碰触异物时易引发误爆。

3）乘员座位如果无人，碰撞时将发生空爆，形成无谓损失。

4）安全气囊不能充分保护儿童、妇女及身体矮小人员的安全。

5）安全气囊迅速充满高温气体，在保护人员的同时，不可避免地造成一定程度的冲击损伤（如击碎眼镜）和轻度烧伤。

6）叠氮化钠燃烧反应后产生有害物质氮化钠和氢氧化钠，对驾乘人员和事后的维修人员造成呼吸器官损坏。

7）安全带不能及时有效地防止驾乘人员在高速碰撞时扑向安全气囊而造成伤害。

2. 智能安全气囊系统组成

智能安全气囊是一个自适应式的约束系统，如图 2-18 所示。它能够有效地利用碰撞过程中的各种输入条件，例如乘员的状态和车辆的环境，在碰撞中充分发挥安全气囊系统的保护效果。它通过在普通安全气囊的基础上增加传感器，感应乘员和车辆状态的变化达到适应性的目的，并且利用电控单元（ECU）识别碰撞严重程度并以此调节发生器的出气量。通过采集这些数据，由 ECU 控制安全气囊的膨胀，使其发挥最佳作用，避免安全气囊出现无必要的膨胀。

智能安全气囊系统主要由以下几部分组成：

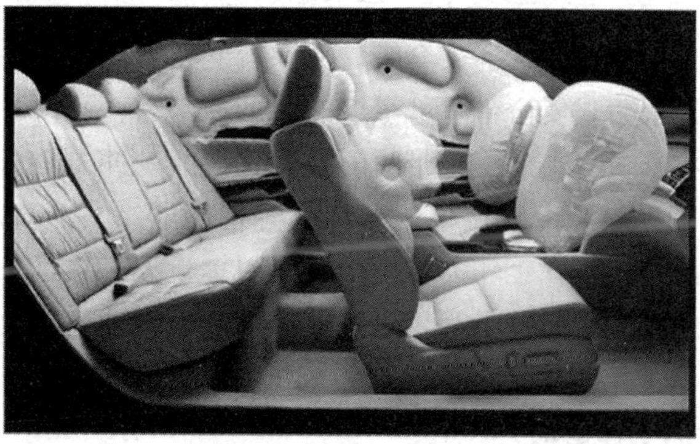

图 2-18 智能安全气囊

（1）探测设备 在智能化安全气囊研制过程中，对乘员的状态识别是研究的新方向，因为中央控制器只有准确地采集到车辆碰撞参数和乘员的身材、体重、乘坐位置和乘坐姿态等，才能更好地发出点火指令。智能安全气囊使用的传感器（见表 2-2），包括压力分布称重座椅、红外线探测传感器（或光学镜头传感器）和超声波测距传感器等。由压力分布称重座椅测量乘员的重量、乘坐位置；由红外探测传感器或光学镜头加超声波测距传感器测量驾驶人与转向盘，乘员距离座椅、仪表板、车辆侧壁之间的距离和乘员类别来确定乘员的真实状态。由于探测设备采用了大量的传感器，因此对信号的处理工作将增加难度，同时对智能化安全系统的可靠性和使用寿命也提出了新的挑战。

表 2-2 智能安全气囊使用的传感器

类 别	功 能
重量传感器	根据座椅上的重量感知是否有人，是大人还是小孩
电子区域传感器	能在驾驶室中产生一个低能量的电子区域，测量通过该区域的电流测定乘员的存在和位置
红外线传感器	根据热量探测人的存在，以区别于无生命的东西
光学传感器	如同一台照相机注视着座椅，并与存储的空座椅的图像进行红外线传感器比较，以判别人体的存在和位置
超声波传感器	通过发射超声波，然后分析遇到物体后的反射波探明乘员的存在和位置

（2）多种电子传感器 智能化安全气囊的电子部分将增加大量的传感器，需由新型高性能的位置传感器、安全带检测传感器、测距传感器、红外探测传感器等以及传统的加速度传感器、速度传感器、压力传感器等才能实现其智能化的要求。

（3）中央控制器 中央控制器包括引爆控制电路、驱动电路、储存电路和诊断电路等。新型智能化安全气囊控制系统需要开发能适应不同碰撞强度的多极点火系统，能采取不同的点火展开策略，能根据碰撞条件和接收到的乘员状态信息调节气囊的工作性能。通过掌握探测到的信息，中央控制器才能根据每个乘员的具体需要，利用本身固有的灵活性，确定安全气囊的触发时刻及展开强度，实现最佳的乘员保护效果。诊断电路通过不断地分析和诊断气囊系统的各种故障，将这些故障码储入储存电路，驱动电路使仪表盘上的气囊警告灯开始闪烁，以确定安全气囊随时处于有效工作状态。

（4）安全带预紧装置　安全气囊和安全带配合使用，能够更好地发挥其保护作用。目前汽车上安装的大部分安全带是普通安全带，而在智能化安全气囊系统中，开发出了新型限力式、预紧式安全带，限力式安全带可减少撞击时的冲击力，而预紧式安全带可感知碰撞信号的强弱从而使松跨在乘员身上的安全带瞬时拉紧，以减少冲击力。

（5）辅助电源　辅助电源由直流稳压器和电容蓄能器组成。直流稳压器能保证供给系统电压的恒定性，使系统能正常工作而不发生失效引爆事故。它是一种带比较、放大和调节功能的集成稳压装置。电容蓄能器是利用电容储存电能，在冲撞中发生电源中断时，担负起气囊系统的电源作用，避免失效引爆事故。

3. 智能安全气囊的工作原理

智能安全气囊系统是由三个独立的功能模块相互作用而构成一个自适应式的安全气囊约束系统。这三个功能模块是：传感器信号的输入、信号分析并确定正确的动作，按照实际情况调整出合适的响应。

车辆上的各种传感器能识别出碰撞的情况，监控影响安全气囊保护性能的参数。这些传感器主要监控车辆加速度、座椅安全带的使用情况、乘员侧座椅是否为空和乘员的位置以及发生器的温度等信息。ECU 每隔一个固定的时间循环检测每个传感器的输入信号并设置正确的参数。碰撞情况可以分为两种：一是环境的影响，例如碰撞严重程度和发生器温度；另一个是乘员的状态，例如系/没系安全带和/或乘员有无移位。检测到碰撞信息后，ECU 对气囊采用以下两种类型的控制。

（1）分级点爆　智能安全气囊中的气体发生器都是多级气体发生器。它由两级单独的电雷管和相应的装药组成，可以视作两个单独的气体发生器，他们的充气强度（充气量）是不同的。依据汽车碰撞的严重程度和乘员身体参数以及坐姿和安全带等的使用情况，由传感器将感应到的信号输送到电子控制单元，电子控制单元通过预先设定的计算程序进行运算，确定是否需要引爆气体发生器。

如需要引爆气体发生器，则判定引爆强度。通常碰撞强度越激烈，乘员的体重越重，气囊的充气强度越高，此时设置两级气体发生器同时向气囊充气。在乘员体重较轻、碰撞情况较弱时，除了引爆其中单级气体发生器外，还可以改变引爆第一级气体发生器的起始时间和引爆第一级和第二级气体发生器的间隔时间来改变气囊不同的充气强度，以适应不同类型乘员撞到气囊上。气囊的充气时间和充气强度与乘员相应的静态和动态状况相适应，以取得最佳的保护效果。

（2）分级释放压力方式　气囊袋上开有泄压孔或可调节压力的孔，分为完全凭借气体压力顶开方式或 ECU 控制方式。ECU 控制方式是气囊爆开后压力马上达到设定极限，然后瞬时释放压力，以避免过大的伤害。

4. 智能安全气囊的应用

雷诺汽车公司推出了一种全新的自适应式安全气囊及安全带系统，由采用可变容积的安全气囊及两级预张紧器的新型安全带系统组成。在发生撞车事故的瞬间，保护系统在启动之前首先按照程序来判断撞车事故的严重程度并采取具体措施。其工作原理是：在撞车事故发生 5ms 后，第一级预张紧器先拉紧松弛的安全带，与此同时，ECU 根据撞车事故的严重程度，在撞车事故发生10ms后，保护系统获知是否应当对安全气囊充气，是充气40L（不严重的撞车事故），还是充气60L（严重的撞车事故）。严重的撞车事故还会触发启动第二级安全带张紧器，对乘员提供进一步的保护。

德尔福汽车公司开发的智能安全气囊，可以识别出乘员体重、体态、高矮、坐态及安全带使用情况的差异。通常，智能安全气囊需要根据驾乘人员的身材、体重、是否系好安全带、人在座椅上所处的位置、座位上是否有人或放物品、车辆碰撞时的车速及撞击速度等瞬时作出反应，调整安全气囊的膨胀时机、膨胀速度和膨胀程度，使安全气囊为乘客提供最合理的安全保护。

捷豹（Jaguar）XK8跑车装载了全球最先进的安全气囊引爆系统，即自适应被动安全技术系统（ART S），该系统采用超声波传感器和人工神经网络技术，测定安全气囊在特定事故中的适当开度。在自适应被动安全技术系统中，位于汽车A柱和B柱以及天花板内的4个超声波传感器能够测定前座乘客上身和头部的状态和位置。如果乘客过于接近仪表板，提示灯将显示该系统处于停止状态，安全气囊在发生意外事故时将不会打开，以免乘客受伤。当乘客坐直时，系统则恢复正常工作状态。ART S具有多个传感器，位于座椅调节滑轨中的传感器能够监控驾驶人与转向盘之间的距离，安全带扣中的传感器可以监测安全带是否系好，碰撞传感器能够测量碰撞程度。这些传感器测得的信息均将输入自适应被动安全技术系统的中央处理器，由中央处理器控制座椅安全带锁紧的使用和安全气囊的两级引爆。根据传感器所测得的相关数据和碰撞程度，安全气囊将完全或部分地充气胀开。安全气囊的胀开情况由人工神经网络技术测定，该技术能在10ms内对传感器所输入的数据作出计算。

三、行人安全气囊系统

行人保护安全气囊系统可进一步避免人体撞击汽车的前风窗玻璃，以免在猛烈碰撞下行人与车内乘客受到更大的伤害。行人安全系统采用了两种可在碰撞中对行人进行保护的安全气囊——发动机罩气囊和前围安全气囊，如图2-19所示，两者配合使用可以减少最常见的行人伤亡事故。

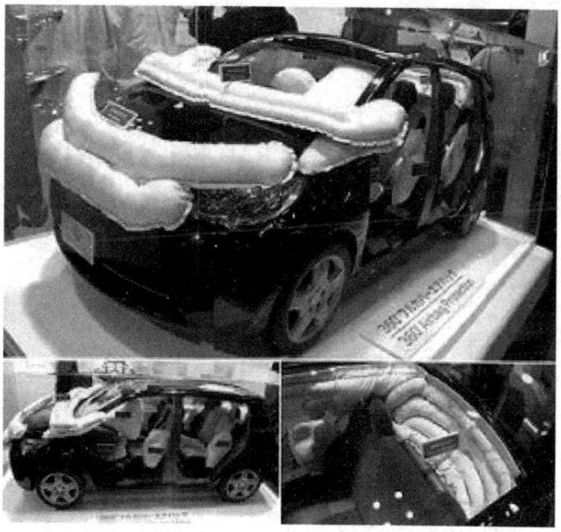

图2-19 行人安全系统

发动机罩气囊在保险杠上方紧靠保险杠处开始展开。碰撞前由一个碰撞预警传感器激发，50～75ms内完成充气。充气后的安全气囊约有1371mm宽、558mm高、127mm厚，在前照灯之间的部位展开，由保险杠顶面向上伸展到发动机罩表面以上。气囊的折叠模式和断面设计保证了气囊展开时能与汽车前端的轮廓相合，以保证儿童头部和成人腿部的安全。发动机罩气囊保持充气状态时间可达数秒钟，而车内气囊保持充气状态的时间不超过100ms。

发动机罩气囊还可在一种特殊形式的车与车碰撞中为乘员提供保护。当汽车侧面受到另一部件撞击时，车内乘员的头部可能会被撞过来的汽车发动机罩碰伤。此时，发动机罩气囊就可以为这个危险的部位提供一个缓冲。

前围气囊系统的作用是提供二次碰撞保护，防止乘员被甩到发动机罩上后头部被风窗玻璃底部碰伤，如图 2-20 所示。该系统包括两个气囊，各由汽车中心线向一侧的 A 立柱延伸，每个前围气囊宽约 686mm，高约 305mm，厚约 127mm。气囊由传感器探测到行人与保险杠发生初始碰撞后触发，在行人翻到发动机罩上滚向风窗这段时间内，大约是 100ms 的时间，气囊将完成充气。充气后，两个气囊沿风窗低部将左右 A 柱之间的汽车整个宽度完全覆盖，不仅盖住了风窗玻璃底部，还盖住了刮水器摆轴与发动机罩支座等致命的“硬点”。不过，气囊不会完全封住驾驶人的视线。

图 2-20　行人安全气囊开启

四、安全气囊系统的故障诊断

1. 故障自诊断

安全气囊系统的故障自诊断如下（以羚羊世纪星安全气囊为例）。

（1）读取故障码

1）用安全气囊（AIR BAG）警告灯读取故障码。

① 接通点火开关，等待约 20s。

② 用短接线将安全气囊监控插接器上的故障诊断开关端子和搭铁端子短接。

③ 根据仪表板 AIR BAG 警告灯的闪亮情况读取故障码。

2）用扫描工具 Tech-1 读取故障码。

① 连接扫描仪。

② 接通点火开关。

③ 按仪器指示读取故障码。

（2）清除故障码

① 接通点火开关，等待约 20s。

② 用短接线将安全气囊监控插接器上的故障诊断开关端子与搭铁端子进行短接，约 1s 后断开短接线，保持约 1s 后将开关端子与搭铁端子短接。如此循环操作 5 次，如图 2-21 所示，即可清除故障码。

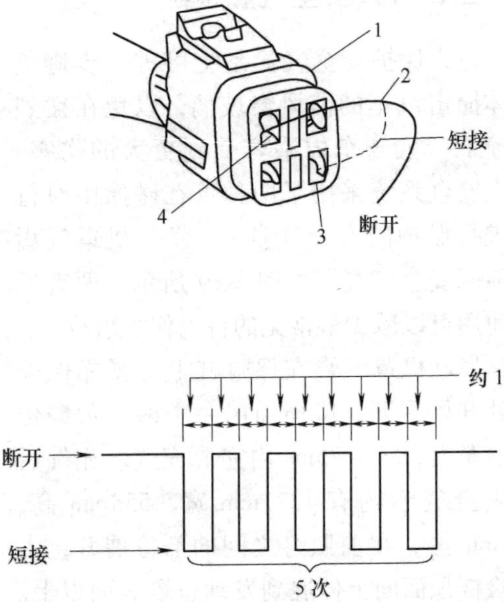

图 2-21　清除故障码

1—安全气囊监控插接器　2—跨接线
3—搭铁端子　4—故障诊断开关端子

③ 重新读取故障码，应显示正常故障码 12。

④ 如果故障码 51 或 71 存储在安全气囊传感器诊断模块中，则不能进行故障码清除。

（3）故障码表（表 2-3）。

表 2-3 安全气囊系统故障码

故障码		故障诊断区域	诊断
序号	闪烁模式		
12	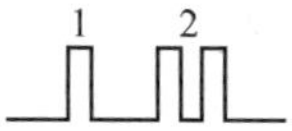	正常	当无其他故障码被判别时，则该故障码会显示 注意：“NO CODES（无故障码）”信息会在 Tech-1 上显示，而不是显示故障码 12
15		前排乘员侧回路	参照每个故障码对应的“故障诊断流程图”进行故障排除
16	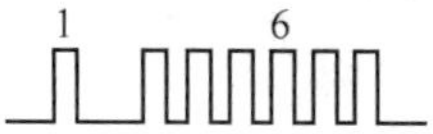		
21		驾驶人侧回路	参照每个故障码对应的“故障诊断流程图”进行故障排除
22			
24			
25			
31		电源回路	
32			
51		已识别的正面冲撞	
61		“AIR BAG” 警告灯回路	
71		SDM	SDM 损坏

2. 安全气囊系统的故障检查

（1）故障诊断流程 SRS 安全气囊系统故障检测诊断步骤如图 2-22 所示。

（2）间断性接触和接触不良故障

1）插接器两部分配合不良或接线柱未完全位于插接器本体中。检查插接器或接线柱的接触情况。

2）接线柱脏或被腐蚀。清理接线柱，但禁止使用砂纸或类似物品。

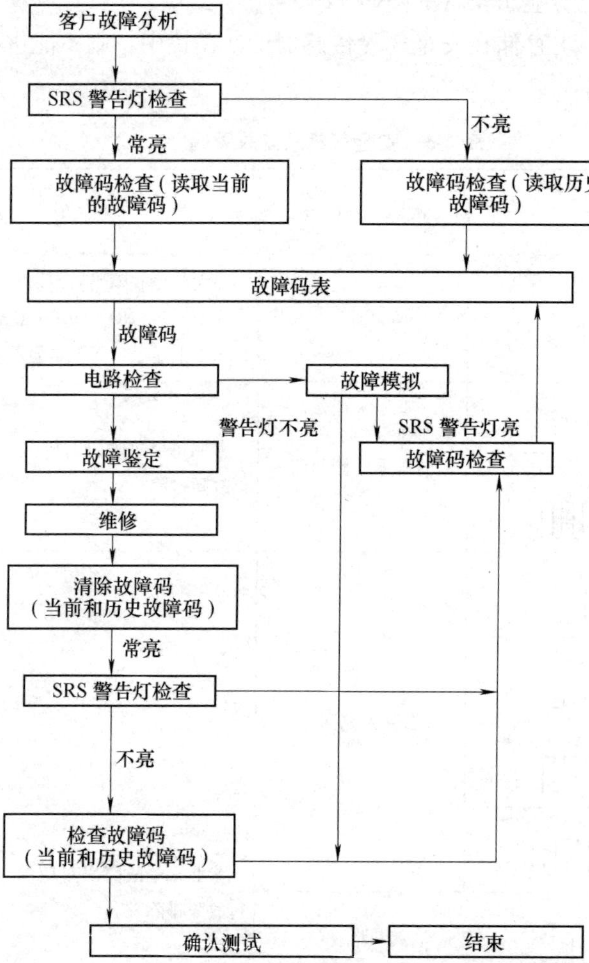

图 2-22　SRS 安全气囊系统故障检测诊断步骤

3）插接器本身损坏，接线柱暴露在潮湿且脏的环境中或因接线柱与配合插接器或部件间的位置不对。检查插接器及接线柱，若损坏，则更换。若位置不正确，应调整。

4）接线柱不对或被损坏。利用插接器检查适配器工具箱中与之对应的接头，仔细检查故障电路中每个插接器的接线柱，以确保有足够的接触压力。若接触不紧，应调整接线柱以增加接触压力或更换。

5）接线柱与电线接触不良。用手轻轻摇动电器线束检查故障电路中接触不良情况，若发现异常，更换电器线束总成或换新件。

6）电线绝缘层被擦破，由于裸露部分与其他电线或汽车的其他零部件接触，导致间断性短路，更换损坏的电线。

7）绝缘层里面电线断路，此时进行导通性检查可能正常，但多股型电线可能只有 1 股或 2 股导通，其电阻会非常高。若发现任何异常，应修理或更换电器线束总成。

3. SRS 主要部件的维修

（1）转向盘衬垫和螺旋形电缆的维修　转向盘衬垫和螺旋形电缆分解图如图 2-23 所示。

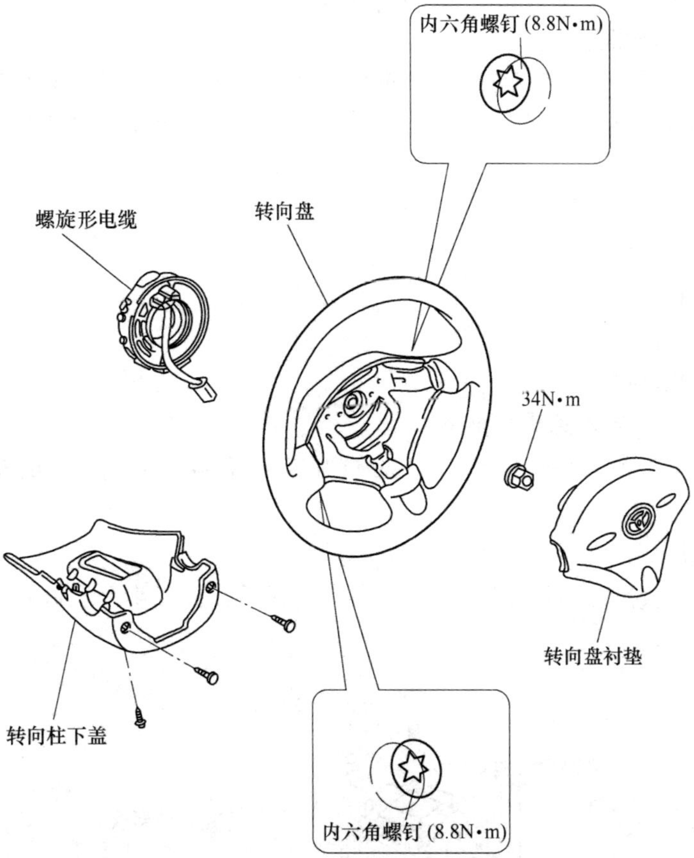

图 2-23 转向盘衬垫和螺旋形电缆部件

1）转向盘衬垫和螺旋形电缆的拆卸

① 拆卸转向盘衬垫。

② 拆卸转向盘。

③ 拆卸转向柱下盖。

④ 拆卸螺旋形电缆。

2）转向盘衬垫和螺旋形电缆的检查。车辆未遭受碰撞时的检查步骤如下：

① 进行故障自诊断。

② 在转向盘衬垫（带有安全气囊）安装在车辆上的情况下，目测检查转向盘衬垫上表面和凹槽部分是否有切口、小裂缝或变色记号。

车辆遭受碰撞但安全气囊未展开时的检查步骤如下：

① 进行故障自诊断。

② 在转向盘衬垫（带有安全气囊）安装在车辆上的情况下，目测检查转向盘衬垫上表面和凹槽部分是否有切口、小裂缝或变色记号；目测检查线束是否有切口或裂缝，接头是否有碎屑；目测检查转向盘是否变形；目测检查转向盘衬垫上的喇叭接触片是否变形。如果转向盘衬垫上的喇叭接触片变形，应当更换新的转向盘衬垫。

车辆遭受碰撞而且安全气囊已经展开时的检查步骤如下：

① 进行故障自诊断。

② 在转向盘衬垫（带有安全气囊）拆离车辆的情况下，目测检查螺旋形电缆接头和线束是否损坏。当新的转向盘衬垫安装到转向盘上时，在转向盘衬垫和转向盘之间不应有干涉，而且四周间隙应该一致。

3）转向盘衬垫和螺旋形电缆的安装

① 安装螺旋形电缆。

② 安装转向柱下盖。

③ 安装转向盘。

④ 安装转向盘衬垫。

（2）安全气囊传感器总成的维修

1）安全气囊传感器总成的拆卸。不要打开 ECU 和各种电气设备的盒盖。如果接触 IC 端子，IC 有可能被静电毁坏。

① 拆卸面板。

② 拆下安全气囊传感器总成接头。用内六角扳手，拆下 4 个螺钉和安全气囊传感器总成，如图 2-24 所示。

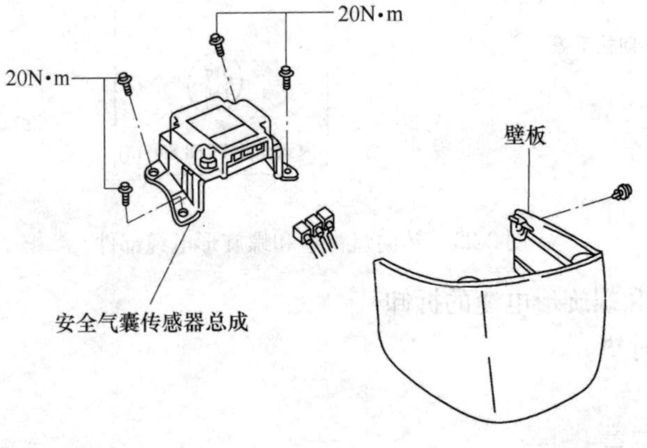

图 2-24　安全气囊传感器总成

2）安全气囊传感器总成的检查

① 车辆未遭到碰撞时进行故障自诊断即可。

② 车辆遭到碰撞但安全气囊未展开时也要进行故障自诊断。

③ 车辆遭到碰撞但安全气囊已经展开时则更换安全气囊传感器总成。

3）安全气囊传感器总成的更换。如果 SRS 系统在碰撞中展开，或者安全气囊传感器总成在故障排除中发现故障，或者安全气囊传感器总成被跌落，则更换安全气囊传感器总成。

（3）废弃安全气囊及安全带的处理　更换下的安全气囊和安全带不可随意丢弃，须用专用工具——膨胀器对其进行膨胀处理。具体的方法及步骤如下。

1）检查膨胀器，如图 2-25 所示。从车上拆下蓄电池，将其放在离车约 5m 的干木块上，再将膨胀器上的红色夹子连接在蓄电池正极，黑色夹子连接在蓄电池负极，膨胀器右侧的电源灯亮绿光（否则应将接线互换）；然后按压膨胀器开关，膨胀器左侧标有“air bag connector voltage（气囊接头灯）”的灯亮，否则需检查更换膨胀器。

2）对安全气囊进行膨胀处理（在车外进行）。首先将安全气囊模组支架紧固在台虎钳上，并用钢丝从如图2-26所示的两个位置将气囊固定在支架上；然后将膨胀器接在气囊接头上，膨胀器的红色夹子连接在蓄电池正极，黑色夹子连接在蓄电池负极；最后按压膨胀器按键，气囊将发生膨胀。

3）对安全带紧缩器进行膨胀处理时，先将紧缩器紧固在台虎钳上，并切断伸缩带，如图2-27所示；然后用转接器将膨胀器接头和安全带紧缩器接头连好，同时将膨胀器的红色夹子接在蓄电池正极，黑色夹子接在蓄电池负极上；最后，按压膨胀器接键，安全带紧缩器即会膨胀。

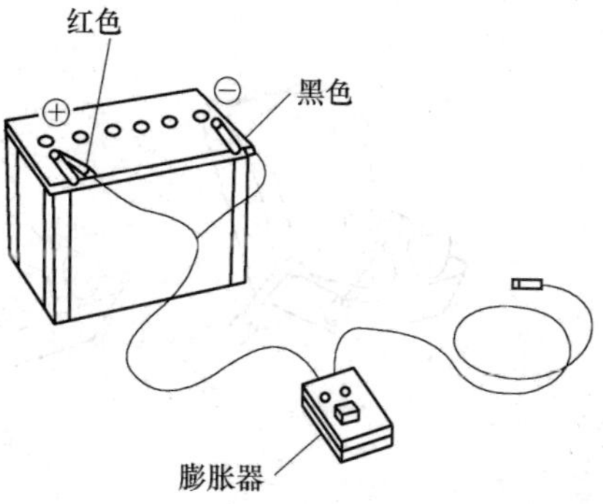

图2-25 检查膨胀器

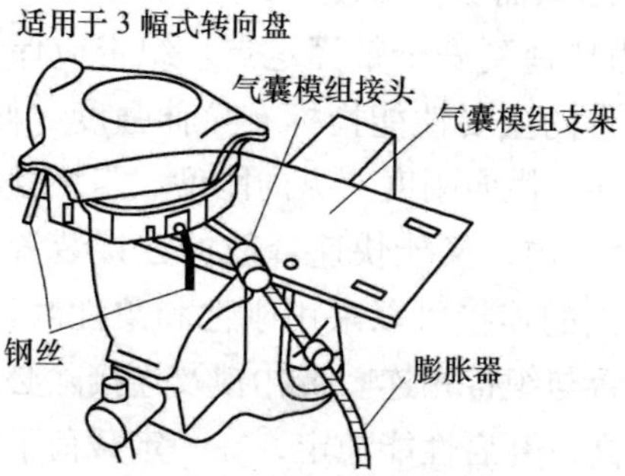

图2-26 安全气囊安装

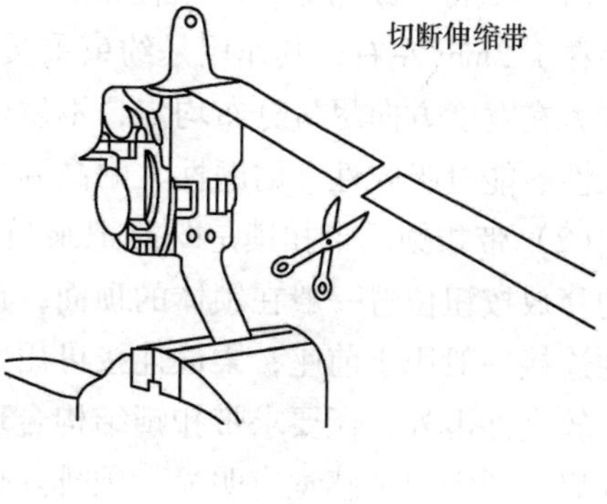

图2-27 切断伸缩带

膨胀后的气囊和安全带紧缩器很热，应先分别等待30min和10min以上，才能将其密封在塑胶袋中再进行弃置处理。

第二节 电控安全带

一般汽车安全带多采用惯性式收紧机构，即平时松放在驾驶人和前排乘员身体和腿部，使驾乘人员感到舒适，不妨碍驾乘人员身体的活动。缓慢收紧或拉松安全带，可以进行束缚松紧度的调节。在汽车紧急制动或发生较猛烈的碰撞事故时，安全带才在惯性力作用下迅速收紧，使驾乘人员上半身紧靠在椅背上，防止或减少伤害。

一、安全带的工作原理

1. 安全带的分类

安全带可以分为两点式安全带、三点式安全带和全背式安全带，如图2-28所示。

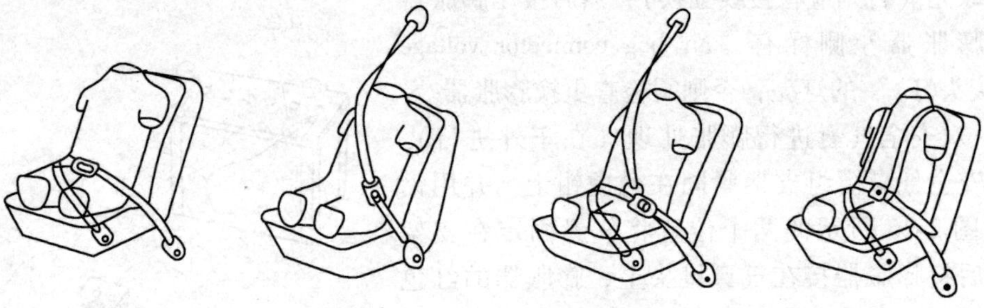

a)　　b)　　c)　　d)

图 2-28　安全带类别

a）两点式腰带　b）两点式肩带　c）三点式安全带　d）全背式安全带

2. 安全带的组成

安全带主要由织带、带扣锁、导向件、卷收器、调节件等组成。

（1）织带　织带是一种柔性带状物由聚酯纤维编织而成，宽度一般在 40 ~ 50mm 之间，厚度在 1.2mm 左右，其作用是约束乘员并将作用力传递到安全带固定点。织带应保证其作用压力在宽度方向尽量分布均匀，不发生扭曲。织带的主要性能指标有拉伸强度、伸长度、耐水性、能量吸收性、耐磨性、耐高温性、耐低温性、横向刚度、纵向刚度、阻燃性等。

（2）带扣锁　带扣锁是既能把乘员约束在安全带内，又能快速释放的连接装置。带扣锁的释放按钮位置一般在锁体的顶面，锁体与固定点的连接可以采用刚性和柔性两种方式。刚性连接一般用于前座，柔性连接可用于后座。锁舌与织带相连。带扣锁及连接除必须能够承受较大冲击外，还要求带扣锁结构合理、强度较高、开启性能稳定，在一定载荷下也能正常开启，开锁闭锁感觉应明显，须排除任何不能正常使用的可能性。在高档汽车的安全带锁体中的报警装置，带扣锁未锁好时将发出报警信号。

（3）导向件　导向件是用于改变织带方向的零件，便于卷收器的布置，使安全带可以紧贴身体，从而有效地约束乘员身体，提高佩带的舒适性。织带在通过导向件时会弯曲变形，产生滑动阻力，所以要求导向件表面光滑、摩擦因数小、圆弧面曲率适中。

（4）卷收器　卷收器是通过各类功能组件按需要组合而成的，主要有织带收卷机构、敏感机构、锁止机构。在高档安全带的卷收器中还带有预收紧机构，由敏感机构和回拉机构组成。由于其成本较高，卷收器一般只用于装有安全气囊的前排座椅。

3. 安全带的控制过程

（1）安全带控制系统的组成　安全带控制系统是在安全气囊系统的基础上增设防护传感器和左、右安全带收紧器而成。其中，前碰撞传感器、电控单元与安全气囊系统共用。安全带收紧器为座椅安全带控制系统的执行机构，防护传感器设在 ECU 内部，用于接通安全带收紧器的电源电路。图 2-29 所示为雷克萨斯 LS400 安全带控制系统的安装位置图。

安全带收紧器又称安全带紧急张紧收缩器，安装在前排座椅左、右两侧或前左、右车门立柱旁边。安全带收紧器由气体发生器、活塞、导管（气缸）、钢丝绳和安全带收缩棘轮组成，结构如图 2-30 所示。

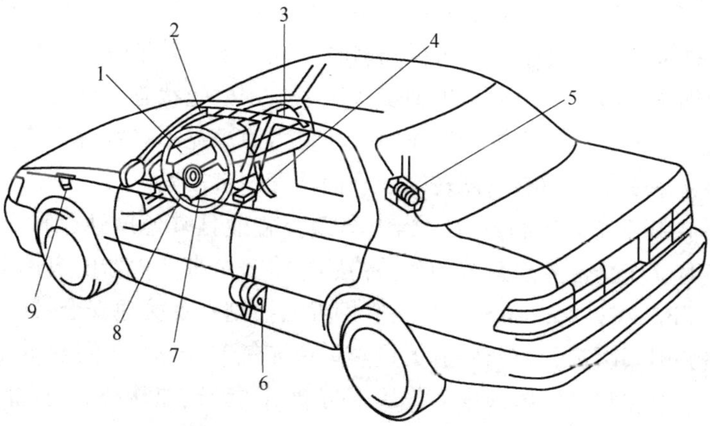

图 2-29 雷克萨斯 LS400 安全带控制系统的安装位置

1—SRS 指示灯 2—右前碰撞传感器 3—前排乘员侧 SRS 气囊组件 4—SRS ECU
5—右座椅安全带收紧器 6—左座椅安全带收紧器
7—驾驶人侧 SRS 气囊组件 8—螺旋线束 9—左前碰撞传感器

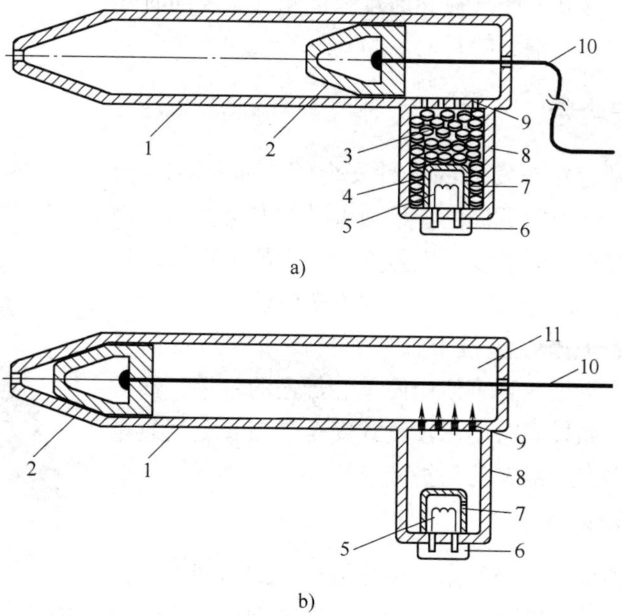

图 2-30 安全带收紧器的结构原理

1—导管（气缸） 2—活塞 3—充气剂 4—引爆炸药
5—电热丝 6—线束插座 7、9—通气孔 8—气体发生器 10—钢丝绳 11—气体

气体发生器的结构原理与安全气囊系统的气体发生器基本相同，也是由充气剂和点火器组成。

活塞直径 20mm，安装在导管（气缸）内，活塞上焊接有一根钢丝绳，钢丝绳的另一端固定在棘轮机构的一个棘爪上。

棘轮机构设在安全带伸缩卷筒的一端，由3个棘爪、1个外齿圈和时钟弹簧组成。外齿圈固定在安全带伸缩卷筒的转轴上，可以与转轴一同转动，棘爪安放在外齿圈周围的圆形固定架内。当钢丝绳不动时，棘爪在时钟弹簧作用下处于松弛状态，外齿圈可以随安全带卷筒沿顺时针或逆时针方向转动；当拉动钢丝绳时，拉力力矩克服时钟弹簧弹力力矩使棘爪抱紧在外齿圈上，并带动安全带伸缩卷筒转动，从而使安全带收紧。

（2）安全带控制系统的控制过程　当汽车遭受碰撞且减速度达到前碰撞传感器和防护传感器设定域值时，安全带控制系统的防护传感器将安全带点火器的电源电路接通。前碰撞传感器信号输入SRS ECU后，SRS ECU将立即发出控制指令接通安全带收紧点火器的电路，电热丝通电红热并引爆引药，引药释放大量热量使充气剂受热分解并释放出大量无毒氮气进入收紧器导管。活塞在膨胀气体地推力作用下带动钢丝绳迅速移动。与此同时，钢丝绳通过棘轮机构带动安全带卷筒转动将安全带收紧，并在碰撞后8ms内将安全带收紧10～15cm，使驾驶人和乘员身体向前移动距离缩短，防止面部、胸部与转向盘、风窗玻璃或仪表台发生碰撞而受到伤害。

在电控单元SRS ECU向安全带收紧器点火器发出点火指令的同时，还要向气囊点火器发出点火指令，引燃气囊点火器。气囊在碰撞约40ms后才能充分充气到体积最大，所以在座椅安全带收紧后，驾驶人侧气囊和前排乘员侧气囊才同时膨开，吸收碰撞产生的动能，从而达到保护驾驶人和前排乘员的目的。

二、预紧式安全带

预紧式安全带是近年来发展的一种安全带，如图2-31所示。预紧式安全带不仅为乘员提供了最为可靠的安全保障，而且由于它确保了乘客正确的坐姿，也是安全气囊能否正常发挥作用的关键。当发生正面碰撞时，预紧式安全带能够在瞬间收紧，使乘客能够牢固地坐在座位上，从而提高了安全带的功效。采用预紧装置，不仅达到了使用简单、舒适的效果，而且可以提高保护效果。如果同时使用预紧式安全带与安全气囊系统，则能够进一步提高对乘客的保护效果。

图2-31　预紧式安全带

1. 预紧式安全带的分类

预紧式安全带的特点是当汽车发生碰撞事故的瞬间、安全带感应装置探测到车辆减速度足够大时，立即制动将安全带锁止并将乘员紧紧地固定在座椅上，有效保护乘员的安全。按照控制装置的不同，预紧式安全带分为两类：

一种是电子式控制装置，由电子控制单元（ECU）检测汽车加速度的变化，经过ECU处理后将信号发至卷收器的控制装置，激发预拉紧装置工作，这种预紧式安全带通常与辅助安全气囊组合使用。

另一种是机械式控制装置，由传感器检测汽车加速度的变化，控制装置激发预拉紧装置工作，这种预紧式安全带可以单独使用。

2. 预紧式安全带的组成

预紧式安全带主要由传感器、动力装置、安全带收紧结构、防逆转结构等组成。

（1）传感器　传感器与安全气囊系统共用。如果检测到来自前方的冲击高于规定值时，预紧式安全带与安全气囊系统会同时启动。

（2）动力装置　动力装置由用于点火的加热器、点火剂、推动剂、活塞等组成。ECU根据来自传感器的信号控制点火，利用产生的气压推动气缸中的活塞，生成拉紧安全带的动力。对预拉紧装置中的推动剂添加了具有良好耐热性和耐久性的成分。

（3）安全带收紧结构　安全带穿过固定齿轮和移动齿轮之间，一般使用时不会产生任何阻力。动力装置启动后产生的推力，通过滑轮转换成回转运动。另外，可动齿轮转动的同时夹住与固定齿轮之间的安全带，从而边转动边拉紧安全带。

（4）防逆转结构　一旦收紧安全带，安全带的张力会使防反向转动齿轮咬合并保持咬合状态。为了确实防止反向转动，在齿轮的4个部位都会进行咬合。

3. 预紧式安全带的工作原理

车辆发生碰撞时，传感器如果检测到前方碰撞高于规定值，电子信号即被传送到动力装置的电子点火器，完成预拉紧式安全带的启动。在乘客因碰撞向前方移动之前，预紧式安全带收紧并保持该状态，使乘客能够牢固地坐在座椅上。当安全带尚未松弛时，安全带预收紧约50mm；若安全带有些松弛，安全带最大会收紧约100mm。另外，安全带的拉紧负荷设置在不会伤害乘客的程度。其基本原理如下：

1）安全带预收紧装置在事故发生时，其作用过程是：首先由一个探头负责收集撞车信息，然后释放出电脉冲，该脉冲传递到气体发生器上，引爆气体。爆炸产生的气体在管道内迅速膨胀，压向所谓的球链，使球在管内往前窜，带动棘爪盘转。棘爪盘跟轴连为一体，安全带就绕在轴上，即瞬间实现了安全带的预收紧功能。安全带预收紧的全过程仅持续千分之几秒。

2）事故发生后，安全带的张紧力度需要马上降低，以减小乘员受力，这由安全带拉力限制器完成。在安全带装置上，有一个预收紧装置，底下卷绕着安全带。轴芯里边是一根钢质扭转棒，当负荷达到预定情况时，扭转棒即开始扭曲，这样就在一定程度上放松了安全带，实现了安全带的拉力限制功能。

在安全带预收紧装置和安全带拉力限制器的共同作用下，安全带的保护能力几乎达到了理想状态。

4. 卷收器

卷收器是汽车安全带的核心组件，预紧式安全带中起主要作用的卷收器与普通安全带不同，除了普通卷收器的收放织带功能外，当车速发生急剧变化时，还能够在0.1s左右加强对乘员的约束力，因此它还有控制装置和预拉紧装置。

预紧式卷收器可以实现的功能包括：弹簧回收、车辆倾斜感应、车辆急加速急减速感应、织带加速度感应等功能。

（1）弹簧回收功能　卷收器内部有一个回卷弹簧，能使绕在卷轴上的织带回收，这样就保证了织带始终贴着人体。

（2）车辆倾斜感应　卷收器内部有一个感应器，能感应车辆的倾斜角度从而通过机械锁止机构把卷轴卡住，使织带无法拉出。

（3）车辆加速度感应　车辆加速度感应一般与倾斜感应共享一个感应器，能感应车辆的突然加速、减速，通过机械锁止机构把卷轴卡住，织带无法拉出。

（4）织带加速度感应　撞车瞬间，由于惯性，人会往前移动使织带拉出，此时织带加速度感应装置接收到这种变化，将及时卡住卷轴，使织带无法拉出。

（5）限力装置　碰撞一刹那能量相当大，这部分能量施加到人身上，若完全靠一根织带维护，此时胸部力和胸部变形（位移）相当大。限力装置能够在这段时间内，将这部分能量施加的时间延长，从而使受力峰值降低。

（6）预紧回拉装置　预紧装置通过碰撞传感器在几毫秒内引爆气体发生器，并推动回拉装置回拉织带。特别注意：此功能为不可重复使用，一次作用后，需要替换卷收器。

5. 预紧式安全带与普通安全带的比较

预紧式安全带是在普通安全带上进行的改进，预紧式安全带与普通安全带的比较见表2-4。

表 2-4　预紧式安全带与普通安全带的比较

类　别		普通安全带	预紧式安全带
结构方面	有无预紧器	无预紧器	采用了锁扣预紧器或卷收预紧器
	卷收器的功能	卷收器只有收放织带的功能	除了有收放织带的功能外，还具有预拉紧及当车速发生急剧变化时快速锁紧安全带的作用
	有无气体发生剂和引发剂	无，所以无一定的使用期限	有，有一定的使用时间，有效期满必须要更换
安全带的效能		安全带与人体之间总有一定的间隙，从而减小安全带的有效作用范围，降低安全带的效能	可在碰撞达到一定强度时，启动预紧器，有效消除间隙，可以提高安全带的作用
适用范围		一般车均可使用	只允许安装在为其设计和制造的汽车上，不允许随意改装在其他汽车上

三、安全带的检修

1. 故障自诊断

（1）故障码的提取　电子式安全带预紧装置的故障码借助于安全气囊警告灯（“SRS”或“AIR BAG”）读取。下面以丰田车系为例，说明电子式安全带预紧装置故障码的提取方法。

当安全带预紧装置和安全气囊系统均工作正常时，将点火开关转至“ACC”位或“ON”位后，安全气囊警告灯应亮6s后熄灭。当点火开关在“ACC”或“ON”位时，若安全气囊警告灯一直点亮，则说明安全气囊系统或安全带预紧装置有故障，此时应提取故障码。

1）将点火开关置于“ACC”或“ON”位，并至少等待 20 s。

2）用专用连接导线将检查插接器上的 T_c 和 E_1 两端子连接起来，如图 2-32 所示，此时安全气囊故障警告灯开始闪烁。根据安全气囊警告灯的闪烁规律即可读取故障码。

当安全气囊系统和安全带预紧装置正常时，故障警告灯以 2 次/s（亮、熄均为 0.25s）的频率闪烁，如图 2-33 所示。

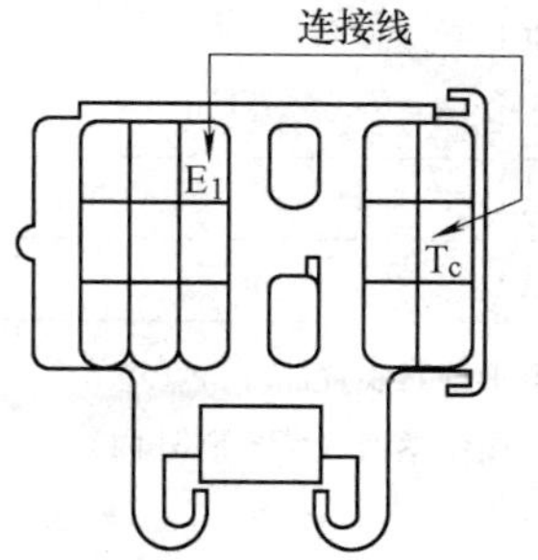

图 2-32　连接 T_c 和 E_1 端子

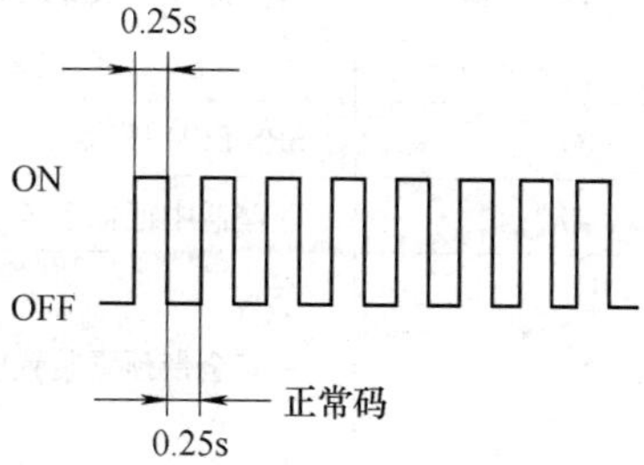

图 2-33　正常码的显示

当安全带预紧装置有故障时，故障码的闪烁规律是：故障警告灯先以亮、熄各 0.5s 的规律闪烁故障码的十位数，然后再以同样的规律闪烁故障码的个位数，两者之间有 1.5s 的时间间隔。若有多个故障码输出，则码与码之间间隔 2.5s。当所有的故障码都输出完毕后，故障警告灯先停 4s，然后再重复显示所有的故障码。

若系统储存有多个故障码，先输出数值小的故障码。若故障警告灯不闪烁或连续闪烁不停，则应检查 T_c 端子电路。

丰田车系安全带预紧装置的故障码及其含义见表 2-5。

表 2-5　丰田车系安全带预紧装置的故障码及其含义

故 障 码	故 障 原 因	故 障 部 位
报警灯正常闪烁	系统正常	
警告灯常亮	电源电压低	蓄电池 SRS ECU
11	气囊引爆管电路或前碰撞传感器电路至搭铁间短路 前碰撞传感器故障 SRS ECU 故障	气囊引爆管 前碰撞传感器 螺旋形电缆 SRS ECU 线束
12	气囊引爆管电路或前碰撞传感器电路至电源短路 前碰撞传感器电路断路	气囊引爆管 前碰撞传感器 螺旋形电缆 SRS ECU 线束

（续）

故障码	故障原因	故障部位
15	前碰撞传感器电路断路	前碰撞传感器 SRS EUC 线束
22	SRS 警告灯系统故障	SRS 警告灯 SRS ECU 线束
31	SRS ECU 故障	SRS ECU
41	存储器中记忆系统故障	SRS ECU
63	左安全带预紧装置电路短路	左安全带预紧装置 中央碰撞传感器（SRS ECU 内） 线束
64	左安全带预紧装置电路断路	左安全带预紧装置 中央碰撞传感器（SRS ECU 内） 线束
73	右安全带预紧装置电路短路	右安全带预紧装置 中央碰撞传感器（SRS ECU 内） 线束
74	右安全带预紧装置电路断路	右安全带预紧装置 中央碰撞传感器（SRS ECU 内） 线束

（2）故障码的清除　当按照故障码将系统故障排除后，应当清除故障码，以免故障码混淆。丰田汽车电子式安全带预紧装置故障码的清除方法有两种，其操作步骤如下。

方法 1：

① 使点火开关位于“OFF”位置。

② 拆下“ECU-B”熔丝 10s 以上（拆下蓄电池搭铁线 10s 以上也可以，但会使音响锁住）。

③ 将点火开关转至“LOCK”位置，装上熔丝（或蓄电池搭铁线），故障码即可清除。

运用这种方法可以清除除“41”以外的所有故障码。

方法 2：

① 在检查插接器的端子 T_c 和 AB 上各接一条专用诊断线，如图 2-34 所示。

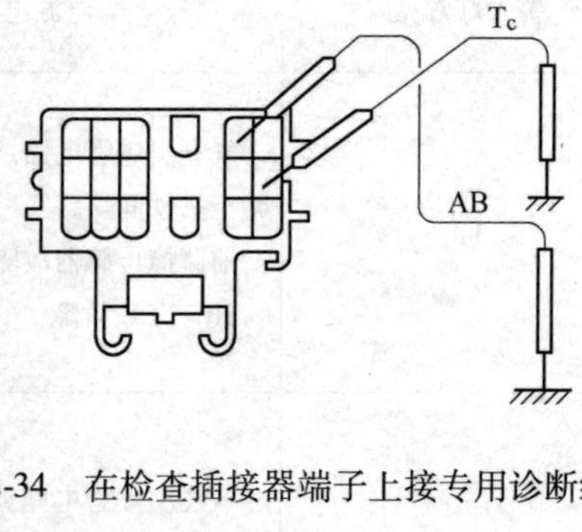

图 2-34　在检查插接器端子上接专用诊断线

② 把点火开关转至“ACC”位或“ON”位，并等待约 6s。

③ 将端子 T_c 和 AB 交替搭铁。具体过程是：先将检查插接器 T_c 和 AB 端子搭铁 1.0s ±

0.5s，然后中断搭铁，并在0.2s内将AB端子搭铁，其搭铁时间为1.0s±0.5s；在AB端子搭铁结束前0.2s内，再将T_c端子搭铁，其搭铁时间为1.0s±0.5s。然后再重复上述过程一次，最后使T_c端子保持搭铁。

④ 几秒钟后，当安全气囊系统故障警告灯开始以亮、熄各50ms的规律闪烁时，说明ECU内存的故障码已被清除。

运用这种方法可以清除包括故障码“41”在内的各种丰田车型安全气囊系统或安全带预紧装置的故障码。

2. 安全带预紧装置检修注意事项

1）绝对不允许测量安全带预紧装置引爆管的电阻，因为这样会使预紧装置动作，从而造成危险。

2）安全带预紧装置控制电路的检修，应在点火开关转到“LOCK”位且将蓄电池搭铁线拆下20s（因车而异）后进行。

3）前座椅安全带上不得沾油或水，也不能用任何类型的洗涤剂清洗。

4）存放拆下的或新的安全带预紧装置时，其上的双锁式插接器应处于锁定位置。

5）前座椅安全带应存放在环境温度低于80℃、湿度不高并远离电场干扰的地方。

6）当使用电弧焊时，必须先脱开安全带预紧装置的插接器。

7）车辆报废或报废前座椅安全带（含安全带预紧装置）时，应当引爆安全带预紧装置。

8）不得改动或切断SRS电路。未经认可的电器检测设备和探测仪器不能在预紧式安全带系统上使用。

9）预紧式安全带在启动后便无法再次使用，必须与收紧器和扣环一起更换。

10）当预紧式安全带启动时，会冒出烟雾。此烟雾无毒，也不着火，但不要吸入，否则会刺激呼吸道甚至导致窒息。

第三节　汽车防撞安全系统

一、汽车智能避撞系统

汽车避撞技术首先要解决的问题是汽车之间的安全距离。汽车与汽车之间超过了这个安全距离，就应该能自动报警，并采取制动措施。目前测定汽车之间安全距离的方法有三种：超声波测距、微波雷达测距和激光测距。

1. 超声波倒车避撞系统

超声波汽车倒车避撞报警器是利用超声波回声测距的原理，测量车后一定距离内的物体。这种新型避撞报警器可以及时显示车后障碍物的距离和方位，显示范围为0.5~9.9m。当距离大于2m时显示车后障碍物的方位；当距离小于2m时，除了显示其方位外，还可以按照三段距离分别给出三种报警信号，以警告驾驶人三种不同程度的紧急状态，防止事故的发生。

2. 微波雷达汽车避撞系统

微波雷达汽车避撞系统是通过对电磁波发射后遇到障碍物反射的回波进行检测和计算，经过分析判断，对构成危险的目标按程度不同进行报警，控制车辆自动减速，直到车辆自动制动。

汽车避撞雷达的主要功能有：测速测距；对前方100m内危险目标提供声光报警；兼备汽车“黑匣子”功能；自动巡航系统；紧急情况下自动制动。装有避撞雷达的汽车选定好跟随的汽车以后，被跟随的汽车就成了后面汽车的“目标车”，无论是加速、减退，还是停车、起动，后面的汽车都能在瞬间之内都会予以模仿。如果前面的汽车在行驶一段时间之后，不再适合做自己的“目标车”，驾驶人可以重新选择另一辆“目标车”。

3. 激光雷达汽车避撞系统

激光雷达避撞系统是防追尾碰撞激光报警装置，该装置结构由发光部、受光部、计算车间距离的激光雷达、信号处理电路、显示装置、车速传感器等组成。

激光镜头使脉冲的红外激光束向前方照射，并利用汽车后部分反光镜的反射光通过受光装置检测其距离，使用汽车反光镜，检测距离约为100m，最大检测宽度3.5m以上。控制部分微机进行下列运算：本车车速、前方行驶车辆车速和车间距离，根据车间距离和安全车间距离的比较发出警报声和警告灯闪烁，显示装置可以在仪表盘上进行距离显示。

4. 汽车智能避撞系统各种测距技术的比较

汽车智能避撞系统三种测距技术的比较见表2-6。

表2-6 汽车智能避撞系统三种测距技术的比较

项目	测距方法	优点	缺点
超声波测距	相位检测法、声波幅值检测法、渡越时间检测法	比较耐脏污，即使传感器上有尘土，只要没有堵死就可以测量，可以在较差的环境中使用，成本较低	测距的距离不到8m，而且指向性也不高，精度较低，在倒车速度稍快时安全性不佳
微波雷达测距	利用电磁波的回波测距	易制，安全，测量距离远、测量精度高	方向性差，成本较高
激光测距	连续波、脉冲波	重量轻、体积小、操作简单速度快，测量距离远、测量精度高	需要注意人体安全，且制作的难度较大，成本较高，而且光学系统需要保持干净，否则将影响测量

二、预防碰撞安全系统

预防碰撞安全系统可以在发生碰撞之前收缩前座椅安全带的松弛部分，并使制动控制系统进入制动辅助等状态，以降低对驾驶人和前排乘客造成的伤害。

1. 预防碰撞安全系统组成及功能

预防碰撞安全系统由毫米波雷达传感器、座椅安全带电动机、座椅安全带搭扣空气囊传感器总成、距离控制ECU，座椅安全带控制ECU，防滑控制ECU、速度传感器、横摆率和减速传感器、转向角度传感器、制动执行器等组成。

预防碰撞安全系统具有以下功能：

（1）探测距离　根据车速及天气情况等因素，汽车自动防撞器的中央处理器会自动处理探测距离。不受正常天气、恶劣天气等因素的影响。

（2）制动性能　不改变原车的结构，不影响原车的制动性能。安装了自动防撞器的汽车制动性能比原车制动性能更优越。

（3）自动防撞前方障碍物的性能　当汽车行驶前方出现障碍物并对本车行驶安全构成威胁时，汽车自动防撞器能实施自动报警、自动减速、自动制动，最终使汽车与障碍物避免相撞。

（4）对后车追尾碰撞的提前预警性能　汽车自动防撞器在工作状态下，后制动灯提前点亮。提醒后车驾驶人注意，同时，本车给后车留出一定的制动距离，以此避免后车追尾。

（5）起步、加速、超车性能　安装了汽车自动防撞器，不影响原车的起步、加速、超车性能。当汽车会自动防撞器工作避免事故发生后，汽车会自动恢复到初始状态。

（6）开启和关闭性能　可以根据驾驶人员的需要开启或关闭汽车自动防撞器。

2. 预防碰撞安全系统的工作过程

预防碰撞安全系统在如下情况工作：不可避免地与车辆前方障碍物或前方车辆发生碰撞时、突然使用制动器时、当前轮相对后轮失去驱动力时（前轮有滑动趋势）、后轮相对于前轮失去驱动力时（后轮有滑动趋势）。

毫米波雷达传感器和距离控制 ECU，判定与车辆的前方障碍物或前方车辆发生的碰撞是否是不可避免的。毫米波雷达传感器和距离控制 ECU 是根据相对车速或者接近某一个物体的速度进行测定的。防滑控制 ECU 判定紧急制动、前轮侧滑趋势和后轮侧滑趋势。不可避免的碰撞情况如图 2-35 所示。

预防碰撞安全系统包括以下三种工作情况：前轮或后轮侧滑趋势操作、突然制动操作、预防碰撞安全（不可避免的碰撞）操作。

（1）前轮或后轮侧滑趋势操作　当车辆以约 15km/h 或更高的速度行驶时，防滑控制 ECU 根据转向角度传感器、横摆率和减速传感器以及速度传感器的信号判定前轮或后轮侧滑趋势状态。防滑控制 ECU 和座椅安全带控制 ECU 输出座椅安全带操作请求信号。

座椅安全带控制 ECU 根据该信号以及座椅安全带搭扣开关信号判定座椅安全带电动机的操作状态。然后，通过操作座椅安全带电动机收缩座椅安全带中的松弛部分。座椅安全带在车辆的相关状态都已稳定时返回至正常状态。

（2）突然制动操作　当车辆以约 15km/h 或更高的速度行驶时，防滑控制 ECU 根据制动总泵压力传感器、制动灯开关以及速度传感器的信号判定突然制动状态。此时，防滑控制 ECU 向座椅安全带控制 ECU 输出座椅安全带操作请求信号。

制动辅助控制根据防滑控制 ECU 的判定进入等待模式。座椅安全带控制 ECU 根据该信号以及座椅安全带搭扣开关信号判定座椅安全带电动机的操作状态。然后，通过操作座椅安全带电动机收缩座椅安全带中的松弛部分。当制动踏板被松开时，座椅安全带返回至正常状态。

（3）预防碰撞操作　距离控制 ECU 根据毫米波雷达传感器、速度传感器、转向角度传

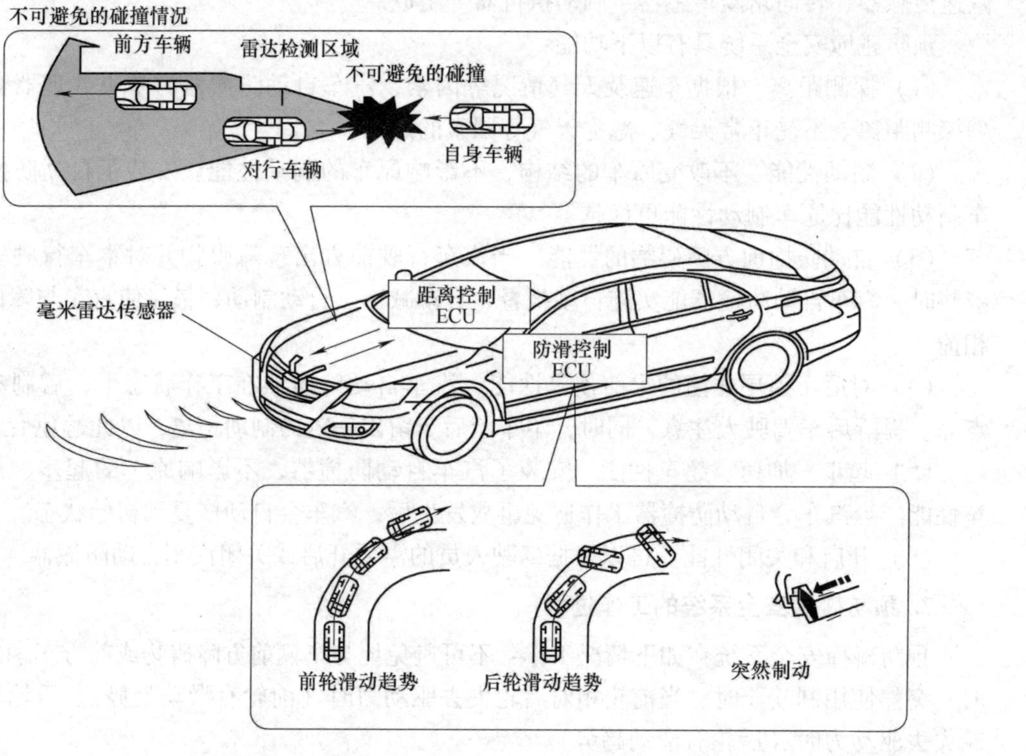

图 2-35　不可避免发生碰撞的情况示意图

感器以及横摆率和减速传感器的信号判定是否存在不可避免的碰撞条件。此时，距离控制 ECU 向座椅安全带控制 ECU 输出座椅安全带操作请求信号，向防滑控制 ECU 输出制动辅助等待请求信号。

座椅安全带控制 ECU 根据该信号以及座椅安全带搭扣开关信号，判定座椅安全带电动机的操作状态，并通过座椅安全带电动机收缩座椅安全带中的松弛部分。一旦收到此信号，防滑控制 ECU 将把制动辅助系统模式切换到等待模式。

当制动辅助处于等待模式且制动灯开关 ON 信号被输入到防滑控制 ECU 中时，此 ECU 根据制动总泵压力传感器信号操作制动辅助装置。如果没有发生碰撞，座椅安全带和制动辅助装置将返回正常状态。

三、防追尾碰撞系统

防追尾碰撞系统又称自动制动控制的防追尾碰撞系统，这是最新发展起来的一种主动安全新技术。

汽车防追尾碰撞系统在汽车正常行驶时处于非工作状态，当后车车头非常接近前车车尾时，该系统将发出防追尾警告，在发出警告后，如果后车驾驶人没有采取制动减速措施，该系统便启动紧急制动装置，以避免发生追尾事故。其主要有三方面的功能：环境监测、防碰撞判断和车辆控制。

（1）环境监测　行车环境监测系统由激光扫描雷达和道路传感器组成，激光扫描雷达能够测量行驶车辆之间的距离和前面车辆方位，道路传感器能够判定路面附着力等路面状况。

激光扫描雷达一般安装在车辆前端的中间位置，主要功能是测量车间距离和前面车辆的方位，并将所测数据传输到控制器进行判断。激光束的扫描区域在水平面上较薄，在垂直平面上呈扇形，而且能在较宽的范围内快速扫描。最小的激光扫描雷达监测范围是由实际车间距离确定的，通常在120m以上。

（2）防碰撞判断　防碰撞判断根据雷达扫描的数据，获得前后车辆的动力学特征，如车速、转向角及横向摆动速率等，依此判断追尾碰撞的危险程度。防追尾碰撞判断分为两步：

1）从激光扫描雷达所测的距离及车速数据中抽取有用数据。

2）进行安全/危险判定，即判定追尾碰撞的危险程度。首先通过对车辆减速度及安全距离的分析建立数学模型，其次根据路面状况（干/湿）、后面车速及相对车速，计算出临界车间距离，当实测车间距接近临界车间距离的某一时刻时，报警器发出警告信号。

3）当实测车间距等于或小于临界车间距离时，若驾驶人没有采取制动，则自动控制系统启动。由安全/危险预警信号控制的自动制动操作机构，配有防抱死制动系统（ABS），并采用高速电磁阀进行纵向加速度反馈控制。该自动制动操作机构的特点是：当自动制动操作机构处于工作状态时，驾驶人踩制动踏板仍有效。如果自动制动操作机构失灵，制动踏板机构系统并不受影响，由于采用制动分泵，不会使两液压回路之间产生压差。

（3）车辆控制　车辆控制是通过自动制动控制系统完成的，即由安全/危险预警信号控制的自动操作机构，配有防抱死制动系统（ABS），并采用高速电磁阀进行纵向加速度反馈控制的系统控制车辆。当控制器根据雷达扫描信号和传感器信号（即环境监测数据）进行防碰撞判断后，如果危险程度超过给定值，则启动自动制动系统进行制动。在ABS的配合下，自动制动系统既能够缩短制动距离，又能保证汽车制动稳定性，从而降低汽车发生碰撞的概率。

四、倒车防撞报警系统

1. 系统组成

倒车防撞报警系统又称倒车雷达系统或声呐测距系统，该系统主要由超声波传感器、电子控制单元、蜂鸣器等组成，如图2-36所示。

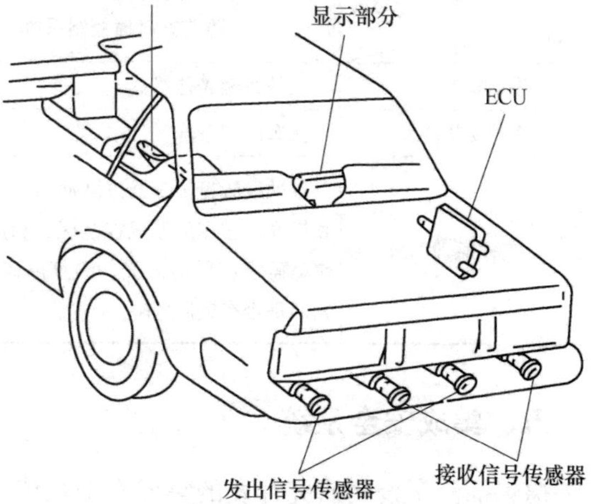

图2-36　倒车防撞报警系统

超声波传感器安装在后保险杠上，它向车辆内部发射超声波并接收反射回来的超声波。

电子控制单元用于接收从超声波传感器传送回来的信号，经过计算，判断障碍物距离车尾的距离。如果达到报警位置，就传送信号给蜂鸣器。

蜂鸣器用于发出警告声，并根据不同的距离发出不同的警告声。

2. 工作原理

倒车防撞报警系统利用声呐原理完成工作过程。如图 2-37 所示，系统发射一种超声波，这种声波的频率达到 40kHz。当声波遇到障碍物时将产生反射，反射波被传感器接收后，电子控制单元就会利用发射波之间的延迟时间计算障碍物与车辆的距离，并据此采取相应的报警提示。

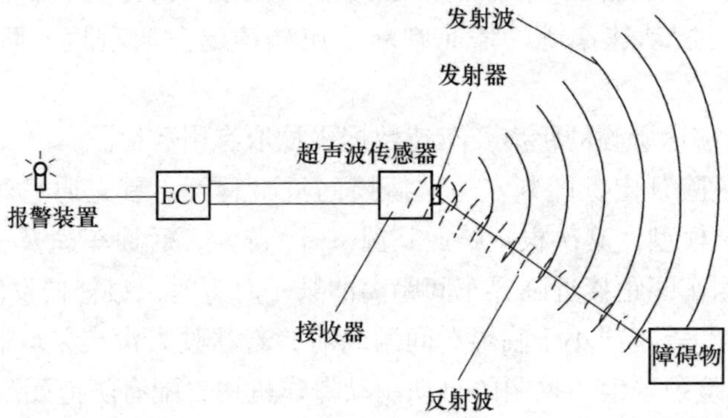

图 2-37　倒车防撞报警系统的工作原理

由于超声波在空气中逐渐衰减，离车较远的障碍物反射强度弱，不易被检出。为使障碍物位置分辨得更清楚，超声波传感器将车后方划分成左、中、右三个检测区，并带有故障自诊断功能。

为弥补超声波存在检测盲区的不足，在车辆前后保检杠 4 个角处装有角声呐（或角雷达）传感器。

3. 防追尾碰撞系统和倒车防撞报警系统的对比

防追尾碰撞系统和倒车防撞报警系统的对比见表 2-7。

表 2-7　防追尾碰撞系统和倒车防撞报警系统的对比

项目＼分类	防前方碰撞控制系统	倒车防撞报警系统
传感器类型	红外线激光传感器	超声波传感器
传感器安装位置	汽车前端下部	汽车后端下部
工作原理	红外线激光传感器以脉冲形式发射红外线激光，在车前形成控制区，利用透镜聚焦障碍物反射的激光，测算障碍物距离，判断是否有碰撞危险	根据超声波发射与接收的时间差可以检测障碍物与汽车的距离。为了能使障碍物的位置分辨得更清楚，超声波传感器将车后方划分为左、中、右三个检测区

五、集成安全系统

德尔福汽车公司研究开发的集成安全系统，在汽车的 5 种不同驾驶状态下都起作用，这 5 种驾驶状态指正常状态、预警状态、躲避碰撞状态、无法躲避碰撞状态和碰撞之后状态。

（1）正常状态和预警状态　汽车的安全控制系统需要随时监视周围的环境，包括路况、迎面行驶的车辆、行人或其他物体以及驾驶人自身的状态。例如，集成安全控制系统需要不断监测驾驶人的呼吸、眼睛睁开程度和眨眼速度，以判断驾驶人驾车的警觉程度或是否疲劳驾驶，以便在发生行人突然闯入行驶车道或横穿公路时，迅速计算驾驶人的应急反应时间。再参照当时的汽车行驶速度，确定需要采取什么安全控制措施来应对突发的情况。

美国高速公路驾驶安全管理委员会的统计数据表明，高速公路上 79% 的汽车追尾事故是由于驾驶人注意力分散，在紧急情况下应急措施延缓而造成的。如果安全控制系统能提前半秒钟警醒驾驶人，则汽车追尾事故的发生率可减少 60%，因此集成安全系统在预警方面具有重要的作用和潜力。

（2）躲避碰撞状态　集成安全系统将防抱死制动系统（ABS）、牵引力控制系统（ASR）和电子稳定程序（ESP）等集成在一起，使汽车动力控制系统处于最佳工作状态，在发生紧急情况时，帮助驾驶人躲避可能发生的碰撞。随着电子伺服系统的广泛采用，智能驾驶汽车可以做到紧急情况下自行制动并转向，躲避碰撞事故发生。

（3）无法躲避碰撞状态　对不可避免地要发生的碰撞事故，集成安全系统会提前发出警告。当汽车驾驶状态在正常状态和预警状态时，系统会根据潜在碰撞事故的相应数据，使乘员保护系统随时待命，一旦事故发生，则在最理想的时刻启动被动安全措施。

被动式乘员识别系统由安装在座椅内部且体积很小的安全气囊、连接压力传感器的液囊、电子控制器（ECU）和安全带张力传感器等组成。安全带张力传感器根据乘员座椅的状态，获得座椅上的乘员是成人、儿童或婴儿，或者座椅空闲等信息，并将信号送入 ECU。ECU 内存储有处理各种传感器信息的程序，该程序根据座椅承受重力可确切地判断出乘员的体形等信息，然后对安全气囊的引爆膨胀提供智能化的选择。

（4）碰撞之后状态　集成安全系统中的车载通信技术，在汽车碰撞后，可以及时向救援服务中心发出求救报警信号，并通过导航系统报告汽车发生事故时的具体位置，甚至还可以说明碰撞事故的类型和乘员受伤的程度。

思考题

1）安全气囊在强碰撞下不能够展开，可能是什么原因引起的？

2）预紧安全带在汽车碰撞时未提前预紧，可能是什么原因导致的，为什么？

练习题

1. 填空题

1）安全气囊是汽车上一种常见的________安全装置。若将安全气囊与________配合使用，则对乘员的保护效果会更好。

2）汽车安全气囊系统主要由________、电子控制系统、________三部分组成。

3）如果汽车以________的车速撞到一辆正在停放的同样大小的汽车上，或以不低于________的车速迎面撞到一个固定障碍物上，碰撞传感器便会动作，接通搭铁回路。

4）水银式安全传感器用来防止系统在非碰撞状况引起气囊的误动作，当发生碰撞时，足够大的________将水银抛上，使安全传感器两触头（触点）闭合，将________电路接通。

5）安全气囊的电子控制装置主要由 SRS ECU、________、配线、________、SRS 电源等组成。

6）一般把点火开关置于________档后，SRS 警告灯________，6 ~ 8s 后熄灭，说明 SRS 系统正常。

7）安全带主要由________、带扣锁、导向件、________、调节件等组成。

8）智能安全气囊中的气体发生器都是________气体发生器。他们的充气强度（充气量）是________。

9）行人安全车采用了两种可以在碰撞中对行人进行保护的安全气囊。这两种气囊一是________，一是________，两者配合使用可以减少最常见的行人伤亡事故。

10）前围气囊系统的作用则是提供二次碰撞保护，防止行人被甩到发动机室盖上后部被________碰伤。

11）预紧式安全带主要由传感器、________、安全带收紧结构、________等组成。

12）预紧式卷收器可以实现的功能包括：________、车辆倾斜感应、车辆急加速急减速感应、________等功能。

13）目前测定汽车之间安全距离的方法有三种：________、微波雷达测距和激光测距。

14）防追尾碰撞系统又叫自动制动控制的防追尾碰撞系统，主要由传感器、________、控制单元和操纵机构等组成。

2. 问答题

1）安全气囊系统对人体进行保护的作用的原理是什么？

2）安全气囊用传感器种类及工作原理是什么？

3）简述安全带控制系统的控制过程。

4）简述预紧式安全带的工作原理。

5）简述安全气囊系统的引爆过程。

3. 论述题

1）安全气囊系统检查注意事项有哪些？

2）如何清除安全气囊系统的故障码？

3）如何通过 SRS 指示灯读取安全气囊系统的故障码？

4）安全带预紧装置检修注意事项有哪些？

第三章

中控门锁与防盗控制系统

◎ **掌握技能**

➢ 中控门锁的故障检查方法

➢ 防盗系统的故障诊断方法

◎ **基本理论**

➢ 中控门锁的分类及工作原理

➢ 车速感应式中控门锁的工作原理

➢ 电子防盗系统的组成及工作原理

★ 案例导入

故障现象：一辆2004年别克GL8商务车，行驶里程3.8万km，中控门锁不起作用。当按动遥控器上的开锁和上锁按键，或按动左前门和右前门内饰板上的开锁和上锁按键时，中控门锁均不起作用，用钥匙通过车门锁也无法对全车实现开锁或上锁。

故障诊断：根据故障现象，重点检查输入到车身控制单元（BCM）的上锁和开锁信号、车身控制单元（BCM）、输出到各车门门锁电动机的信号以及相关电路等。首先检查中控门锁系统的熔丝，仪表板右侧熔丝盒内的B9-B10熔丝熔断。更换新的熔丝后，只要按动车门内饰板上的上锁按键，该熔丝就会熔断，这说明车身控制单元BCM输出到各车门门锁电动机的上锁信号线可能对地短路，也就是车身控制单元BCM上的线束插头C1中的C脚可能对地短路（图3-1）。拆下BCM，用万用表测量BCM上的该电束插头C1中的C输出端的针

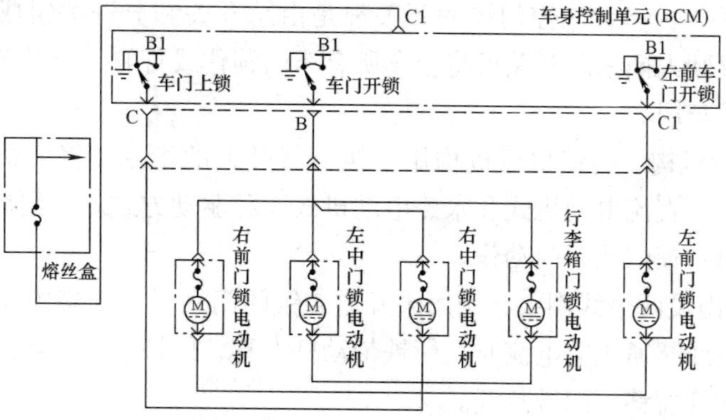

图3-1　门锁电动机控制电路图

脚对地电阻，测量结果为1.2 Ω，证明该电路对地短路。

故障排除：拆下左前车门内饰板检查线路，发现左前门门锁线束与车身线束连接插头的附近导线外皮破损。维修线路后，中控门锁功能恢复正常。

根据上述案例，请思考下列问题：

1）中控门锁系统的工作原理？

2）中控门锁控制电路的组成？

第一节　中控门锁系统

一、中控门锁系统概述

1. 中控门锁的功能

采用中控门锁（全称为中央控制门锁）系统的车辆，当驾驶人锁住驾驶人侧车门时，其他几个车门（包括后车门或行李箱门等）能同时自动锁住；当打开驾驶人侧车门时，其他几个车门能同时打开；乘客仍可用各车门的机械或弹簧锁开关车门。

中控门锁的功能如下：

（1）中央控制　对车门及行李箱锁进行集中控制。当驾驶人对驾驶人侧车门进行控制（锁门、开门）时，汽车所有的门锁及行李厢锁能同时实现相同的控制效果。

（2）速度控制　当车速达到一定值时，各个车门能自动锁定，防止乘员误操作车内门把手而导致车门被打开。

（3）单独控制　在除驾驶人侧车门外的3个门设置有单独的弹簧锁开关，中控系统不工作时，乘客仍可以使用各车门的机械锁扣来开关车门。

2. 中控门锁的组成

汽车上装用的中控门锁种类很多，但其基本组成主要包括门锁开关、门锁执行机构和门锁控制器。

（1）门锁开关　大多数中控门锁的开关都是由总开关和分开关组成。总开关装在驾驶人侧的车门上，驾驶人操纵总开关可将全车所有车门锁住或打开；分开关装在其他各个车门上，可单独控制某车门。

（2）门锁执行机构　门锁执行机构用于执行驾驶人的指令，将门锁锁止或开启。门锁执行机构有电磁式、直流电动机式和永磁电动机式3种驱动方式。它们都是通过改变极性转换其运动方向而执行锁门或开门动作。

1）电磁式：内设两个线圈，分别用来开启、锁闭门锁。门锁集中操作按钮平时处于中间位置。当给锁门线圈通正向电流时，衔铁带动杆左移，门被锁住；当给开门线圈通反向电流时，衔铁带动连杆右移，门被打开。

2）直流电动机式：其通过直流电动机转动并经传动装置（螺杆传动、齿条传动和直齿轮传动）将动力传给门锁锁扣，使门锁锁扣进行开启或锁止。由于直流电动机能双向转动，所以可以通过电动机的正反转实现门锁的锁止或开启。这种执行机构与电磁式执行机构相比，耗电量较小。

3）永磁电动机式：永磁电动机多是指永磁型步进电动机。它的作用与前两种基本相同，结构差异较大。其门锁执行机构装有转子，转子带有凸齿，凸齿与定子磁极径向间隙小而磁通量大。定子上带有轴向均布的多个电磁极，而每个电磁线圈按径向布置。定子周布铁心，每个铁心上绕有线圈。当电流通过某一相位的线圈时，该线圈的铁心产生吸力吸动转子上的凸齿对准定子线圈的磁极，转子将转动到最小的磁通处，即一步进位置。要使转子继续转动一个步进角，根据需要的转动方向向下一个相位的定子线圈输入一脉冲电流，转子即可转动。转子转动时，通过连杆使门锁锁止或开启。

（3）门锁控制器　门锁控制器是为门锁执行机构提供锁止/开启脉冲电流的控制装置。无论何种门锁执行机构都是通过改变执行机构通电电流方向控制连杆左、右移动，从而实现门锁的锁止和开启。

门锁控制器的种类很多，按其控制原理大致可分为晶体管式、电容式和车速感应式 3 种门锁控制器。

1）晶体管式：晶体管式门锁控制器内部有两个继电器，一个连通锁门电路，一个连通开门电路。继电器由晶体管开关电路控制，其利用电容器的充放电过程控制一定的脉冲电流持续时间，使执行机构完成锁门和开门动作。

2）电容式：该门锁控制器利用电容器充放电特性，平时电容器充足电，工作时把它接入控制电路，从而使电容器放电，使继电器通电而短时吸合。电容器完全放电后，通过继电器的电流中断而使其触点断开，门锁系统不再工作。

3）车速感应式：该门锁控制器装有一个车速为 10km/h 的感应开关。当车速大于 10km/h 时，若车门未上锁，门锁控制器自动将门上锁。

3. 安装位置及作用

中央门锁系统控制组件的安装位置如图 3-2 所示，其各部分作用如下。

（1）门锁控制开关　门锁控制开关装在前左门和右门的扶手上，为杠杆型开关，如图 3-3 所示。将开关推向前门是锁门，而推向后门是开门。

（2）钥匙开锁报警开关　钥匙开锁报警开关探测点火钥匙是否插进钥匙门内，当钥匙在钥匙门内，开关电路接通报警；当钥匙离开钥匙门时取消报警，如图 3-4 所示。

（3）钥匙控制开关　钥匙控制开关装在每个前门的钥匙门上。当从外面用钥匙开门和关门时，钥匙控制开关便向门锁控制 ECU 发出开门或锁门的信号。

（4）门锁总成　门锁总成主要由门锁传动机构、门锁开关和门锁壳体等组成。

门锁传动机构由电动机、齿轮和位置开关等组成，如图 3-5 所示。当门锁电动机转动时，蜗杆带动齿轮转动，齿轮推动锁杆，车门被锁上或打开，然后齿轮在回位弹簧的作用下返回原位置，防止操纵门锁钮时电动机工作。当锁杆推向锁门位置时，位置开关断开；推向开门位置时位置开关接通。

门锁开关用来检测车门的开闭情况。当车门关闭时，门锁开关断开；车门开启时，门锁开关接通。

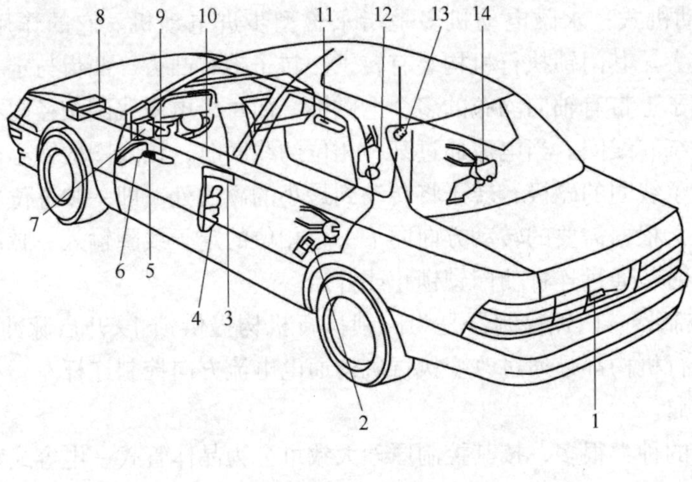

图 3-2　中央门锁系统控制组件的安装位置

1—行李箱门控电磁阀　2—左后门锁电动机及位置开关　3—门锁控制开关
4—左前门锁电动机、位置开关及门锁开关　5—左前门锁控制开关　6—No. 1 接线盒门控电路断路器
7—防盗和门锁控制开关　8— No. 2 接线盒门控电路断路器
9—行李箱门控制开关　10—点火开关　11—右前门锁控制开关
12—前门锁电动机、位置开关及门锁开关　13—右前门钥匙开关　14—右后门锁电动机及位置开关

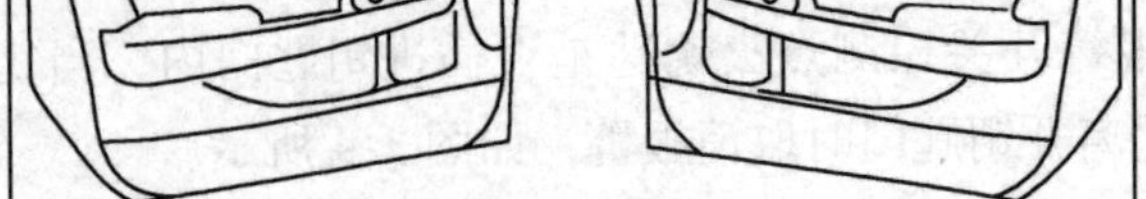

图 3-3　门锁控制开关

1—左门锁控制开关　2—右门锁控制开关

图 3-4　钥匙开锁报警开关

（5）行李箱门开启器开关　行李箱门开启器开关位于仪表板下面，拉动此开关便能打开行李箱门。钥匙门靠近行李箱门开启器，推压钥匙门，断开行李箱内主开关，此时再拉开启器开关也不能打开行李箱门。将钥匙插进钥匙门内顺时针旋转打开钥匙门，当主开关再次接通，便可用行李箱门开启器打开行李箱。

（6）行李箱门开启器　行李箱门开启器装在行李箱门上，由轭铁、插棒式铁心、电磁

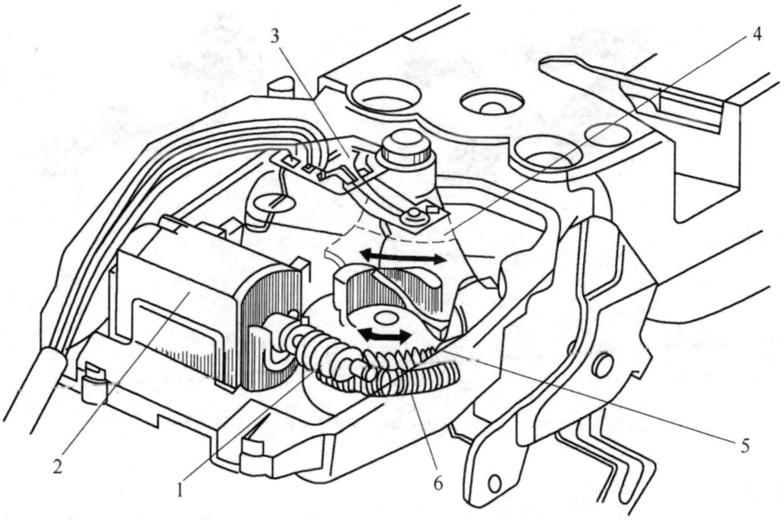

图 3-5　门锁传动机构

1—蜗杆　2—门锁电动机　3—位置开关　4—锁杆　5—齿轮　6—回位弹簧

线圈和支架组成。轴连接行李箱门锁，当电磁线圈通电时，插棒式铁心将轴拉入并打开行李箱门。电路短路器用以防止电磁线圈因电流过大而过热。

(7) 门控开关　门控开关用来探测车门的开闭情况。车门打开时，门控开关又接通；车门关闭时，门控开关断开。

4. 门锁的结构和工作原理

(1) 左前门锁　在图 3-6a 中，左前门锁由棘齿 1、锁钩 2、棘齿拨杆 4、棘齿尾 5 等构成主锁，车外门手柄和车内门手柄可用车钥匙从车外开锁或拧动手柄将车门打开。棘齿拨杆 4、车内开锁/锁止按钮和钥匙锁芯构成副锁，副锁联动机构用钥匙来开关门锁。当用力关门时，锁环 6 撞动锁钩内环并带动锁钩顺时针转动，锁钩钩入锁环。同时，棘齿翘起，卡住锁钩外环，门则推不开。若使锁钩与锁环脱开，在车外时，拉起车门外开门手柄，传动杆向下，带动棘齿拨杆向下，拨动棘齿尾，使棘齿反时针转动，棘齿与锁钩的外环脱开，锁钩在弹簧弹力的作用下反时针转动，从锁环中退出，如图 3-6b 所示。在车内时，拉起车门内开门手柄，也会使棘齿拨杆下移，拨动棘齿尾，使棘齿反时针转动，棘齿与锁钩的外环脱开，锁钩在弹簧弹力的作用下反时针转动，从锁环中退出。手柄放开时，棘齿拨杆受弹力而复位。

当用钥匙转动锁芯于开锁位置，联动机构使棘齿拨杆处于竖直状态，车门内开锁/锁止按钮也处于开锁位置。此时，拉动车门外开门手柄，能使棘齿拨杆向下移动，拨动棘齿尾向逆时针方向转动，棘齿与锁钩外侧脱开，锁钩则逆时针转动，锁钩与锁环脱开，车门则可拉开。当用钥匙转动锁芯于锁止位置时，联动机构使棘齿拨杆逆时针转动一定角度，棘齿拨杆远离棘齿尾，车门内开锁/锁止按钮也处于锁止位置。此时，拉动车门外开门手柄，棘齿拨杆也向下移动，但拨不着棘齿尾，棘齿保持不动，锁钩仍钩着锁环，

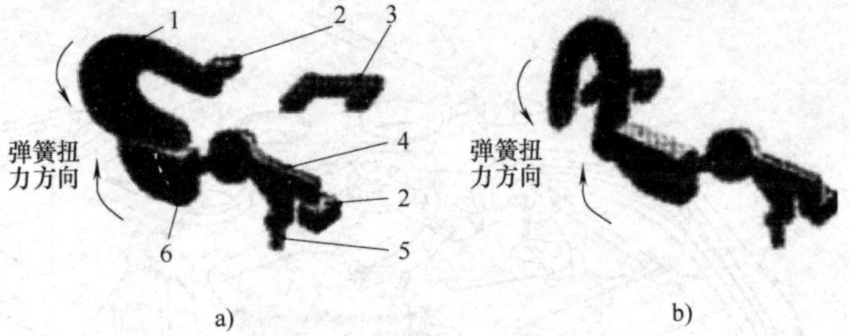

图 3-6 左前门锁结构和工作原理

a）开锁状态 b）锁止状态

1—棘齿 2—锁钩 3—挡块 4—棘齿拨杆 5—棘齿尾 6—锁环

车门则不能拉开。

联动机构还带动一个电路开关（通常叫门锁按钮），用于控制三个门锁执行器。此开关是一个单刀双掷型的开关，开关的活动片在两个终点位置时都不与触点相接，只是在移动过程中先后与两个触点各接触 1 次。

（2）左后门锁 左后门锁其联动机构中没有钥匙锁芯和电路开关，而是安装了一个门锁执行器。车门上有锁钩和传动机构，车门框的相应部位有一个锁环。工作原理与左前门锁基本相同。

（3）右前门锁和右后门锁 右前门锁结构与左前门锁结构相同，只是零件的方位相反，电路开关被门锁执行器代换，所以右前门锁的钥匙锁芯只能使右前门锁处于开锁或锁止状态，而不能使其他门锁工作。右后门锁结构与左后门锁结构相同，只是零件的方位相反，工作原理与左后门锁相同。

门锁控制系统的工作过程：

1）锁车时：当用钥匙或按下前门锁操纵杆（左、右均可）时，连接杆（图 3-7）被压下，前门锁执行元件中门锁开关的锁车触点Ⅱ闭合，中央门锁控制单元收到此信号后，立即控制双压泵运转，产生真空，各门锁的执行元件（膜盒）进入真空状态，膜片带动连接杆向下运动将车门锁住。

2）开锁时：当用钥匙或拉出前门操纵杆（左、右均可）时，连接杆被拉起，前门锁执行元件中门锁开关的开锁触点Ⅰ闭合，中央门锁控制单元收到此信号后，立即控制双压泵向反方向运转，产生高压气体，各门锁的执行元件进入高压状态，膜片带动连接杆向上运动将车门打开。后门及行李箱的门锁执行元件没有门锁开关和电路接线，只有一个膜盒和气管。

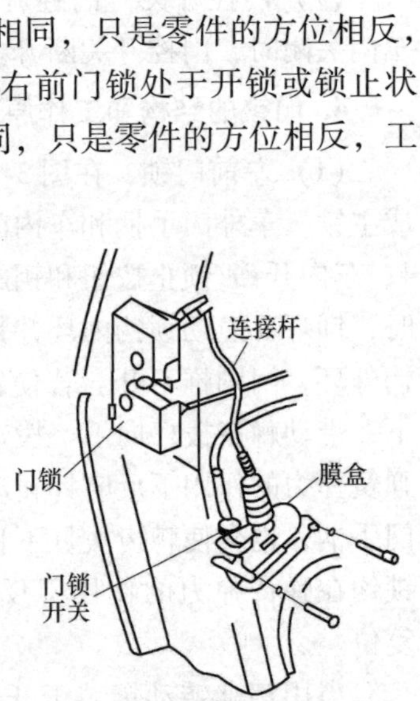

图 3-7 前门锁执行机构

另外，装有中央门锁控制单元和双压泵的塑料盒内有一个双触点压力开关。压力泵不转动时，两对触点都断开，压力泵转动 3～7s 后，无论是正压还是负压，都会使一对触点闭合。中央门锁控制单元收到信号后，立即使压力泵停止转动。如果管路或膜盒出现漏气，压力泵虽然转动但建立不起正压或负压，触点不能闭合，经过7s后，压力泵仍然转动。这时，中央门锁控制单元对压力泵实行强制保护，中央门锁控制单元中设有延时电路。延时电路每次只允许压力泵转动30 s便自动停机，其作用是当管路出现漏气故障后，防止压力泵因长时间运转而被烧毁。塑料盒内的系统管路上还装有一个放气阀，每当压力泵停止转动后，此阀立即打开，使系统中管路与大气相通，以备下一次操作。每当压力泵转动之后，此阀立即关闭，使系统管路与大气隔绝。

5. 中控门锁的遥控原理

中控门锁的无线遥控功能是指不用把钥匙键插入锁孔中就可以远距离开门和锁门，其最大优点是：不论白天黑夜，无需探明锁孔，可以远距离、方便地进行开锁（开门）和闭锁（锁门）。

中控门锁遥控的基本原理是：从车主身边发出微弱的电波，由汽车天线接收该电波信号，经ECU识别信号代码，再由该系统的执行器（电动机或电磁线圈）执行启/闭锁的动作。该系统主要由发射机和接收机两在部分组成。

（1）发射机　发射机由发射开关、发射天线（键板）、集成电路等组成。在键板上与信号发送电路组成一体。从识别代码存储回路到FSK调制回路，由于采用单芯片集成电路而使其小型化，在电路的相反一侧装有揿钮型的锂电池。发射频率按照使用国家的电波频带进行选择，一般可使用27MHz、40MHz、62MHz频带。发射开关每按揿钮一次进行一次信号发送。

（2）接收机　发射机利用FM调制发出识别代码，通过汽车的FM天线进行接收，并利用分配器进入接收机ECU的FM高频增幅处理器进行解调，与被解调节器的识别代码进行比较。如果是正确的代码，就输入控制电路并使执行器工作。

门锁遥控系统通常由1个便携式发射器机和1个车内接收机组成，从发射机发出的可识别信号由接收机接收并解码，驱动门锁打开或锁止，其主要作用是方便驾驶人锁门或开门。

用户可以通过设置门锁遥控ECU的开锁密码实现对汽车的保护，使车辆在出现非法打开车门时进行报警。目前，系统大部分采用无线电波或红外线作为识别信号的传授媒介，分为有钥匙型和整体型两种。

当中控门锁接收到正确的代码信号时，控制波接收电路就被触发至接收时间加0.5s，然后再恢复到待机状态。如输入的代码信号不符，将不能触发接收电路。若在10min内有多于10个代码信号输入不符，于是停止接收任何信号，包括接收正确的代码信号。这种情况下车主必须用钥匙机械地插入门锁孔才能开启车门。通过钥匙点火起动以及把遥控门锁系统主开关关掉再打开即可恢复信号的接收。如果用遥控机构把车门开锁后30s内不开门，则车门将自动锁止。

二、车速感应式中控门锁

当汽车行驶速度超过规定速度时，为确保行车安全以防意外发生，有的中央门锁还受车速控制。它是在原中控门锁的基础上加设了车速控制电路，车速控制开关设在车速表内。当汽车行驶速度高时，车速传感器自动接通门锁锁止电路将门锁锁止，这种靠车速控制的门锁称为车速感应式门锁，其电路原理如图 3-8 所示。

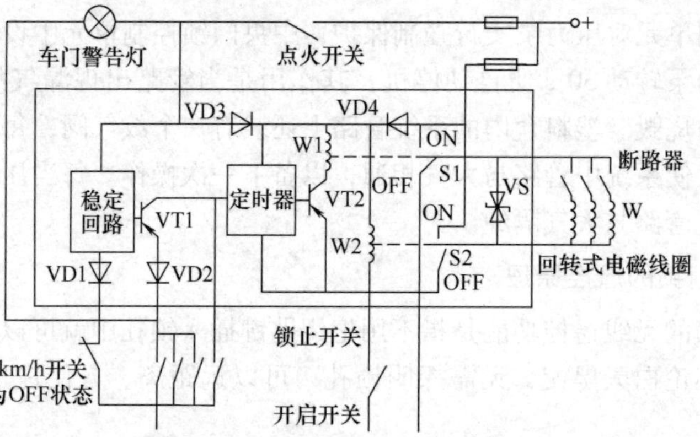

图 3-8　车速感应式中央门锁电路

VT1、VT2—晶体管　W1—锁止继电器线圈　W2—开锁继电器线圈

S1、S2—继电器触点　W—回转式电磁线圈

车速感应式中控门锁具有驾驶人手动锁上或打开所有车门和仅锁止或打开驾驶人侧车门的功能。其工作过程有两个状态，即汽车停驶工作状态和汽车行驶工作状态。

1）汽车停驶工作状态：点火开关打开，车速表内的 10km/h 车速开关（舌簧式开关）处于接通位置，蓄电池电流经熔断器、稳定回路、二极管 VD1、车速开关后搭铁。此时，晶体管 VT1 截止，晶体管 VT2 也截止，车门锁止继电器 W1 断电，车门处于开锁状态。此时只要有一个车门未锁止时，该车门灯开关闭合，车门警告灯亮，提醒驾驶人注意。

2）汽车行驶工作状态：汽车行驶时，当车速超过 10km/h，车速表内的 10km/h 车速开关被移动的磁铁吸开，晶体管 VT1 导通，定时器经 VT1 及门灯开关后搭铁，VT2 导通，W1 通电，S1 处于 ON 位置，回转式电磁线圈通电工作，拉下车门锁扣杠杆，车门被锁止。

三、中控门锁系统检修

1. 故障检查

各个车型的中控门锁电路区别较大，因此在进行检修时要结合具体的维修手册进行，但检修的方法和检修部位基本相似。中央门锁控制系统的故障检查见表 3-1，可按表中的序号进行检查。

表 3-1　中央门锁控制系统的故障检查表

检查程序序号	1	2	3	4	5	6	7	8	9	10	11	12
检查部位 / 故障征兆	ECU电源电路	执行机构电源电路	门锁电动机电路	行李箱门电磁阀	门锁控制开关电路	钥匙控制开关电路	钥匙开关报警开关电路	位置开关电路(前门)	行李箱开启开关电路	门锁开关电路	门控灯开关电路	门锁控制 ECU
门锁控制系统不起作用	1	2	4	3								5

（续）

检查程序序号	1	2	3	4	5	6	7	8	9	10	11	12
检查部位 / 故障征兆	ECU电源电路	执行机构电源电路	门锁电动机电路	行李箱门电磁阀	门锁控制开关电路	钥匙控制开关电路	钥匙开关报警开关电路	位置开关电路（前门）	行李箱开启开关电路	门锁开关电路	门控灯开关电路	门锁控制 ECU
用门锁控制开关或钥匙控制开关，全部车门或有些门不能锁或不能打开		1										2
用门锁控制开关不能开门或锁门（用钥匙控制开关能开门或关门）					1							2
用钥匙控制开关不能锁门或开门（用门锁控制开关能开门或关门）						1						2
防止钥匙遗忘功能不能操作							1	2		3	3	4
行李箱门开启器功能不能操作				2					1			

2. 检查程序

以日本丰田公司的雷克萨斯 LS400 型轿车的中控门锁为例，简要介绍其故障检查方法。图 3-9 所示为雷克萨斯 LS400 型轿车中控门锁系统的端子。

（1）ECU 电源电路　ECU 电源电路向防盗门锁控制 ECU 提供电源，线束插接器与 ECU 插接器对应。

检查 DOME 熔丝。从接线盒内取出熔丝，用万用表检查熔丝的导通情况。若不导通，检查线束是否短路；若导通，检查 DOME 端子和 ECU 插接器端子 E 之间的电压，应为蓄电池电压，否则检查线束和 ECU 搭铁线是否断路。若正常，检查 ECU 和蓄电池之间的线束；若断路，修理或更换线束或插接器。

（2）执行机构电源电路　执行机构电源电路给驱动门锁的电动机和行李箱门开启电磁阀提供电源。

检查断路器时，从接线盒内取出断路器，用万用表检查断路器的导通情况。若不导通，检查线束和接到电路断路器的组件是否短路。执行元件（门锁电动机和行李箱门开启电磁阀）的电源是通过 ECU（或继电器）提供的。因此，线束或执行元件内电路发生短路，电路断路器变成断路，还需检查电动机和电磁阀。若导通，检查 ECU（或继电器）线束插接器的搭铁电压，即线束插接器与地线之间的电压，应为蓄电池电压。否则检修 ECU（或继电器）和蓄电池之间的线束和插接器。

（3）门锁电动机电路　门锁电动机电路根据 ECU（或继电器）的信号开、关门锁。

检查门锁电动机的动作声音。当将门锁开关推向锁门或开门侧时，可听到门锁电动机的动作声音。若没有动作声音，检查门锁电动机。门锁电动机通过 ECU 内的两个继电器供电

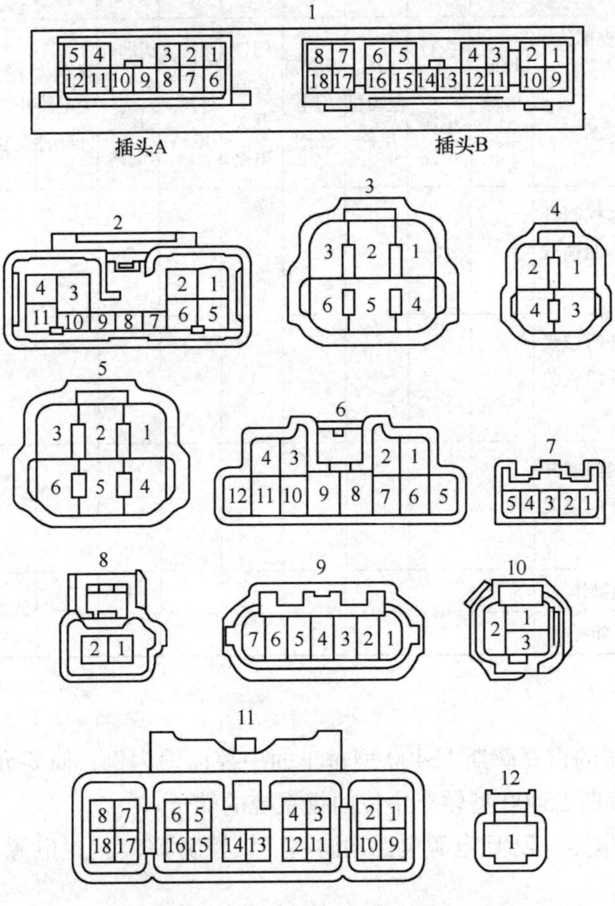

图 3-9　LS400 型轿车中控门锁的端子

1—防盗和门锁控制 ECU 插头　2—钥匙开锁报警开关插头　3—前门锁电动机和位置开关插头　4—后门锁电动机和位置开关插头　5—前门锁开关插头　6—驾驶人侧门锁控制主开关插头　7—前排乘员侧门锁控制开关插头　8—行李箱门开启器开关插头　9—驾驶人侧门钥匙控制开关插头　10—前排乘员侧门钥匙控制开关插头　11—行李箱门开启器电磁阀插头　12—门锁控制继电器插头

和搭铁构成回路。从电动机上拆下插接器，将电源正极接端子 5（前门）和 4（后门），负极接端子 2，此时门锁应处于锁止状态；将电源正极接端子 2，负极接端子 5 和 4，此时门锁应处于开启状态。检查短路时，应在 2s 之内完成。上述检查若发生不良情况，应更换电动机。若检查正常，再检查 ECU（继电器）和电动机之间线束和插接器，若不良，则要修理、更换线束或插接器。

(4）行李箱门开启电磁阀电路　行李箱门开启电磁阀电路的内部继电器通过端子（B5）将信号送给行李箱开启电磁阀而打开行李箱门。

检查行李箱门开启电磁阀。当电源正极接电磁阀插接器端子，负极接电磁阀壳体时，电磁阀应拉进去，否则更换开启电磁阀。

检查 ECU（或继电器）和电磁阀之间线束和插接器，若不良，更换线束和插接器。

（5）门锁控制开关电路　当门锁控制开关推向锁门一侧，开关的锁门端搭铁；当门锁开关推向开锁一侧，开锁端搭铁。

检查加在门锁控制开关插接器端子与壳体之间的电压。接通点火开关，测量当门锁控制开关推向锁门、开锁和中间位置时，驾驶人和前排乘员侧开关接点搭铁电压见表3-2。

表3-2　门锁控制开关端子电压

开关位置＼端子	驾驶人侧		前排乘员侧	
	2	1	3	1
锁门	0V	蓄电池电压	0V	蓄电池电压
开门	蓄电池电压	0V	蓄电池电压	0V
断开	蓄电池电压			

若测量电压值不满足表3-2的要求，则检查门锁控制开关。门锁控制开关推向锁门时，端子2、8（驾驶人侧开关）及3、2（前排乘员侧开关）应导通：门锁控制开关推向开门时，端子1、8（驾驶人侧开关）及1、2（前排乘员侧开关）应导通。否则，更换门锁控制开关。

检查ECU（或继电器）和门锁控制开关、开关与车身之间的线束和插接器。若良好，检查或更换ECU（或继电器）；若不良，应修理或更换线束、插接器。

（6）钥匙控制开关电路　钥匙控制开关装在门上钥匙门内，当钥匙转向锁门侧，开关的端子2搭铁；钥匙转向开锁侧，开关的端子1搭铁。

检查钥匙开关。当钥匙开关转向锁门侧，钥匙开关插接器端子2、3导通；钥匙开关转向开锁侧，开关的端子1、3导通。否则更换钥匙开关。

检查ECU和开关、开关和车身之间的线束及插接器。若不良，应修理或更换线束、插接器。

（7）钥匙开锁报警开关电路　当点火钥匙插进钥匙门内时，钥匙开锁报警开关接通；而当点火钥匙离开钥匙门时，钥匙开锁报警开关断开；当钥匙开锁报警开关接通时，ECU启动防止钥匙遗忘功能。

检查钥匙开锁报警开关插接器端子9、10的导通情况。点火钥匙插入钥匙门时导通，拔出时断开。否则，更换钥匙开锁报警开关。

（8）位置开关电路　位置开关装在门锁电动机总成里。当门锁钮在开锁位置时，位置开关接通；而门锁钮在锁门位置时，位置开关断开。ECU探测前门锁钮在该电路的状态，该电路具有防止钥匙遗忘功能。

检查位置开关。当门锁钮推向锁门测时，端子1、4断开；当门锁钮推向开门侧时，端子1、4接通。否则，更换位置开关。

检查ECU和位置开关、位置开关和车身之间的线束及插接器。若不良，应修理或更换线束、插接器。

（9）行李箱门开启主开关和开启开关电路　行李箱门开启主开关被推进去时断开，当拉出来时接通。只有当主开关和开启开关一同接通时，ECU才能激励行李箱门开启电磁阀。

检查主开关时，钥匙推进去并转动，端子1、2接通。检查开启开关，开关提出来接通，端子 2、B 及 1、L 接通；开关断开时，端子 2、B 接通。若上述检查不满足要求，更换主开关或开启开关。

检查 ECU（继电器）和主开关、开启开关和车身之间的线束和插接器。若不良，应修理或更换线束、插接器。

(10) 门锁开关电路　检查门锁开关。当前门打开时，门锁开关端子 3、6 导通；当车门关闭时，端子 3、6 断开。否则，更换门锁开关。

检查 ECU 和门锁开关、车身之间的线束和插接器。若不良，应修理或更换线束、插接器。

(11) 门控灯开关电路　当车门打开时，门控灯开关接通；当车门关闭时，门控灯开关断开。

检查门控灯的工作。当任一前门打开时，门控灯亮；当任一前门关闭时，门控灯熄灭。否则，检查和修理门控灯电路。

检查门锁控制继电器和门控灯开关之间的线束和插接器。若不良，应修理或更换线束、插接器。

(12) 检查和更换 ECU　检查 ECU 搭铁电路。若搭铁电路有故障，应进行检修；若搭铁电路正常，故障可能出在 ECU，换用新的 ECU 后进行检查：测量 ECU 搭铁端子与车身之间的电阻，应为 1Ω 或更小；检查 ECU 接线端子和线束侧搭铁端子，检查线束弯曲和插接器的接触情况。

第二节　防盗报警系统

许多汽车公司将汽车防盗装置作为汽车的标准配置。防盗报警系统通常与汽车中控门锁系统配合工作，当汽车处于防盗报警功能状态时，若有人企图强行进入汽车或打开发动机室盖、行李箱门，防盗报警系统一方面会发出报警，如灯光闪烁、喇叭鸣叫，另一方面会自动阻止车辆运行，如切断点火电路、起动电路及供油电路等。

一、汽车防盗系统概述

1. 防盗系统的分类

(1) 机械式防盗系统　机械式的防盗锁属于单体、被动、无人值守的传统机械防盗装置，不能发出、传输报警信息，且极易被犯罪分子用钢锯、万能钥匙、镊子等作案工具破坏。

1）车轮锁。车轮锁是使用一套锁具将汽车的一个车轮固定，使之不能转动，从而达到防盗和防止车辆被拖走的目的。

2）转向盘锁。转向盘锁也就是通常人们所说的拐杖锁，它的两端类似于拐杖的手柄，长度可调整，一端挂在转向盘上，另一端挂在离合器踏板上。

3）变速杆锁。变速杆锁是一种将转向盘和变速杆锁在一起的锁具，采用这种锁可以同时防止窃贼转动转向盘和拨动变速杆。

4）可拆卸式转向盘。该种防盗器材整套配备包括：底座、可拆式转向盘、专利锁帽盖。操作程序是先将转向盘取下，将专利锁帽盖套在转向轴上，即使小偷随便拿一个转向盘也无法安装在转向轴上。

5）制动器锁。制动器锁可以在车主离开汽车后以机械或液压方式，将制动器踏板固定在制动位置上。

6）护盘式转向盘锁。护盘式转向盘锁是一种隐藏式转向盘锁，有一层防锯、防钻钢板保护，材质比传统的拐杖锁坚固，锁芯也设计得更加精密，因而可靠性更高。该锁的优点是不会破坏原车结构，故障率低，操作简便；缺点是车主必须找一个空间收藏这个拆下的转向盘。

（2）电控式防盗系统

1）按密码形式分类。电控式防盗系统根据密码发射方式的不同，主要分为定码防盗器和跳码防盗器两种类型。早期防盗器大多采用定码方式，由于其自身的缺点，现已逐渐被技术上较为先进、防盗效果较好的跳码防盗器所取代。

早期的遥控式汽车防盗器是主机与遥控器各有一组相同的密码，遥控器发射密码，主机接收密码，从而完成防盗器的各种功能。定码方式既不可靠又不安全。

跳码防盗器同移动电话的工作原理相同，遥控器与防盗主机系统之间除了要有相同的发射和接收频率之外，还要有密码才能相互识别。

2）按防盗的结构分类

① 电子声光类：俗称“哇哇叫”，遇到非正常点火、开门、振动等情况时，通过电子感应便会引起喇叭长鸣、车灯闪烁，起到阻吓盗贼的作用。此类防盗器极易被断电和短路等技术破坏，也无法对车辆进行控制，报警信息传播范围有限，发出的噪声也存在扰民现象。

② 机电结合类：当遇到车辆被盗、劫时，汽车不仅可以发出声光报警信号，还能够自动锁住油路、电路、ECU。有的中高档轿车还使用电子钥匙，只有密码相符时才能起动发动机。此类防盗器技术较为先进，但也有的犯罪分子通过截获电子密码等方式实施盗窃。

③ 网络报警类：这是一种建立在以城市为中心的网络化产品，具有遇盗自动报警、跟踪定位、遥控停车等功能。

3）按防盗的功能分类

① 断油断电装置。这种装置是靠切断点火线路或者燃油供应系统而使汽车不能开动，是十分简单而有效的防盗设计方案。然而，这种装置不能防止小偷打破车窗，同时也对整车拖走的偷盗方式束手无策。

断油断电的装置分为 3 种，分别是燃油切断装置、蓄电池接线柱切断装置以及发动机点火切断装置。电池断电装置安装在蓄电池旁，只要转动转钮，车上的电力系统便全被切断，此装置的使用、安装都十分方便。

② 无线电跟踪装置。这是一种目前最先进的产品。该装置是在车上安装一个小型的无线电发射器，一旦车辆被偷走，该装置能够协助警方探测出车辆的下落，很快地找回失窃车辆。

③ 遥控中央门锁。当遥控器发射正确信号时，中央门锁自动开启或关闭。

④ 车身防盗识别系统。该系统是利用特殊工艺在全车玻璃、前照灯、后车灯和轮圈等重要部件蚀刻车辆号码。车辆盗走后，则需要更换全车的重要组件。

（3）网络式防盗系统　汽车网络防盗系统是目前国际上比较流行而且比较先进实用的一种防盗方式，它是在充分总结了前几种防盗方式存在的人防与机防脱节、防盗方式单一、防盗不防劫的弊端之后而发展起来的一种新型的汽车防盗方式。其主要有两种类型：一种是全球卫星定位、超过 GSM 进行无线传输的 GPS 防盗系统，俗称“天网”；另一种是以地面信标定位，通过有线和无线传输对汽车进行定位跟踪和防盗劫的 CAS 防盗系统，俗称“地网”，其代表产品是 110 护车神。

2. 汽车防盗系统的基本组成

汽车防盗系统一般由报警调制/解除装置、传感器（或称为检测器）、防盗 ECU、报警装置、防止汽车起动和移动装置等组成，如图 3-10 所示。

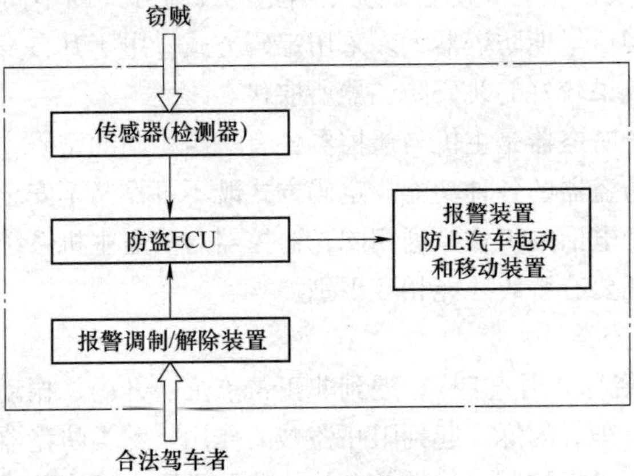

图 3-10　汽车防盗系统的基本组成

（1）报警调制/解除装置　当所有的车门、发动机底部及行李箱关闭时，车主通过报警调制/解除装置使所有的车门进行锁止，汽车防盗报警系统进入预警状态。当汽车防盗报警系统启动时，设在车内可见位置的工作显示灯开始工作，以保证防盗报警系统正确无误地开始工作。

防盗报警系统进入戒备状态的方式，各种车型的基本条件都是：关闭点火开关，锁好所有车门。当锁上驾驶人侧车门时，警告灯点亮 30s，表示车辆处于戒备状态，随时可以起作用。若警告灯不亮，则一定有某扇车门未关好。当被监控的开关被撬时，防盗报警系统启动，发出音响报警和灯光闪烁，待定时器到时（30s 或 1min）后，音响和灯光平息，系统自动处于戒备状态。

（2）传感器

1）传感器功用。当防盗报警系统工作时，传感器检测汽车有无异常情况发生。当汽车被移动或车门被打开时，传感器将检测到的信号传送给防盗 ECU，防盗 ECU 根据其内部储存的数据进行比较，判断汽车是否正在被盗。如汽车被盗，防盗 ECU 输出信号，控制报警装置发出声光报警信号，阻止汽车起动，切断燃油供给。

2）盗车检测方法。汽车是否被盗，传感器主要通过以下方式进行检测：

① 车门开启操作不正常：开锁式车门开启。

② 行李箱盖、油箱盖或发动机室盖被非法打开。

③ 汽车非法移动而产生振动、车辆倾斜。

④ 风窗玻璃被打破。

⑤ 采用超声波检测入侵车厢、音响装置、轮胎脱离车辆时的报警方法。

（3）防盗 ECU

1）防盗 ECU 的功能。防盗 ECU 的功能如图 3-11 所示。防盗 ECU 接收各种传感器（防盗传感器、车速传感器、各门控开关以及电动机的位置等）发送的信号，根据 ECU 存储的数据和编制的程序，通过数学计算和逻辑判断，确定车门是否锁定、车辆是否非法移动、被盗，以便控制各个执行器（门锁电动机、发动机 ECU、起动继电器、喇叭、灯光等），从而使汽车处于报警状态。防盗电控单元除控制功能外，有的还具有故障自诊断功能。

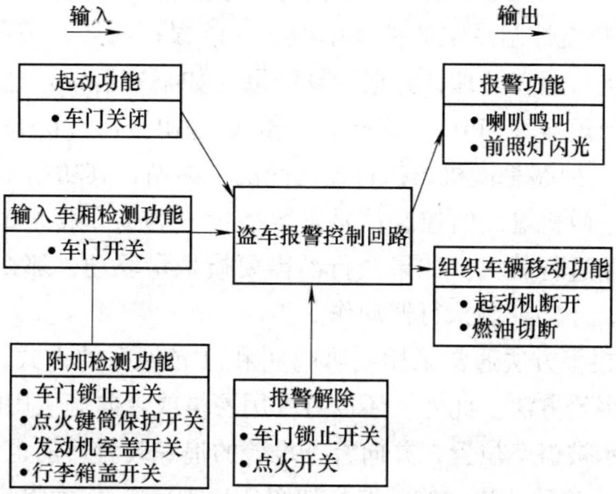

图 3-11 防盗电控单元（ECU）的功能

2）防盗 ECU 的组成。防盗 ECU 的基本构成如图 3-12 所示，主要由输入回路、微机、输出回路、A-D 转换器等组成。

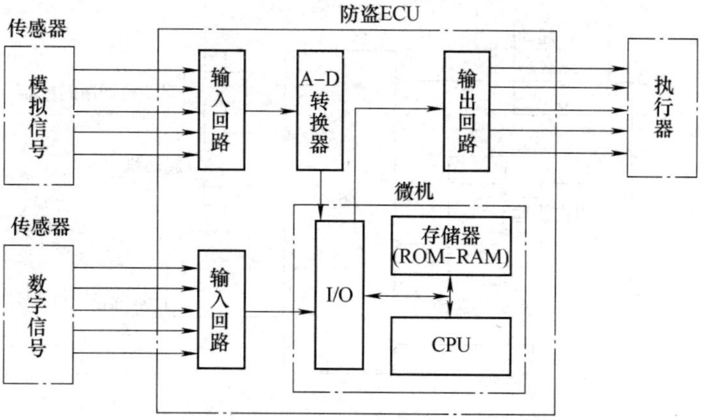

图 3-12 防盗 ECU 的基本构成

① 输入回路。从传感器来的信号，首先进入输入回路。在输入回路里，对传感器信号进行预处理，包括检波或滤波、限幅、波形变换等。如车速传感器输入微机的信号，其幅值是随车速变化的。车速升高时，输出的电压幅值增大，车速降低时，输出的电压幅值减小。电压信号较弱，为了使信号能够输入微机并被采用，必须在输入回路中将其信号放大、整形。

② A-D 转换器（模-数转换器）。在汽车电控系统中，传感器采集的信号有两种：一种是模拟信号，例如车速信号；另一种是数字信号，如车门开关的输入信号。信号形态不同，输入微机的处理方法也不同。

对于数字信号，可直接输入微机，而对于连续变化的模拟信号，则必须经 A-D 转换器（模-数转换器）转换成微机能够识别的数字信号后才能输入微机。

③ 微机。微机是防盗控制系统的神经中枢。它能根据需要，把各种传感器送来的信号用内存的程序和数据进行运算处理，并把运算结果（如报警信号）送往输出回路。

微机主要由中央处理器（CPU）、存储器、输入/输出接口（I/O）等部分组成。

④ 输出回路。输出回路是微机与执行器之间的中继站，其功用是根据微机发出的指令，控制执行器动作。由于微机输出的控制信号是数字量，电压一般为5V，不能直接驱动执行器，因此需要输出回路进行放大。如果执行器需要模拟量驱动，那么还需要经过 D-A（数-模）转换器转换之后，才能控制执行器动作。

（4）报警装置　报警方法通常采用喇叭鸣叫和灯光闪亮的方式，也有采用专用喇叭与普通喇叭进行组合的报警方法。此外，还设有专用警笛或者向车主用电波报警的方式。利用电波在电子地图上显示被盗车位置，并向警方报警的追踪装置目前也开始普及。

（5）防止汽车非法起动和移动的装置　如图 3-13 所示，作为阻止车辆起动的防盗措施，主要通过切断发动机的起动电路以及通过发动机电控单元间接切断燃油供应和切断点火系电路实现。另外，也有防盗 ECU 直接切断起动电路、切断燃油供应和切断点火系电路，以防止被盗车辆非法移动。

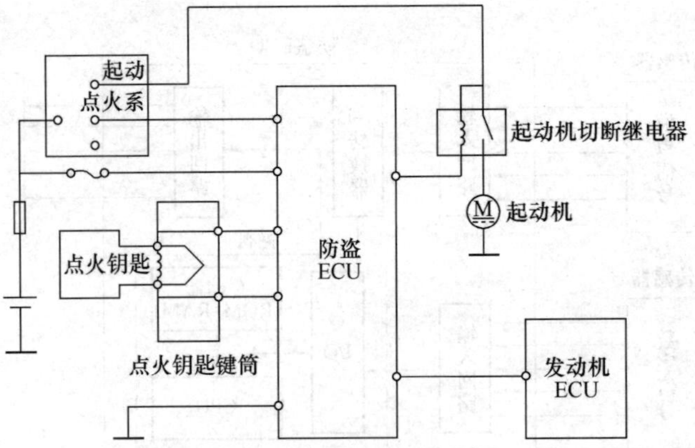

图 3-13　防止汽车非法起动的装置

防止汽车非法起动，除切断起动机继电器的电路外，还可以通过点火钥匙来防止汽车被非法起动。防盗 ECU 通过点火钥匙验明身份，并输出许可信号，进行发动机起动。

点火钥匙主要有以下四种：

1）机械式。点火开关主要采用传统机械式锁止机构，当点火开关打开时，输出“ON”信号；当点火开关关闭时，输出“OFF”信号。机械锁一旦被破坏，其防盗功能便失去作用，因此其安全性较差。

2）遥控式。遥控式防止汽车非法起动和移动的装置具有使用方便和安全的特点。当利用遥控器进行锁定操作后，便可禁止发动机的起动；当解除锁定后发动机便可起动。这种方式方便，能够确保安全性，但是容易受到电波与红外线干扰。

3）电阻式。电阻式防止汽车非法起动和移动的装置在操纵点火开关时，通过触点读出镶在点火钥匙板内芯片的电阻值，并与预先设定的固定限值比较，只有其电阻值相互吻合时，才能起动发动机。这种装置价格便宜，用户不需要特殊操作。但是，一般只有十几种固定阻值，安全性较差。

4）电子应答式。如图 3-14 所示为电子应答式防止汽车的起动和移动装置。

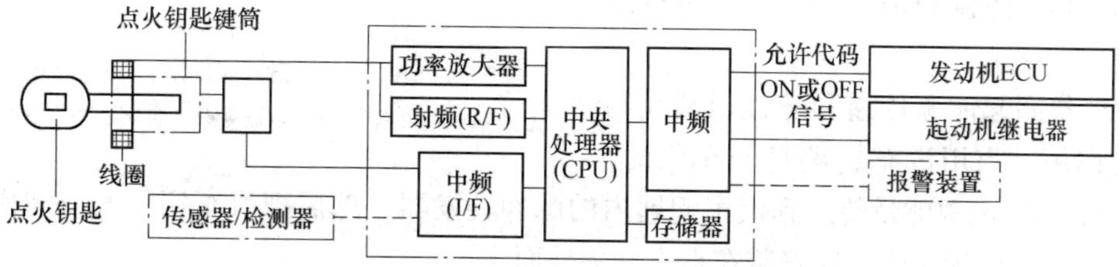

图 3-14 电子应答式防止汽车的起动和移动装置

当操纵点火钥匙时，防盗 ECU 通过装在点火钥匙键筒上的线圈供给电力。安装在点火钥匙内的响应器，由于供给电力的作用，自动输出“程控代码”。“程控代码”通过线圈接收信号，再通过防盗 ECU 的射频（R/F）电路转变成数字，在中央处理器（CPU）中读取。被读取的“程控代码”与存储在存储器中的“程控代码”相互对比。当这两个“程控代码”一致时，中央处理器（CPU）向发动机 ECU 输出许可代码，于是，发动机 ECU 和起动机开始起动。这种装置完全由电子代码控制，是非接触式，与报警装置的调制/解除状态无关，因此，具有高安全性、高可靠性和使用方便的优点。如果再增加检测器/传感器就可以具备报警防盗功能。

二、防盗点火锁系统

为了防止汽车被盗，目前最先进且最流行的防盗方式之一是采用防盗点火锁系统，如果再在汽车转向盘上加锁，则防盗安全性能会更高。电子防盗控制系统使盗车人无法用通常的机械或电子方法起动发动机，同时可随机产生防盗代码。由于采用特别的通信手段，每次传递的信息不同，因此用先进的电子扫描方法来破解防盗代码也较困难。桑塔纳 2000GSi 型轿车电子防盗系统是一种在点火开关接通后开始工作的防盗控制系统。图 3-15 所示为该系统的基本组成，它主要由脉冲转发器、识读线圈、防盗 ECU、有可变代码功能的发动机 ECU 和防盗警告灯等零部件组成。

脉冲转发器是不需要电源就可驱动的感应和发射器件，该器件安装在汽车钥匙手柄内。

在汽车出厂时，防盗ECU给车钥匙配备好该车的防盗识别代码，因此每辆汽车的防盗控制代码是不同的。当用车钥匙打开点火开关时，来自于防盗ECU的电源能量通过识读线圈，以感应方式传递给脉冲转发器。被激励的脉冲转发器立即发射出该车钥匙的识别代码，再通过识读线圈返回到防盗ECU。防盗ECU判别该钥匙是否为该车的合法钥匙，并将汽车点火和供油系统接通或不予接通。较早的防盗系统还可以发出盗劫报警声光信号，有效防止汽车的被盗。汽车钥匙丢失重配或增配汽车钥匙，都必须与防盗ECU的识别代码进行匹配处理。

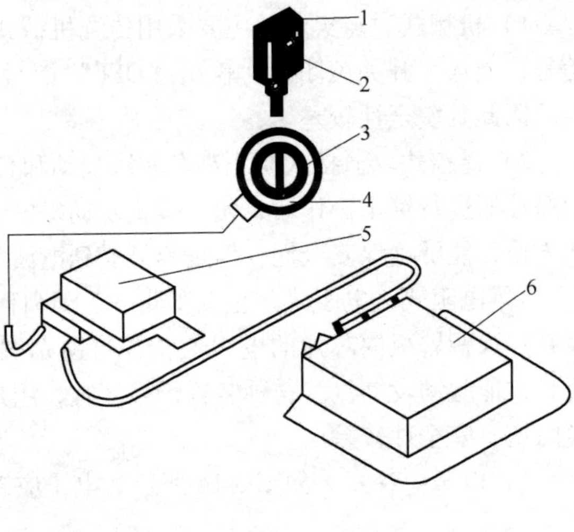

图3-15　轿车电子防盗系统

1—汽车钥匙　2—脉冲转发器　3—点火开关　4—识读线圈　5—防盗ECU　6—发动机ECU

识读线圈起能源传递和防盗识别代码的转发作用。当用汽车钥匙打开车门时，它把防盗ECU电源能量传送到汽车钥匙内的脉冲转发器，然后把汽车钥匙的识别代码传送回防盗ECU。识读线圈一般安装在点火开关外面。

防盗ECU安装在转向柱左边的中央电路板上方，它能通过识读线圈向汽车钥匙的脉冲转发器供给能量，同时接受车钥匙发回的防盗识别代码。如果钥匙识别代码与防盗ECU存储的代码一致，则汽车钥匙起动发动机后，汽车发动机正常运转，否则在2s内断开发动机油路和电路，令发动机熄火。

发动机ECU具有可变代码功能。发动机ECU更换后，防盗ECU内的原车钥匙识别代码不会更改，车钥匙和防盗ECU不用再匹配。但防盗ECU必须与更换的发动机ECU进行匹配才能互相识别，否则，发动机不能起动。发动机ECU一般安装在位于驾驶人腿部上方的地方。

防盗警告灯起到警告插入点火开关内的车钥匙是否为该车合法汽车钥匙的作用。若使用合法的本车钥匙打开汽车油路和电路，则仪表盘上的防盗警告灯点亮3s内自动熄灭。否则防盗警告灯会不停闪烁，有的车还会向外发出声光报警。

桑塔纳2000GSi型轿车的电子防盗控制系统框图如图3-16所示，系统电路如图3-17所示。

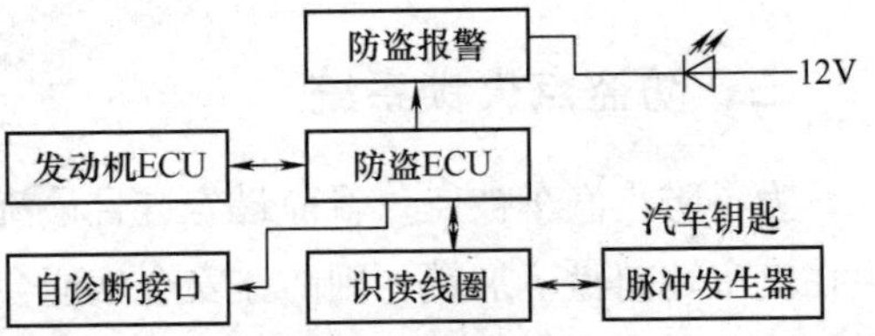

图3-16　防盗控制系统框图

防盗控制系统具有自诊断功能，每次用汽车钥匙将点火开关接通，防盗ECU都要进行自检。在自检中如发现故障或使用过程中出现故障，故障码都会被存储在防盗ECU中。维修时，用故障诊断仪读出故障码及相应故障提示，以便尽快消除故障，修理完毕，应清除防盗ECU中存储的系统故障码。

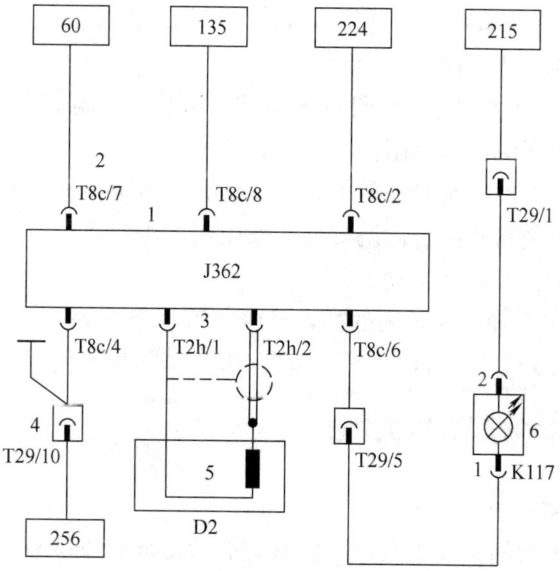

图 3-17 防盗控制系统电路

1—防盗 ECU 2—仪表盘线束与防盗器 3—识读线圈与防盗器 ECU 插接器 4—插接器 5—识读线圈 6—防盗警告灯

三、最新的电子防盗装置

随着电子技术、无线电技术的开发与利用，尤其是计算机技术的发展，汽车防盗技术已向自动化、智能化的方向发展。以下是几种最新的汽车电子防盗装置。

（1）汽车全方位防盗报警器 这种防盗器适用于各型大小汽车，并且具有全车体、全方位防盗窃自动报警和锁定功能。除车主外，任何人想开动或撬、拆、击打汽车，盗窃轮胎或车上货物，此防盗器都会发出大于 1200dB 的强力报警声，其遥控器可像 BP 机那样随身携带。

（2）汽车识别钥匙 目前，某公司利用无线电射频技术，研制成功了一种“汽车识别钥匙”。其原理是：将射频发射应答器嵌入汽车钥匙中，在此应答器中储存有与特定车辆相吻合的特别识别码；当把识别钥匙插入电源开关并转动时，安装在点火锁内部的转发器就读入钥匙中的识别码，然后与汽车内的识别码识别器之间产生一种无线电信号。如果钥匙中的识别码与识别器的编码相一致，汽车就可以发动。否则，识别码就不会接通电源，并且锁定点火系和供油系，使汽车无法起动。此技术现已被福特汽车公司所采用。

（3）变密码防盗技术 这种汽车装有“电子开门钥匙”红外线遥控器，并以其发射出肉眼看不见的多次变换密码的光信号及接受这种信号的特种传感器防盗。它由微机与发动机的电子控制元件相连接，当车门锁闭时，能切断全部功能。这种防盗装置之所以能绝对防盗，就在于密码能随时变换，只有与之相应的遥控器才能使用和识别密码。

（4）防盗自动车门锁 一种不用钥匙而用遥控器的新型自动开关车门装置。有遥控器的驾驶人接近自己的汽车约 1m 时，就可以自动打开车门。同样，驾驶人在发出关门信号的

1s 内，车门即可自动锁闭。对于不带遥控装置的任何人，若想移动车门或强制开门，报警器就会连续鸣叫 20s，并切断点火系电路。另外，如果因汽车需要别人移动时，只要按下车内的开关，该系统就能停止工作。

（5）电子编码点火钥匙　电子编码点火钥匙内部嵌有一粒陶瓷珠，每把钥匙上的陶瓷珠都具有对应于不同电子编码的电阻值，这个数值必须与汽车内作同样编码的组件相匹配。当点火钥匙插入点火开关时，锁筒内的电触点对钥匙的电阻值进行测量，并把信息传到上述组件。如果所测得的数值符合组件内陶瓷珠的电阻值，则汽车可以点火。没有电子编码或编码不行的钥匙都无法使汽车点火发动。

（6）生物特征式电子锁　这种锁的特点是将声音、指纹等人体生物特征作为密码输入，由计算机进行识别，控制开锁。这种生物特征式电子锁的智能化程度相当高。

四、防盗系统的检修与故障诊断

1. 丰田车防盗系统的故障诊断

以丰田大霸王汽车为例，说明汽车防盗系统的检修与故障诊断。丰田大霸王汽车防盗系统采用起动电路锁定技术，主要特点是工作可靠、灵敏度高、故障率低。该系统主要由防盗ECU、防盗喇叭、防盗指示灯、车门锁手动开关、车门钥匙控制开关、门锁电动机等组成，其部件安装位置如图 3-18 所示。当有如下情况出现时，防盗系统将被启动：车门被强制打开，不是使用钥匙或遥控器打开车门锁，不是使用钥匙或遥控器打开行李箱盖，发动机室盖被撬开，蓄电池电缆被脱开又重新连接时。

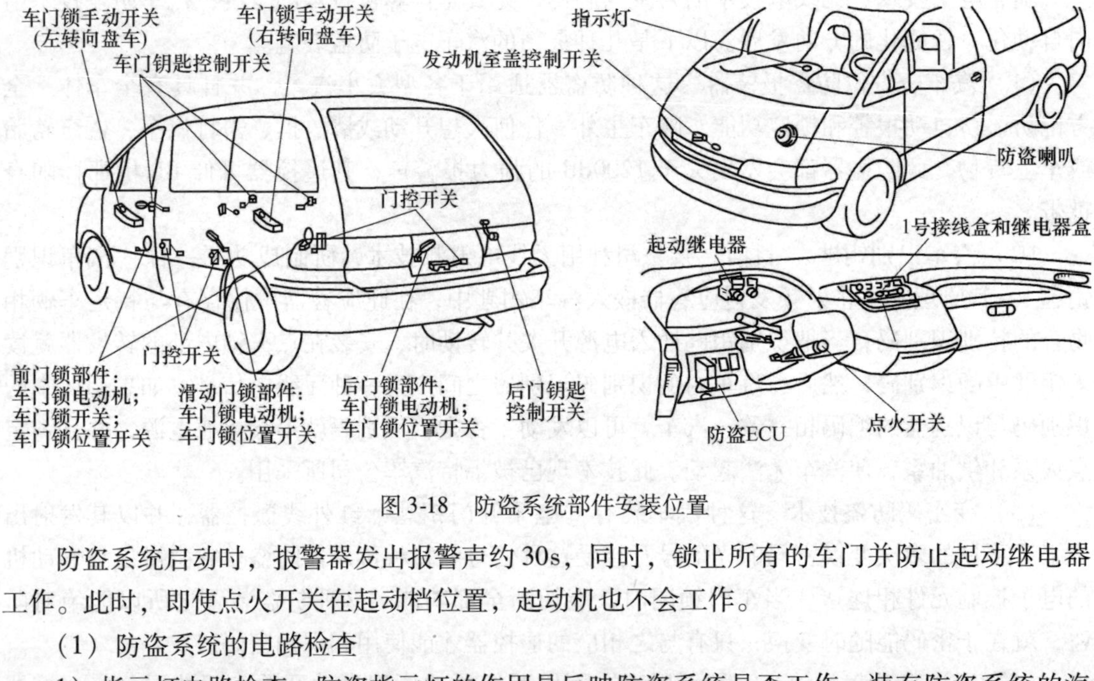

图 3-18　防盗系统部件安装位置

防盗系统启动时，报警器发出报警声约 30s，同时，锁止所有的车门并防止起动继电器工作。此时，即使点火开关在起动档位置，起动机也不会工作。

（1）防盗系统的电路检查

1）指示灯电路检查。防盗指示灯的作用是反映防盗系统是否工作。装有防盗系统的汽车，即使驾驶人离开了汽车，防盗指示灯也会不停地闪烁，表示汽车防盗系统工作正常。如果防盗指示灯不亮，应进行以下检查：断开点火开关，拔出防盗 ECU 插接器，将欧姆表负极表笔接 ECU 配线侧插接器端子 A1，正极表笔接搭铁。检查端子 A1 和搭铁间是否导通。如果导通，更换 ECU 后再检查系统；如果不导通，说明指示灯电路断路。

2）前门锁开关电路检查。前门锁开关的作用是接受遥控器开/关门信号，控制前车门电动机工作，如果出现前门锁开关不能控制前门电动机工作的故障，应进行下列检查。

① 断开点火开关，拔出防盗 ECU 插接器。在驾驶人侧门开启时，检查防盗 ECU 插接器端子 B10 与搭铁之间的导通性。如果不导通，说明驾驶人侧门锁开关电路断路。如果导通，进行第②步检查。

② 在乘客侧门开启时，检查防盗 ECU 插接器端子 B7 与搭铁之间的导通性。如果导通，更换防盗 ECU 后再检查系统。如果不导通，检查乘客侧门锁开关电路是否断路。

3）滑动门和后门锁位置开关电路检查。滑动门和后门锁位置开关的作用是控制滑动门和后门锁开或关。如果出现滑动门和后门锁不能开或关故障，应进行下列检查：

① 断开点火开关，拔出防盗 ECU 插接器，锁止后门，检查在滑动门关闭但未锁止时，防盗 ECU 插接器端子 A4 与 A11 之间的导通性。如果不导通，说明滑动门锁开关电路断路。如果导通，进行第②步检查。

② 锁止滑动门，检查在后门打开时，防盗 ECU 插接器端子 A11 与搭铁之间的导通性。如果不导通，后门锁开关电路断路；如果导通，应更换防盗 ECU，然后再检查系统。

4）门控开关电路检查。门控开关的作用是控制所有车门锁的位置。当门控开关不能控制车门锁位置时，应进行下列检查：

① 断开点火开关，拔出防盗 ECU 插接器。打开驾驶人侧车门，关闭其他车门和发动机室盖，检查 ECU 插接器端子 A7 与搭铁之间的导通性。如果不导通，说明驾驶人侧门控开关电路断路。如果导通，进行第②步检查。

② 打开乘客侧门，关闭其他车门和发动机室盖，检查防盗 ECU 插接器端子 A7 与搭铁之间的导通性。如果不导通，说明乘客侧门控开关电路断路。如果导通，进行第③步检查。

③ 打开滑动门，关闭其他车门和发动机室盖。检查防盗 ECU 插接器端子 A7 与搭铁的导通性。如果不导通，说明滑动门门控开关电路断路。如果导通，进行第④步检查。

④ 打开发动机室盖，关闭所有车门。检查防盗 ECU 插接器端子 A7 与搭铁之间的导通性。如果不导通，说明发动机室盖控制开关电路断路。如果导通，进行第⑤步检查。

⑤ 打开后车门，关闭其他车门和发动机室盖。检查防盗 ECU 插接器端子 A7 与搭铁之间的导通性。如果导通，更换防盗 ECU，然后再检查系统；如果不导通，说明车门门控开关电路断路。

5）钥匙开启报警开关电路检查。钥匙开启报警开关的作用是显示使用钥匙开启或锁止车门。如果出现使用钥匙开启或锁止车门时钥匙开启报警开关不工作，则应进行下列检查：断开点火开关，拔出防盗 ECU 插接器。将钥匙插入点火开关，检查防盗 ECU 插接器端子 B6 与搭铁之间是否导通。如果不导通，说明钥匙开启报警开关电路断路或对搭铁短路；如果导通，更换防盗 ECU，然后再检查系统。

6）防盗喇叭电路检查。防盗喇叭的作用是发出报警声音，提示有人在接触汽车。如果发生非法操作时防盗喇叭不报警，则应进行下列检查。

① 断开点火开关，拔出喇叭插接器，检查喇叭是否正常。如果不正常则更换防盗喇叭；如果正常，进行第②步检查。

② 拔出防盗 ECU 插接器，检查防盗 ECU 插接器端子 A5 与搭铁之间是否有蓄电池电压。如果有，更换防盗 ECU，然后再检查系统；如果没有，说明喇叭电路断路或对搭铁短路。

（2）故障诊断　防盗系统故障诊断见表 3-3。

表 3-3　防盗系统故障诊断

故障现象	可能原因
防盗系统不能设定	电源电路故障
虽然防盗系统正在工作，但指示灯不亮	指示灯电路故障
在前门被打开时，防盗系统不工作	①前车门锁开关电路故障；②前车门锁位置开关电路故障；③门控开关电路故障
当滑动车门或后车门被打开时，防盗系统不工作	①滑动车门和后车门位置开关电路故障；②门控开关电路故障
当发动机室盖被打开时，防盗系统不工作	门控开关电路故障
当用钥匙打开前车门时，防盗系统不能被解除	前车门锁位置开关电路故障
当用钥匙打开后车门时，防盗系统不能被解除	后车门钥匙控制开关电路故障
当点火开关转至 ON 或 ACC 位置时，防盗系统不能被解除	①点火开关电路故障；②钥匙开启报警开关电路故障
虽然防盗系统正在工作，但起动机切断系统不工作	起动机切断系统电路故障
虽然防盗系统被解除，但起动机切断系统不能解除	起动机切断系统电路故障
虽然防盗系统正在工作，但喇叭不响	防盗系统电路故障
虽然防盗系统未设定，但喇叭会响	防盗喇叭电路故障
钥匙限制防护功能不起作用	①钥匙开启报警开关电路故障；②门锁开关电路故障；③门锁位置开关电路故障

2. 桑塔纳 2000GSi 轿车防盗系统的故障诊断

桑塔纳 2000GSi 型轿车采用的防盗器是一种点火钥匙防盗系统，它通过电子应答判断用户使用的钥匙是否合法，并以此确定是否允许发动机电控单元工作。这种采用使发动机不能起动的方式防盗，可以避免车辆被非法开走。

（1）防盗系统组成及电路连接情况　桑塔纳 2000GSi 防盗系统由防盗器控制单元、带芯片的点火钥匙、点火钥匙识读器（套在钥匙锁芯上）、防盗指示灯（位于组合仪表板右下角或仪表板危险警告灯开关旁边）等组成。其电路原理如图 3-19 所示，防盗控制单元上共有两个线束插座，一个是 8 针的，其上有 5 根导线。

其中 2 号线、4 号线分别为防盗控制单元的电源线、搭铁线，6 号线控制防盗指示灯，8 号线通向 16 针诊断插座，7 号线是防盗控制单元与发动机电控单元之间通信线，并且还是发动机电控单元的自诊断线；另一个插座是 2 针的，其上有两根线，来自于点火钥匙识读器线圈。

（2）防盗系统的故障诊断　在正常情况下，使用合法钥匙接通点火开关，防盗指示灯点亮3s后熄灭。倘若点火钥匙非法或系统中有故障，指示灯或者不亮，或者连续闪亮。防盗系统故障的特点是：发动机有起动征兆，但起动后2s内立即熄火。

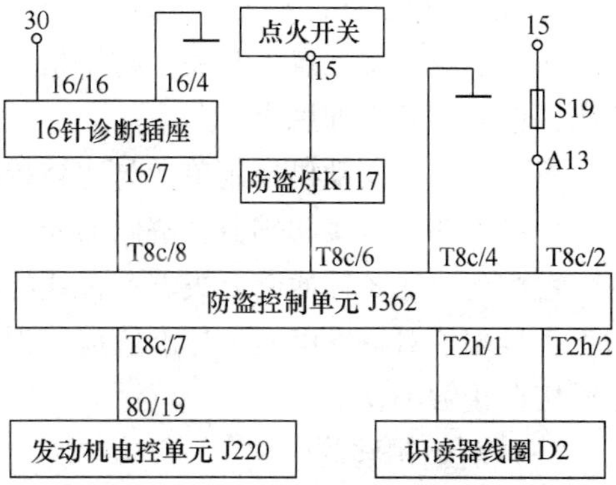

图 3-19　桑塔纳 2000GSi 防盗系统电路图

1）防盗指示灯不亮故障

故障现象：接通点火开关，防盗指示灯不亮，发动机有起动征兆，但起动后立即熄火。

故障原因：

① 防盗器控制单元无12 V电源。

② 防盗器控制单元搭铁不良。

③ 防盗器控制单元自身故障。

诊断与排除：用解码器进入防盗系统，仪器显示“汽车控制单元无响应”。针对此种情况检修步骤如下：首先检查防盗控制单元的线束连接情况，然后从防盗控制单元8针插座上拔下5根线的电插头，用万用表蜂鸣档测量线束插头4号端子与搭铁之间应导通；接通点火开关，用万用表电压档测量线束插头2号与4号端子、6号与4号端子之间的电压，标准值均应为蓄电池电压，否则检查电路。倘若电路无故障，表明插接器接触不良，或防盗控制单元自身故障。

2）防盗指示灯连续闪亮故障

故障现象：接通点火开关，防盗指示灯连续闪亮，发动机有起动征兆，但起动后立即熄火。

故障原因：

① 使用了非法钥匙或钥匙芯片损坏。

② 点火钥匙识读器线圈故障。

③ 点火钥匙识读器与防盗器控制单元之间的通信错乱。

④ 更换了钥匙锁芯及钥匙（原合法钥匙全部丢失或损坏）而未与防盗控制单元进行匹配。

⑤ 更换了防盗控制单元而未进行点火钥匙的重新匹配。

⑥ 更换了新的发动机电控单元而未与防盗控制单元进行匹配。

故障诊断与排除：针对故障原因①和②，首先用解码器进入防盗系统读取故障码，根据故障码的内容进行检修。倘若使用了非法钥匙或钥匙芯片损坏，仪器会报告“钥匙信号太低”。倘若仪器报告“点火钥匙识读器故障”，应先检查识读器与防盗控制单元的连接可靠性，之后用万用表电阻档测量识读器线圈的阻值，标准值为28～29Ω（常温），若不合格，更换识读器。

针对故障原因③、④、⑤，用解码器对所有钥匙重新进行匹配即可。

对于故障原因⑥，匹配的方法为：用一把合法钥匙，接通点火开关，操作解码器进入防盗系统，选择“自适应匹配”，输入通道号00，按确定键即可。

3）防盗指示灯正常

故障现象：接通点火开关，防盗指示灯指示正常（即点亮3s之后熄灭），发动机有起动征兆，但起动后立即熄火。

故障原因：发动机控制单元与防盗控制单元之间的电路断路或短路。

故障诊断：连接解码器，解码器能进入防盗系统却进不了发动机系统。检修步骤如下：从防盗控制单元8针插座上拔下5根线的电插头，接通点火开关，用万用表电压档测量线束插头7号端子对搭铁电压，标准值应接近蓄电池电压。倘若无电压则检查电路，电压正常则为插接器接触不良。

（3）防盗钥匙的匹配

1）在什么情况下需重新匹配钥匙

① 如不慎丢失一把合法钥匙，为了安全起见，必须将其他合法钥匙重新匹配，这样能使丢失在外的钥匙变为非法，不能起动发动机。倘若丢失的钥匙找到，需将所有钥匙再匹配一次，使丢失的钥匙重新变为合法。

② 由于某种原因，点火钥匙识读器与防盗控制单元之间的通信错乱。

③ 更换了防盗控制单元。

2）匹配钥匙的程序

① 连接解码器，接通点火开关，操作解码器进入防盗系统，选择“登录”菜单，此时仪器要求输入防盗器密码（0×××），密码正确输入后，仪器显示：登录成功。

② 按退出键回到上一级菜单，选择“自适应匹配”，此时仪器要求输入匹配钥匙的通道号（通道号为21），通道号正确输入后按确定键，进入下一界面。

③ 此时仪器要求输入匹配钥匙的数量（0000×），倘若要匹配3把钥匙，输入00003，要匹配2把钥匙，输入00002，以此类推，输入完毕按确定键。此时防盗指示灯点亮2s，然后熄灭0.5s，再亮0.5s，最后熄灭。至此，第1把钥匙匹配成功。

④ 断开点火开关，拔出钥匙，然后迅速插入第2把钥匙，接通点火开关，此时会看到仪表板上防盗指示灯点亮2s，然后熄灭0.5s，再亮0.5s，最后熄灭。至此，第2把钥匙匹配成功。

⑤ 第3把钥匙的匹配方法同第2把。匹配全部钥匙的操作不能超过30s。

3）防盗器密码的获取方法

① 原车上使用的防盗器控制单元，其上贴有14位数编号和4位数密码；新车钥匙环上挂有一块涂黑的密码牌，刮去涂黑层可见4位数密码。

② 配件供应的防盗器控制单元上没有14位数编号和4位数密码。更换防盗器控制单元时，维修站应先用解码器查出该防盗器控制单元的14位数编号，传到上海大众售后服务部后，由上海大众售后服务部将查得的密码电传给维修站。

思考题

1）有哪些原因可能导致中控门锁系统不工作，为什么？

2）你还知道哪些类型的汽车防盗装置？

练习题

1. 填空题

1）目前汽车上装用中控门锁种类很多，但其基本组成主要包括________________、门锁执行机构和门锁控制器。

2）门锁执行机构有________、直流电动机式和 3 种驱动方式。其都是通过改变极性转换其运动方向而执行锁门或开门动作。

3）门锁控制器的种类很多，按其控制原理大致可分为________、电容式和车速感应式 3 种门锁控制器。

4）当汽车处于防盗报警功能状态时，防盗报警系统可以阻止车辆运行，如切断________________、起动电路及________________等。

5）钥匙开锁报警开关探测点火钥匙是否插进________内，当钥匙在钥匙门内，开关电路________报警；当钥匙离开钥匙门时取消报警。

6）汽车网络防盗系统主要有两种类型：一种是全球卫星定位、超过 GSM 进行无线传输的________________，俗称“________”；另一种是以地面信标定位，通过有线和无线传输对汽车进行定位跟踪和防盗劫的 CAS 防盗系统，俗称“________”。

7）当车速增加到时，巡航控制系统才能工作。当车速降到________以下时，巡航功能自动解除。

8）防盗点火锁系统主要由脉冲转发器、________、防盗 ECU、有可变代码功能的发动机 ECU 和________________等零部件组成。

2. 问答题

1）中控门锁的功能包括哪些？

2）中控门锁的遥控原理是什么？

3）车速感应式门锁的工作原理是什么？

4）中央门锁控制系统的工作过程是什么？

5）简述按功能不同汽车防盗装置的分类。

6）防止汽车非法起动和移动的装置有哪些？

7）最新的电子防盗装置有哪些？

3. 论述题

1）中控门锁的故障检查程序。

2）桑塔纳轿车防盗指示灯连续闪亮的故障诊断。

3）如何诊断丰田汽车的防盗系统故障？

第四章

巡航控制系统

◎ **掌握技能**

- 汽车巡航系统的使用方法
- 汽车巡航系统的自诊断过程

◎ **基本理论**

- 汽车巡航系统的组成及工作原理
- 机电式巡航控制系统组成及工作原理
- 电子式巡航控制系统组成及工作原理
- 自适应巡航控制系统组成及工作原理

★ 案例导入

故障现象：一辆雷克萨斯 LS400 轿车曾因事故落入河中，修复后巡航系统失效。当打开巡航系统开关，仪表盘上的“CRUISE”灯不亮，且丧失巡航控制功能。此前更换过巡航 ECU，但故障依旧。

故障诊断：通过分析系统的电路，认为可能是由于 ECU 工作电源或搭铁电路故障造成的，应先检查外围电路，再调取故障码，进行下一步检查。检查 ECU 电路，全部正常；检查故障指示灯电源，发现仪表部分电路损坏。修复后再试，“CRUISE”灯闪烁，说明还有故障。故障码为“动作执行器故障”。经检查执行器线圈损坏。更换执行器，故障排除。

根据上述案例，请思考下列问题：

1）动作执行器有什么作用？

2）巡航系统的工作原理？

第一节　汽车巡航控制系统概述

汽车巡航控制系统（Cruise Control System，CCS）又称为恒速控制系统、稳速控制系统、巡行控制系统或车速自动控制系统等。

巡航控制系统有如下优点：

1）保持汽车车速的稳定。无论由于风力和道路坡度变化引起汽车的行驶阻力如何变化，只要在发动机功率允许范围内，汽车的行驶速度均可保持不变。

2）提高汽车行驶的舒适性。汽车以定速行驶时，驾驶人的负担明显减轻（不需要频繁地踩加速踏板），使其可以轻松地驾驶。

3）节省燃料，提高经济性和环保性。使用CCS装置后，可以使汽车燃油的供给与发动机功率的配合处于最佳状态，有效地降低燃料消耗，减少有害气体的排放。

1. 巡航控制系统的作用

汽车巡航控制系统的作用是按照驾驶所设定的速度，不踩加速踏板就可以使汽车自动地以固定的速度行驶。装有CCS装置的汽车在良好路面（尤其是高速公路）上长时间行驶时，打开该系统的自动操纵开关后，该系统将根据行车阻力自动增减节气门开度，使汽车行驶速度保持一定，省去了驾驶人频繁地踩加速踏板的动作。在行驶中，驾驶人只要掌握转向盘就可轻松地进行驾驶。当路况变化时，驾驶人又能重新操纵汽车，如加减速、停靠等，从而使整个驾驶过程变得简便、轻松和舒适。

2. 巡航控制系统的基本功能

（1）车速设定　按下车速调速设置开关后，就能存储该时间的行驶速度，并能保持这一速度行驶。

（2）消除功能　当踩下制动踏板，上述功能立即消失。

（3）恢复功能　当按恢复开关，则能恢复原来存储的车速。

（4）滑行　继续按下开关进行减速，以离开开关时的速度作为巡航行驶。

（5）加速　继续按下开关进行加速，以不操纵开关时的车速进入巡航系统。

（6）速度微调升高　在巡航速度行驶中，当操纵开关以ON-OFF方式变换时，使车速稍稍上升。

3. 巡航控制系统（CCS）的组成及工作原理

一般汽车的巡航控制系统（CCS）主要由输入装置（如主控制开关、恒速/减速开关、恢复/加速开关、车速传感器）、电子控制单元（ECU）、执行器三大部分组成。

巡航控制系统基本工作原理如图4-1所示，ECU有两个输入信号：一个是驾驶人利用控制开关选定的指令车速信号；另一个是实际车速反馈信号。当测出的实际车速高于或低于驾驶人设定的车速时，电子控制器将这两种信号进行分析比较后，输出节气门控制信号，调节发动机节气门开度，以修正两输入车速信号的误差，从而使实际车速恢复到驾驶人设定的车速并保持恒定。

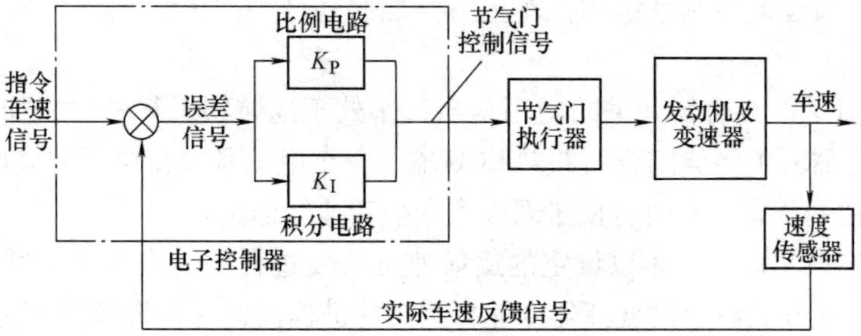

图4-1　巡航控制系统工作原理

当车速增加到40km/h时，巡航控制系统才能工作。当车速降到40km/h以下时，巡航功能自动解除。

4. 汽车巡航控制系统的正确使用

现代汽车普遍采用电子控制式巡航控制系统，并用一个组合手柄开关进行控制。组合手柄开关一般都由“MAIN”（主开关）、“SET/COAST”（设置/巡航）、“RES/ACC”（恢复、加速）和“CANCEL”（取消）四个功能开关组成。虽然各种车型巡航控制开关的操作方法或位置有所不同，但是控制开关的功能基本相同。

下面以丰田系列汽车巡航控制开关的操作方法为例，说明巡航控制系统的使用方法。

（1）设定巡航车速　为了确保行车安全，巡航控制车速一般不低于40km/h。也就是说，车速低于40km/h时巡航控制系统将不会投入工作。

设定巡航速度的方法如下：

1）按一下巡航开关操作手柄端部的主开关“MAIN”按钮，使巡航控制系统的电源电路和指示灯电路接通。与此同时，组合仪表盘上的巡航指示灯发亮指示。

2）将巡航开关操纵手柄向下拨动并保持在向下位置，使巡航速度设定“SET/COAST”开关接通。如果此时按住操纵手柄不动，汽车将不断加速。当车速达到驾驶人想要巡航行驶的车速时松开操纵手柄，手柄将自动复位，巡航控制系统就会使汽车以松开操纵手柄时的车速保持恒速行驶。

在巡航行驶状态下，驾驶人不必踩踏加速踏板，巡航控制系统就会根据汽车行驶阻力的变化自动调节节气门开度，使汽车保持在设定的车速行驶。

当需要超越前方车辆时，驾驶人可踩下加速踏板使汽车加速。超车完毕后再放松加速踏板，汽车将恢复到原来设定的巡航速度行驶。

（2）取消巡航功能　汽车以设定的巡航速度行驶过程中，如果遇到特殊情况可以解除巡航行驶状态。解除方式如下：

① 制动灯开关。制动灯开关接通信号的功用是在驾驶人踩下制动踏板接通制动灯电路使其发亮的同时，向ECU输入一个表示制动的信号，ECU接收到该信号后将立即解除巡航控制状态，以便制动器制动，车速降低。

② 驻车制动开关。汽车行驶过程中，当制动系统发生故障时，需要通过操纵驻车制动器降低车速。因此，驻车制动开关接通时的信号必须作为解除巡航控制的输入信号。

③ 空档起动开关。在汽车行驶过程中接通“空档/N”位置时，说明驾驶人需要减速停车。因此，在装备巡航控制系统的汽车上，空档起动开关向ECU输入一个电信号，解除巡航行驶状态。

④ 离合器开关。离合器开关的功用是当汽车处于巡航状态行驶时，如果驾驶人踩踏离合器踏板，离合器开关触点闭合，并向ECU输入一个电信号（低电平或高电平信号），以便ECU解除巡航控制状态，同时也便于驾驶人变换变速器档位。

（3）恢复巡航车速　汽车以设定的巡航速度行驶过程中，当驾驶人踩下加速踏板超车或踩下制动踏板制动或将自动变速器变速杆拨到前进档位置时，将导致车速升高或降低。如果此时想要恢复到原来设定的巡航车速，那么，将巡航开关操纵手柄向上抬起并保持在该位置使“恢复/加速”开关保持接通，汽车即可迅速加速或减速并恢复到原来设定的巡航车速行驶。但是，如果行驶的实际车速已经低于 40km/h 或低于设定速度 16km/h 以上时，巡航控制系统将自动停止工作，巡航车速不能恢复。

（4）巡航控制系统使用注意事项　汽车巡航控制系统在使用中必须注意以下几点：

1）在交通拥堵场合，在雨、雪或大风天气行驶以及在冰、雪等湿滑路面上行驶时，不宜使用巡航控制系统。因为在上述情况下，不能保证巡航控制系统正常发挥效能。

2）在不使用巡航控制功能时，巡航开关操纵手柄上的主开关“MAIN”按钮或“CRUISE ON-OFF”按钮应当置于断开状态，以免巡航控制系统产生误动作。

3）汽车上、下陡坡时，不宜使用巡航控制系统。这是因为汽车在陡坡上行驶时，如果使用巡航控制系统，就会导致发动机转速和负荷发生很大变化，燃油经济性降低。汽车下坡时，车速过高容易发生危险。因此，应将变速杆换入低速档，利用发动机制动控制车速。

4）手动变速器汽车巡航行驶时，变速杆移置空档之前必须先踩离合器踏板，即首先解除巡航控制状态，然后再将变速杆移置空档，否则发动机转速会骤然升高，不仅影响发动机的使用寿命，而且浪费燃油。

5）在汽车巡航行驶过程中，驾驶人随时要注意观察仪表板上的巡航指示灯（CRUISE 或 MAIN）的工作状态。如果指示灯闪烁发亮，表明巡航控制系统发生故障，应停止使用巡航控制系统，待排除故障后才能继续使用。

第二节　典型巡航控制系统

巡航控制系统有机电式巡航控制系统和电子式巡航控制系统两种类型。

一、机电式巡航控制系统

1. 巡航控制系统的组成

图 4-2 所示为机电式巡航控制系统主要部件的安装位置，主要由巡航控制开关、变送

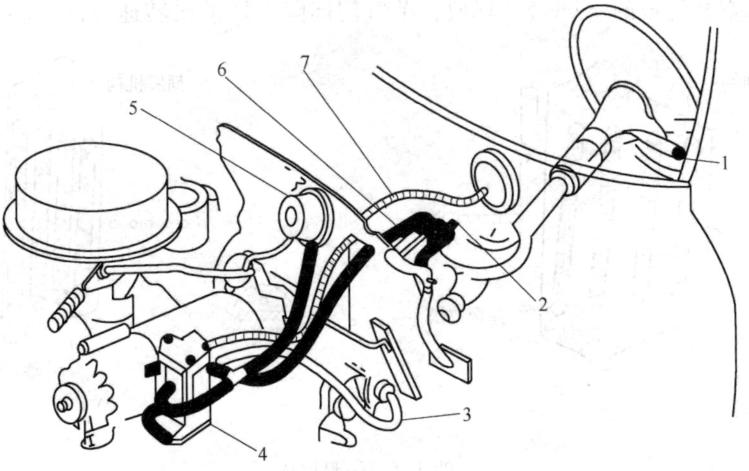

图 4-2　机电巡航控制系统的部件

1—装在转向器信号手柄的巡航控制开关　2—电的释放开关　3—下面的软轴和套管总成

4—变送器　5—伺服机构　6—真空释放阀　7—上面的软轴和套管总成

器、伺服机构、安全开关组成。

(1) 巡航控制开关 巡航控制开关即驾驶人指令开关，也称主控开关，安装在转向柱上，操纵非常方便。大多数巡航控制开关有四个档位：即“ON”（接通）、“SET/ACC”（设置/加速）、“COAST”（滑行）和“Resume”（恢复）四组开关，如图 4-3 所示。

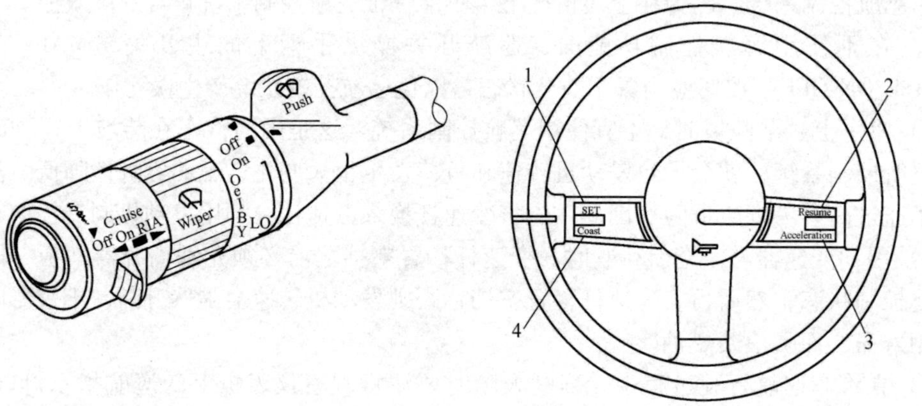

a) b)

图 4-3 巡航控制开关

a）开关在转向信号手柄上 b）开关在转向盘上

1—Set（设定） 2—Resume（恢复） 3—Acceleration（加速） 4—Coast（滑行）

(2) 变送器 变送器通过车速表软轴接收车速信号。来自巡航控制开关、制动踏板开关或离合器踏板开关的电信号送到变送器。此外，变送器还得到发动机进气歧管真空度信息，然后通过所得到的电信号调节伺服机构的真空度。

(3) 伺服机构 伺服机构控制节气门开度。伺服机构用杆件、缆绳与节气门相连，如图 4-4 所示。当真空传到伺服机构时，弹簧被压缩，节气门向增加发动机转速方向摆动；当伺服机构的真空被释放时，弹簧被释放，节气门向降低发动机转速方向摆动。

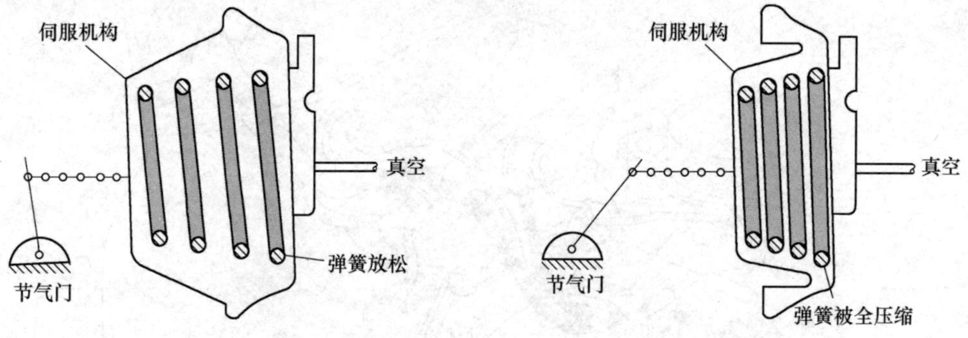

a) b)

图 4-4 伺服机构

a）伺服机构剖视图 b）利用真空压缩弹簧并将节气门打开

(4) 安全开关 当踩制动踏板时，通过电的释放开关和真空释放开关解除巡航控制。

这两个开关通常装在制动踏板支架上。

2. 机电式巡航系统工作原理

如图 4-5 所示，当巡航控制开关在平常位置时，蓄电池电流经巡航控制开关、电阻，流到变送器的“保持”端子。由于电流流过电阻产生电压降，保持端子处的电压太低，“真空电磁阀线圈”激励不够，真空阀不动作。

变送器内装有一个带操纵臂的摩擦离合器（由接至变速器输出轴的软轴带动旋转），在车速低于 48km/h 的条件下，摩擦离合器操纵臂不能将常开的“低速开关”闭合。当车速超过 48km/h 时，离合器操纵臂受力而将“低速开关”闭合，在这种条件下才能约定巡航控制。这时，只要按一下“Set”位置的按钮，电流便经变送器的“约定”端子、“低速开关”流到“真空电磁阀线圈”。由于此时电阻被旁路，便有足够的电压加至真空电磁阀线圈，线圈被激励，真空阀开启。当松开“Set”位置按钮时，电流虽然又恢复到流过变送器的保持端子，但此电流足以保持真空阀在开启位置。

当真空电磁阀线圈被激励时，真空电磁阀开启，使发动机进气歧管的真空能够传到伺服机构和真空释放阀。“空气调整阀”是一个可变的量孔，它是调节系统的真空度的调整机

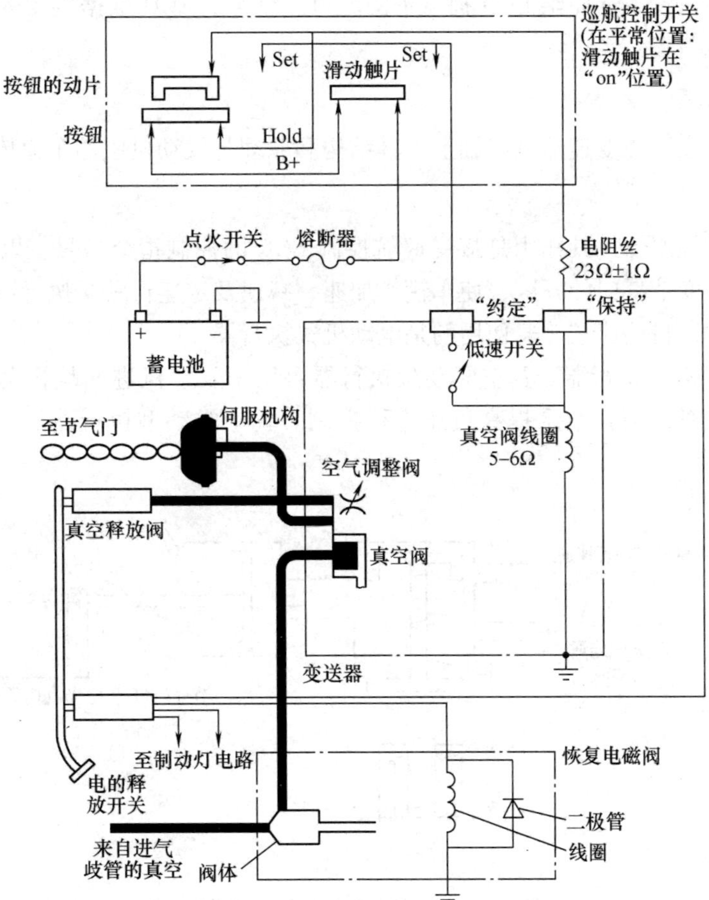

图 4-5　机电式巡航控制系统的电气和真空电路图

构。在车速较低时设定巡航控制，空气调整阀泄放部分真空，使驱动伺服机构的真空源的真空度降低，伺服机构拉节气门的动作减慢些。在车速较高时设定巡航控制，真空被泄放得少些，使更高的真空度开启节气门，使伺服机构拉节气门的动作加快些。

如果在使用巡航控制的情况下踩制动踏板，则“电的释放开关”会提供一条从电源经过“恢复电磁阀线圈”到搭铁的通路而将“电磁真空阀线圈”旁路。随着真空电磁阀线圈被解除激励，真空阀关闭，节气门恢复到由驾驶人操纵。与此同时，恢复电磁阀线圈使恢复电磁阀动作，从而将系统的真空泄放。踩下制动踏板时，真空释放阀也能将系统的真空泄放。

二、电子式巡航控制系统

电子式巡航控制系统主要由巡航控制开关、车速传感器、ECU 和执行器组成。

1. 巡航控制开关

巡航控制开关有三个档位、五种控制功能：即设置/巡航（SET/COAST）、恢复/加速（RES/ACC）和取消（CANCEL）。当指令开关处于不同档位时，电流由巡航控制 ECU 流出，经过不同电阻后搭铁，从而给 ECU 提供不同的电压信号，ECU 根据接受的电压信号即可判断被操作开关的位置。

2. 车速传感器

车速传感器安装在变速器输出轴上，其结构和原理与发动机中的车速传感器相同。

3. 执行器

执行器也称伺服器，其作用是接受巡航控制 ECU 的控制指令信号，以电动或气动方式操纵节气门，改变节气门的开度，使车辆作加速、减速及定速行驶。执行器可以分为真空式和电动机式两种，目前比较普遍使用的是电动机式执行器。

（1）真空驱动型执行器　真空驱动型执行器可用于发动机进气歧管真空度控制，当进气歧管负压太低时，用真空泵提高负压进行控制。真空驱动型执行器的工作原理如图 4-6 所示。

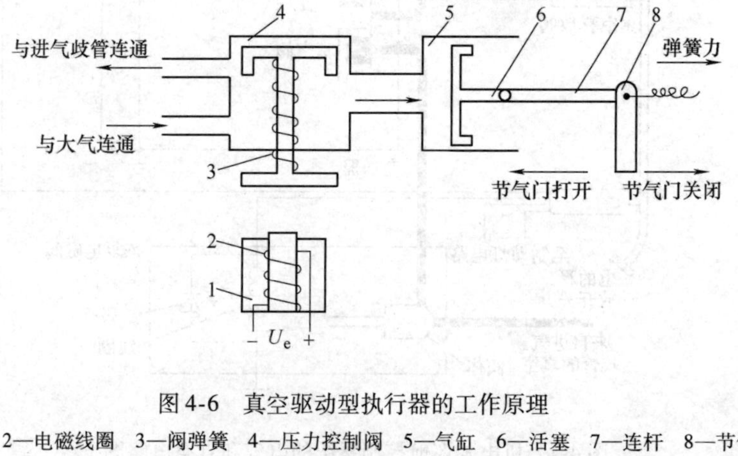

图 4-6　真空驱动型执行器的工作原理

1—电磁铁　2—电磁线圈　3—阀弹簧　4—压力控制阀　5—气缸　6—活塞　7—连杆　8—节气门拉杆

执行器活塞连杆与节气门拉杆相连，当活塞连杆对节气门拉杆无作用时，弹簧力使节气门关闭。当节气门的输入信号 U_e 对电磁阀线圈通电时，压力控制阀阀芯克服阀弹簧力下移，执行器活塞气缸与进气歧管连通。由于进气歧管内为真空，于是执行器气缸压力迅速下降，执行器活塞带动节气门拉杆向左运动，从而使节气门平顺渐进地打开。活塞上的作用力随气缸中平均压力的变化而变化，而气缸中的平均压力则通过快速通断压力控制阀控制。执行器的输入信号是一个脉冲信号，当 U_e 为高电位时，电磁铁通电；当 U_e 为低电位时，电磁铁断电。因此气缸中的平均压力即节气门开度与压力控制阀控制信号 U_e 的占空比成正比。

（2）电动机式执行器　如图 4-7 所示，电动机式巡航控制执行器通常包括安全电磁离合器、调速伺服电动机和位置传感器三个部分。

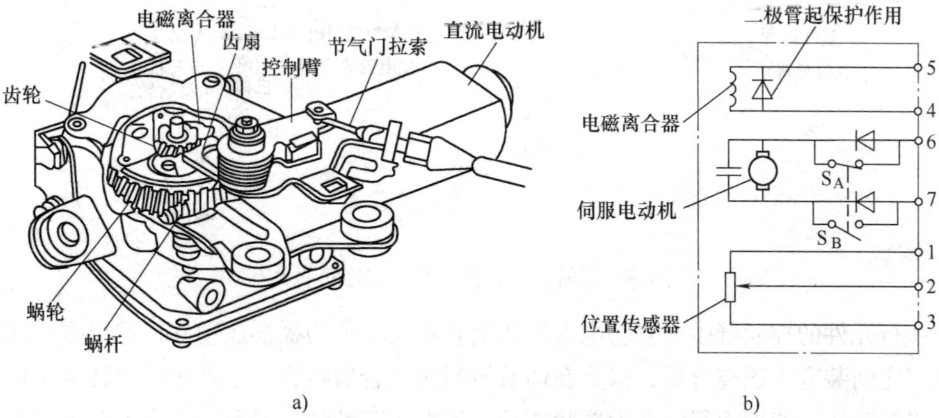

图 4-7　电动机式巡航控制执行器

a）结构示意图　b）内部电路图

1）安全电磁离合器。安全电磁离合器起锁住或释放节气门控制拉线的作用。当车辆在平直道路上以超过 40km/h 的车速行驶，且驾驶人启动巡行按钮 SET（设置）时，安全电磁离合器则锁住钢绳使节气门保持一定的开度，车辆也就基本稳定在这个速度上行驶。若进行踩制动踏板、踩离合器踏板（手动变速器）、从 D 位挂至 N 位（自动变速器）、驻车制动（手制动）、巡航操纵杆移至解除（CANCEL）位置等任一项操作时，安全电磁离合器则释放节气门拉索，巡航装置与节气门分离，巡行系统停止工作，防止车辆失控而造成飞驰危险。

2）调速伺服电动机。调速伺服电动机一般使用永磁可逆式电动机，其作用是保持车辆的动态恒速。车辆在行驶时，都会不可避免地遇到各种情况，如道路不平坦、上坡、下坡、转弯及各种阻力，这些情况会造成车速上下波动。为保证车速稳定在某一恒定值，必须对节气门开度进行小范围的调整，调速伺服电动机即随时驱动节气门，控制其开度的变化，达到车辆动态恒速的目的。调速伺服电动机还用于加速（ACC）和减速（如下坡滑行 COAST）的调整。伺服电动机的工作由巡行控制 ECU 控制。

3）位置传感器。位置传感器用于检测调速伺服电动机控制节气门的位置，即动态反映节气门的开度情况，它作为反馈信号输入巡航控制 ECU。通常情况下，加速踏板与节气门控制拉索进行机械性连结，与加速踏板动作相配合，由节气门臂转动控制节气门开与关，如图 4-8 所示。

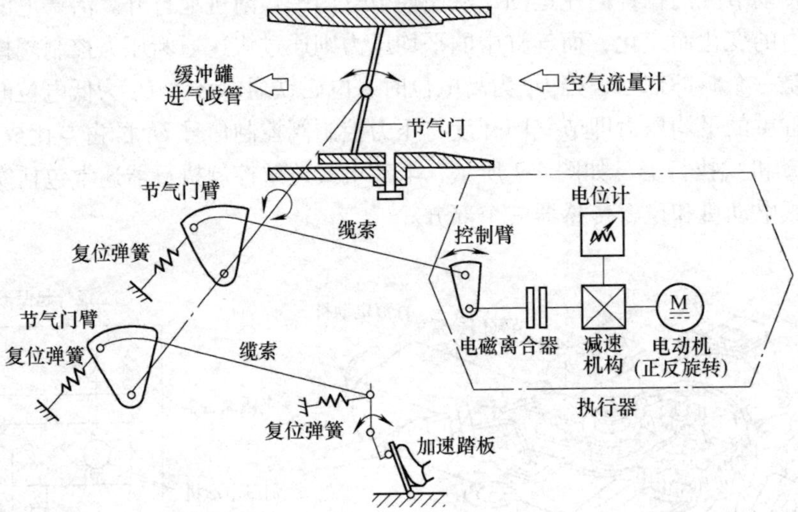

图 4-8　巡航控制装置与节气门之间的关系

在执行元件的控制臂中，它将电动机的旋转运动变换为摇摆运动并传递出去。在电动机与控制臂之间装有电磁离合器，只是在巡航控制时离合器接合，电动机的旋转力矩传递给节气门。当解除巡航速度而行驶在设置状态后，若发生某种异常情况，离合器首先松开，同时电动机向节气门全闭方向旋转。

三、美国 EQUVS 公司 9000-B 型车用巡航控制系统

美国 EQUVS 公司生产的 9000-B 型车用巡航控制系统，是一种适合安装在中、低档轿车、小客车及各种改装车上的巡航控制系统。在功能上，该控制系统与安装于高档轿车上的系统相同，主要区别是该系统的操纵器件配备了一个控制盒，可以根据其连接的线束长短，放在任何一个方便的地方。装有这种控制器的汽车在高速公路上行驶时，可以省去驾驶人频繁地踩踏加速踏板这一动作，而且能保证汽车以预先设定的速度行驶，还可以由驾驶人根据道路的情况，手动控制控制盒上的按钮来增、减车速。遇到特殊情况，关闭控制电源或踩下制动踏板都能迅速解除巡航控制系统的控制而转换到怠速运行状态或由驾驶人操纵状态。

9000-B 型车用巡航控制系统主要由传感器、控制部件、执行机构及开关组成。

1. 传感器

在这个系统中，通常采用电磁式速度传感器，由磁铁 A 和磁感应线圈 B 组成，如图 4-9 所示。磁铁 A 固定在传动轴上，磁感应线圈 B 在行车过程中产生与车速相对应的电脉冲，由此换算出相应车速。磁电式速度传感器在安装上要求 A 与 B 间的距离在 6 ~ 9m 之间。磁铁 A 用绑线固定在传动轴上，磁感应线圈 B 用薄铁片固定于与磁铁相应的空间位置，如图

4-10 所示。从技术要求上，它应安装在传动轴转动相应平稳的部位，且要远离发电机、点火线圈、配电盘等高压电源，间距为 500m 以上，以避免电器件对传感器信号的干扰。

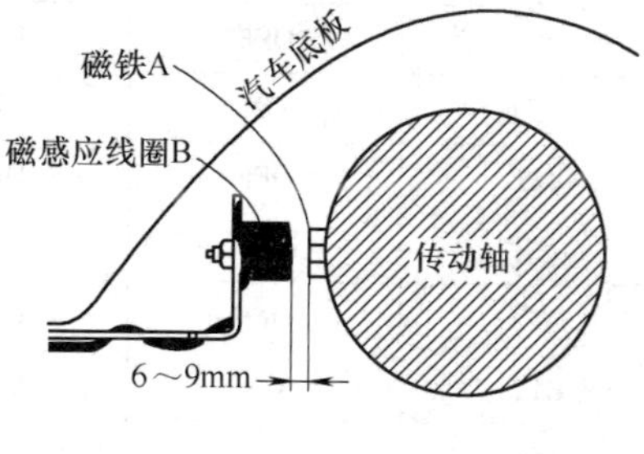

图 4-9 速度传感器

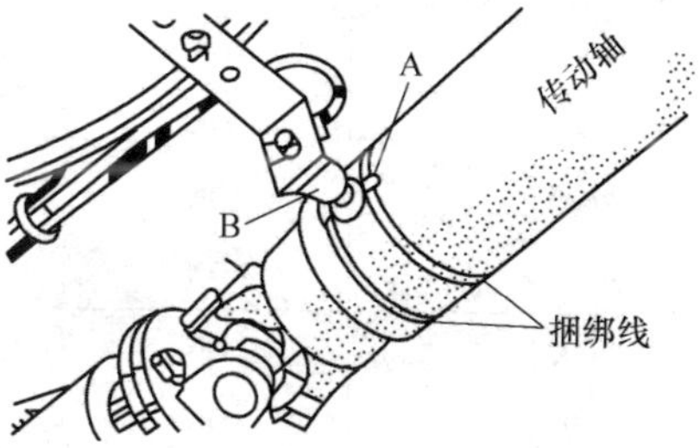

图 4-10 速度传感器的安装

2. 控制部件

控制部件亦称为伺服系统，如图 4-11 所示。它是巡航控制系统的关键部件，内腔分为两部分：左侧为一个密闭空腔，与真空蛇皮软管相通；右侧由巡航控制计算机（CCECM）的电路板及电磁阀组成。其工作原理为：通过真空软管使密闭空腔与发动机真孔气室或真空制动助力器的真空腔相联，从而在空腔中产生足够的真空度使真空膜片左、右移动，进而带动与真空膜片联动的节流电缆改变电流，控制发动机节气门作相应动作，保证 CCS 对汽车车速的保持、加速或减速的控制功能。伺服机构瞬时吸取真空度的程度，则由控制计算机控制两个电磁阀实现。

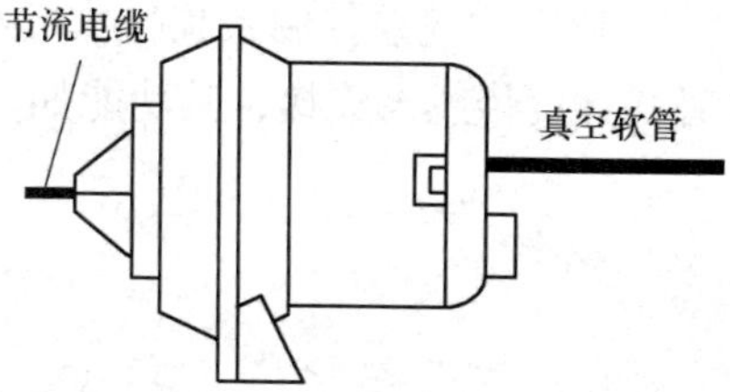

图 4-11 控制部件

CCS 控制部件一端面布置有微型开关组和主要线束插座，如图 4-12 所示。微型开关组有 5 个开关，它需要根据磁电式速度传感器测得的每分钟最高传动轴转数来人为进行设定。9000-B 型巡航控制系统用于最高转速为 8000r/min 的机构，此数据由汽车最高车速时传动轴转速确定。表 4-1 是 9000-B 型巡航控制系统的控制模式。

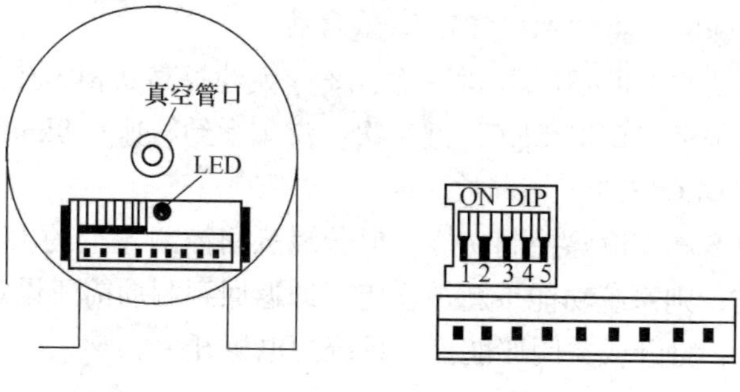

a) b)

图 4-12 控制部件端面

a）端面结构图 b）局部放大图

表 4-1　9000-B 型巡航控制系统的控制模式

转速/（r/min） \ 状态 \ 开关号	1	2	3	4	5
1000	ON	OFF	OFF	OFF	OFF
2000	ON	OFF	OFF	ON	OFF
3000	ON	OFF	ON	OFF	OFF
4000	ON	OFF	ON	ON	OFF
5000	ON	ON	OFF	OFF	OFF
6000	ON	ON	OFF	ON	OFF
7000	ON	ON	ON	OFF	OFF
8000	ON	ON	ON	ON	OFF

安装要求该控制部件必须与发动机排出的碳化物隔离，并要有必要的电子屏蔽措施。一般可安装在驾驶室中。

3. 执行机构

9000-B 型巡航控制系统的执行器是一个控制盒，如图 4-13 所示。它直接与巡航控制器、电磁式速度传感器连接，其功能如下。

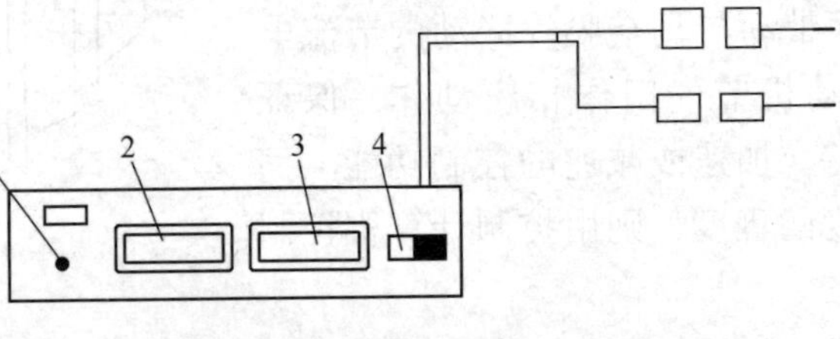

图 4-13　9000-B 型巡航控制系统的执行器

1—发光二极管　2—“DEC/SET”键　3—“ACC/RES”键　4—控制开关

① SET：设置和维持速度大约为 56km/h 或发动机 1400～1600r/min 的工况时，CCS 便能确认和实现控制功能。

② ACC：汽车加速时，将“ACC/RES”键释放。

③ Tap-up：每按动“ACC/RES”键一次，车速大约提高 0.8km/h。

④ Tap-down：每按动“DEC/SET”键一次，汽车大约减速 0.8km/h。

⑤ 减速后，将“DEC/SET”键释放。

⑥ 在制动后，CCS 本应解除控制功能，但若瞬息间控制盒上的 LED 仍快速闪烁，即刻按动“ACC/RES”键，则系统功能重新被设定，即返回到制动前所设定的车速上。

⑦ ON/OFF 开关：打开或关闭巡航控制系统的电源开关。

4. 自诊断的常用模式

9000-B 型车用巡航控制系统的自诊断模式如下。

（1）电源的连接　当按下控制盒的 ON/OFF 开关时，如果接通后，控制盒上的 LED 发光，则说明系统电源及相关组件正常。

（2）制动线的连接　如果CCS系统的制动线没有被连接好，则CCS将不接收任何命令。

（3）速度输入　当汽车以大约56km/h的速度行驶时，控制盒上的LED将开始快速闪烁，这表明磁电式速度传感器已发生信号且信号已进入了巡航控制计算机，则CCS已被设定并正在实施操纵控制。否则，说明没有信号或巡航控制失灵。

第三节　自适应巡航控制系统（ACC）

自适应巡航控制系统（ACC）也称为智能巡航控制系统，是目前巡航控制技术的延伸。它连接着监测汽车前后交通状况的前方障碍物侦测系统、巡航控制系统（节流阀）、制动系统，以及驾驶人输入的巡航控制的设定速度。自适应巡航控制系统的主要目的是改善驾驶人的舒适度，减轻工作负荷。

智能巡航控制系统的应用不仅能够解放右脚，让驾驶人从频繁加、减速中解脱出来，大大减轻在高速公路上行驶的劳动强度，而且还能够自动控制车速，根据前车速度的变化自动加速、减速，使自己的车始终与前车保持相对安全的距离。

1. 自适应巡航控制系统的构成

自适应巡航控制系统主要由车距传感器（雷达）、轮速传感器、转向角传感器以及ACC控制单元等组成。车距传感器一般安装在散热器格栅内或前保险杠的内侧，如图4-14所示，它可以探测到汽车前方200m左右的距离；在前后车轮上装有轮速传感器（与ABS系统共用），可以感知车辆的行驶速度；转向角传感器用来判断车辆行驶的方向。ACC控制单元采集各个传感器的信号并进行计算，以便可以适时地与发动机控制单元和制动防抱死控制单元交换数据。

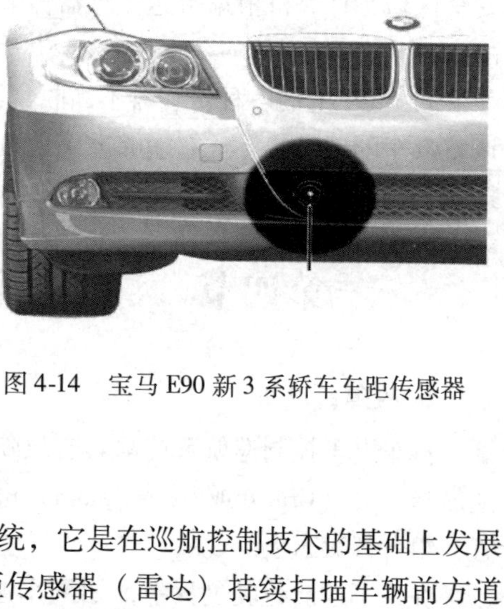

图4-14　宝马E90新3系轿车车距传感器

2. 自适应巡航控制系统的工作原理

自适应巡航控制系统是一种智能化的自动控制系统，它是在巡航控制技术的基础上发展而来的。在车辆行驶过程中，安装在车辆前部的车距传感器（雷达）持续扫描车辆前方道路，如图4-15所示，同时轮速传感器采集车速信号。当与前车之间的距离过小时，ACC控制单元可以通过与制动防抱死系统、发动机控制系统协调动作，使车轮适当制动，并使发动机的输出功率下降，以使车辆与前方车辆始终保持安全距离。自适应巡航控制系统在控制车辆制动时，通常会将制动减速度限制在不影响舒适的程度。当需要更大的减速度时，ACC控制单元会发出声光信号通知驾驶人主动采取制动操作。当与前车之间的距离增加到安全距离时，ACC控制单元控制车辆按照设定的车速行驶。

虽然自适应巡航控制系统可以自动控制车速，但在任何时候驾驶人都可以主动进行加速或制动。当驾驶人在巡航控制状态下进行制动后，ACC控制单元就会终止巡航控制；当驾驶人在巡航控制状态下进行加速，停止加速后，ACC控制单元会按照原来设定的车速进行

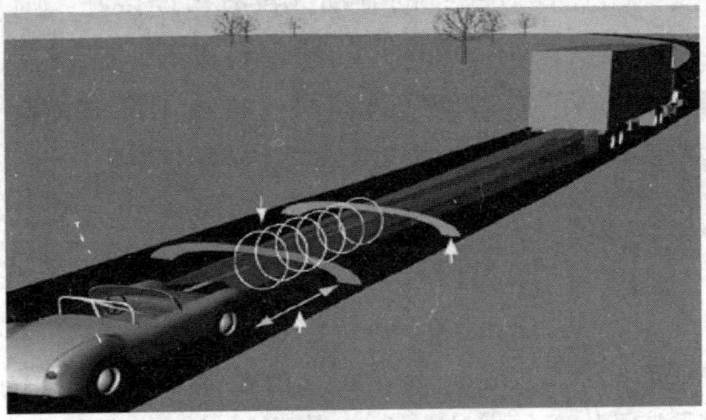

图 4-15　车距传感器持续扫描前方道路

巡航控制。

3. 自适应巡航控制系统的优点

1）装有自适应巡航控制系统的智能汽车，通过雷达和计算机来鉴别靠近车辆的是自行车、汽车还是行人，根据道路情况控制车辆行驶状态，完全或部分地取代了驾驶人的操作。

2）自适应巡航控制属主动安全技术，系统通过各种传感器，在汽车周围产生一个雷达安全区域，计算机根据雷达传感器传输的信息，分析和判断道路情况，通过控制器调整汽车的行驶状态。

3）汽车上的各种传感器不断收集汽车、道路和周围环境等方面的信息，通过计算机来调整汽车的运行状态。它能够准确地判断汽车四周的安全情况，自动采取措施回避危险或者选择安全的行车路线和工作状态。

第四节　汽车巡航控制系统故障诊断与检修

1. 故障自诊断

汽车电子控制巡航系统都具有故障自诊断功能。在进行故障自诊断测试时，首先应检查巡航指示灯（Cruise 或 Cruise Main）电路是否正常。巡航指示灯又称为巡航控制指示灯，设置在组合仪表盘上。

在汽车巡航行驶过程中，如果车速传感器或执行机构等部件发生故障，CCS ECU 就会自动解除巡航控制功能，并发出指令使巡航指示灯闪亮报警，提醒驾驶人巡航控制系统发生故障，应予及时检修。与此同时，CCS ECU 还将故障内容编成故障码存入随机存储器中，以便通过自诊断测试（读取故障码）了解故障类型，从而有的放矢地进行检修。

下面以丰田车系巡航系统为例说明故障自诊断的过程：

诊断插座是故障诊断通信接口 TDCL（Trouble Diagnostic Communication Link）的简称。丰田车系设有两个诊断插座，发动机室与驾驶室各设置一个。发动机室内的诊断插座又称为检查插接器，设在熔断器盒旁边，可用于读取与清除故障码。驾驶室内的诊断插座设在仪表盘左下方或仪表台下面的工具箱内，用于数据传输。丰田车系采用的诊断插座有 3 种形式，如图 4-16 所示。诊断插座上设有防护盖，打开防护盖即可以看到端子排列的情况。

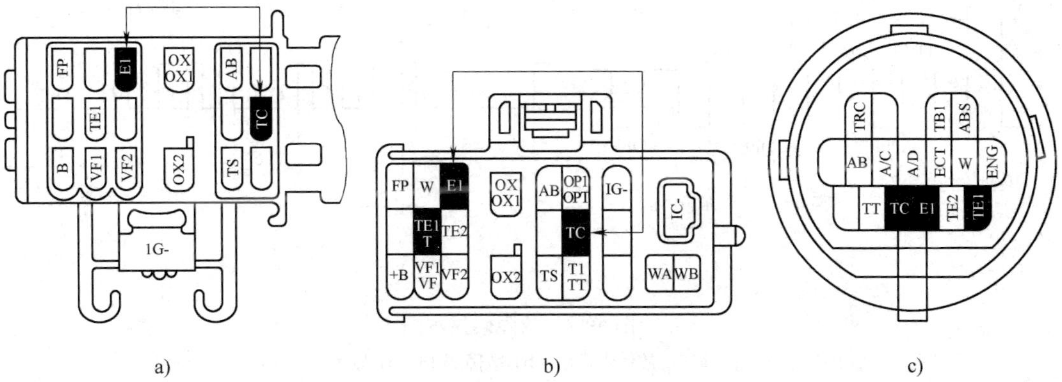

图 4-16 丰田轿车诊断插座形式与接线端子排列位置

（1）读取故障码　在进行故障自诊断测试时，首先应检查巡航指示灯电路是否正常。巡航指示灯又称为巡航控制指示灯，设置在组合仪表盘上。读取丰田轿车巡航控制系统故障码的操作方法如下：

1）检查巡航指示灯电路。当点火开关、巡航主开关接通时，巡航指示灯发亮 3～5s 后应当自动熄灭。如果不亮或常亮不灭，说明巡航指示灯或其电路有故障，应予检修后再进行诊断测试。

2）将点火开关转到 ON 位置，用跨接线连接诊断插座（TDCL）的端子 TC 与 E1。用巡航指示灯闪烁规律读取故障码，故障代码的含义见表 4-2。

表 4-2 丰田雷克萨斯轿车巡航控制系统故障码的含义

故 障 码	故 障 内 容
11	电动机电流过大或电路短路
12	电磁离合器或其线圈电路故障
13	电动机电路断路或电磁离合器线圈电路断路
21	车速传感器或其电路故障
23①	实际车速低于设定车速 16km/h 以上
31、32、34	巡航控制开关电路故障

① 当汽车上坡行驶速度降低时不属于故障，可重新设定车速继续巡航行驶。

如果巡航控制系统功能正常，则指示灯闪烁波形及时间如图 4-17a 所示，每 0.52s 闪烁一次，每次灯亮与灯灭时间均为 0.26s，高电平时灯亮，低电平时灯灭。

如果控制系统存储有故障码，指示灯的闪烁波形及时间如图 4-17b 所示。故障码均为两位数字，故障指示灯先显示十位数字，后显示个位数字。同一数字灯亮与灯灭时间均为 0.52s，十位数字与个位数之间间隔 1.5s。如有多个故障码，则在故障码与故障代码之间间隔 2.5s，并按故障码的大小由小到大顺序显示。故障码全部输出后，间隔 4.5s 再重复显示。只要诊断插座上端子 TC 与 E1 保持跨接，就会继续重复显示。故障码读取完毕后，断开点火开关，拆下跨接线，盖好诊断插座护盖。

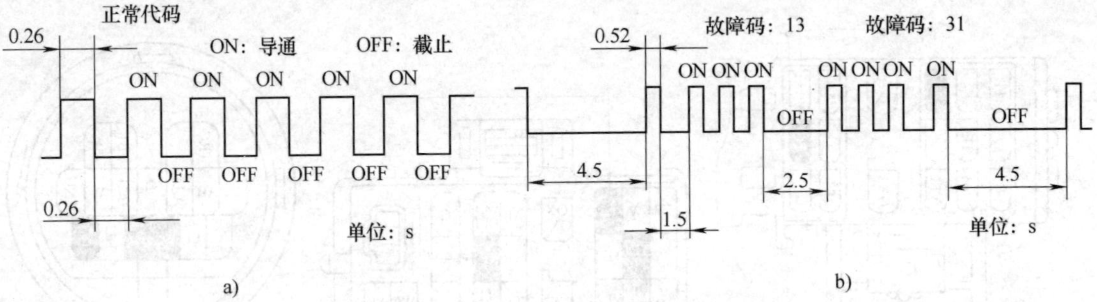

图 4-17 故障码显示图

a）正常代码显示 b）故障码 13、31 显示

（2）清除故障码 丰田轿车清除故障码的方法是：将熔断器盒中的“DOME”熔断器拔下 10s 以上时间，即可清除存储器中的故障码。清除故障码的另一种方法是：将蓄电池搭铁线拆下 10s 以上时间，这种方法同时也会清除存储器中存储的所有信息（包括时钟、音响系统的密码等），因此必须慎重使用。

2. 按故障现象的诊断方法

（1）没有提供故障码的诊断步骤 对于没有提供故障码诊断的系统，要求进行系列诊断检测。下面讨论查找各种类型系统故障的操作步骤。

巡航系统不工作故障得到验证后，第一步要检查所有的熔丝，然后目测检查系统有无任何明显的问题。如果目测检查没有找出故障，进行下列步骤：

1）踩住制动踏板，观察制动灯。如果制动灯不亮，则检查制动灯开关及电路。

2）如果汽车装备的是手动变速器，检查并确认离合器解除开关的工作是否正常。用欧姆表或电压表检测它的工作情况。

3）检查执行器操纵杆和节气门拉索动作是否正常。

4）断开单向阀和伺服机构之间的真空管（在伺服机构侧边的单向阀），在管子的开口端施加 18inHg（约 61kPa）的真空检测单向阀。单向阀应能保持住真空，否则须更换它。

5）检查真空泄放阀工作是否正常。

6）按一定的操作规程检测控制开关和电路，检查时可使用电路图和开关连通图表帮助检测。

7）检测伺服机构的工作情况。

8）检测车速传感器的工作情况。

9）如果所有检测表明工作正常，但系统还不能运行，需更换放大器（控制器）。

专用工具：数字电压欧姆表、真空泵。

（2）按故障现象进行的诊断 电子巡航控制系统的故障可以分为不动作、间歇性地动作、不接合。巡航控制系统经常出现的问题是：车速控制装置失灵；上坡或变速时失效；用制动器不能控制；接通加速开关时，不能加速，按下滑行按钮时，车速不下降并保持一新速度。

1）车速不稳的诊断。如果在设置好巡航控制后，车速却忽高忽低，可按下列步骤查找故障：

① 检查执行器连杆机构操纵是否平稳。

② 检查车速表软轴走向是否适当并确认软轴上没有扭结。

③ 检测伺服机构。

④ 检查车速传感器。

⑤ 检查真空泄放阀的动作。

⑥ 检查所有的电气连接。

⑦ 如果在这些检测中没有查到任何故障，则必须更换放大器（控制器）。

2）间歇性动作的诊断。间歇性动作通常由电气连接或真空松动引起。如果目测检查不能查出故障，进行汽车行驶检测并在出现故障时进行辨别。如果在正常巡航中出现故障，则从①开始；如果在控制键操作时或转动转向盘时出现故障，则从③开始。

① 把真空表连接到伺服机构的入口管，至少有85kPa的真空。

② 检测伺服机构总成。

③ 利用维修手册中的开关连通性图表和系统原理图检测开关的动作。转动转向盘到最大角度的同时检测开关。以Ford的系统为例，检测时分离放大器上的插接器，然后将欧姆表连接在电路151的端子和搭铁之间（点火开关OFF）。转动转向盘到最大角度时，做下列检查：

按住OFF键，欧姆表读数应为0~1Ω。

按住SET/ACCEL键并检查读数是否在646~714Ω之间。

按住COAST键，欧姆表读数应在114~126Ω之间。

当按住RESUME键时，读数应在2090~2310Ω之间。

如果转向盘转动时阻值增减，可能性最大的原因是滑环变脏。拆下转向盘，清洁电刷，在电刷上涂一薄层润滑剂。如果阻值超出技术要求值，检查开关和搭铁回路。

如果行驶（或道路检测）检测不能识别故障，进行模拟道路试验的同时晃动电气元件和真空连接。

思考题

1）在什么条件下巡航系统可以工作？

2）自适应巡航系统有哪些功能，还可以改进吗？

练习题

1. 填空题

1）汽车巡航控制系统根据行车阻力自动增减________开度，使汽车________________保持一定，省去了驾驶人频繁地踩加速踏板的动作。

2）当车速增加到________时，巡航控制系统才能工作。当车速降到________以下时，巡航功能自动解除。

3）巡航控制系统主要由________________、____________、ECU和执行器组成。

4）电动机式巡航控制执行器通常包括____________、____________和位置传感器三个部分。

5）机电式巡航控制系统主要由巡航控制开关、____________、____________、安全开关组成。

6）自适应巡航控制系统主要由________、轮速传感器、____________以及ACC控制单元等组成。

7）巡航控制系统ECU有两个输入信号：一个是驾驶人利用控制开关选定的________信号；另一个是________反馈信号。

2. 问答题

1）巡航控制系统基本工作原理?

2）机电式巡航控制系统的组成及工作原理?

3）电子式巡航控制系统的组成及工作原理?

4）自适应巡航控制系统的组成及工作原理?

3. 论述题

1）巡航控制系统的使用方法?

2）如何读取巡航控制系统的故障码?

第五章 汽车空调系统

◎ **掌握技能**

- 汽车空调系统的基本检修操作
- 汽车空调系统的自诊断过程
- 汽车空调微机控制系统的检修操作

◎ **基本理论**

- 汽车空调系统的组成及分类
- 汽车空调制冷系统的组成及工作原理
- 制冷压缩机的工作原理
- 膨胀阀的分类及工作原理
- 电磁离合器的作用及工作原理
- 汽车空调暖风系统的分类及工作原理
- 全自动汽车空调系统的组成及控制原理
- 微机控制的汽车空调系统的组成及控制原理
- 电动汽车空调系统的组成及工作原理
- CAN 技术在汽车空调系统中的应用

★ 案例导入

故障现象：一辆奥拓轿车在开空调时，空调系统运转，但出风口不冷。

故障诊断：用压力表检查高低压力值均正常，用手摸低压管较冷，说明空调系统在正常工作。由于蒸发器与散热器共用一个风道，一个风扇，说明问题出在蒸发器上。经检查，暖风水箱有一定的温度，再查看热水阀开关，发现热水阀开关已坏，不能关闭水道，导致空调的冷气被暖风水箱加热了。更换水阀开关，故障排除。

根据上述案例，请思考下列问题：

1）蒸发器有什么作用？

2）热水阀有什么作用？

3）用压力表如何检查空调系统高低压力值？

汽车空调已大众化、普及化，绝大部分出厂时就安装了空调系统。不但轿车、旅游客车和公共汽车上都装有空调系统，而且在卡车、拖拉机的驾驶室里以及具有特殊作业的汽车上，都装有空调系统。可见，汽车空调的使用已经相当普及。

第一节　汽车空调系统的组成与分类

1. 汽车空调系统的组成

汽车空调系统作用是调节车内空气的温度、湿度，改善车内空气的流动，并且提高空气的清洁度。因此，汽车空调系统主要由以下几部分组成：

（1）制冷系统　对车内空气或由外部进入车内的新鲜空气进行冷却或除湿，使车内空气变得凉爽舒适。

（2）暖风系统　主要用于取暖，对车内空气或由外部进入车内的新鲜空气进行加热，达到取暖、除湿的目的。

（3）通风系统　将外部新鲜空气吸进车内，起通风和换气作用。同时，通风系统对防止风窗玻璃起雾也起着良好效果。

（4）空气净化系统　除去车内空气的尘埃、臭味、烟气及有毒气体，使车内空气变得清洁。

（5）电路及其控制系统　对空调系统的各组成部分进行控制，从而使空调能够实现制冷、取暖、通风等功能。

将上述各部分全部或部分有机地组合在一起安装在汽车上，便组成了汽车空调系统。在一般轿车和客车、货车上，通常只有制冷系统、暖风系统和通风系统；在高级轿车和高级大客车上，还有空气净化系统。

2. 汽车空调系统的分类

（1）按驱动方式分类　汽车空调按驱动方式可以分为非独立式汽车空调系统和独立式汽车空调系统。

1）非独立式汽车空调系统。如图 5-1 所示，空调制冷压缩机由汽车本身的发动机驱动，汽车空调系统的制冷性能受汽车发动机工况的影响较大，工作稳定性较差。尤其是低速时制冷量不足，而在高速时制冷量过剩，并且消耗功率较大，影响发动机动力性。这种类型的汽车空调系统一般多用于制冷量相对较小的中、小型汽车上。

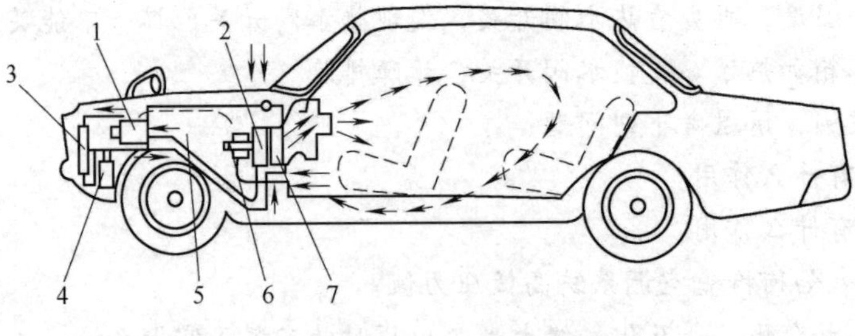

图 5-1　非独立式汽车空调系统

1—压缩机　2—蒸发器　3—冷凝器　4—储液器　5—主发动机　6—风机　7—加热器

2）独立式汽车空调系统。如图 5-2 所示，空调制冷压缩机由专用的空调发动机（也称副发动机）驱动，因此汽车空调系统的制冷性能不受汽车主发动机工况的影响，工作稳定，制冷量大。但由于加装了一台发动机，不仅成本增加，而且体积和质量也会增加。这种类型的汽车空调系统多用于大、中型客车上。

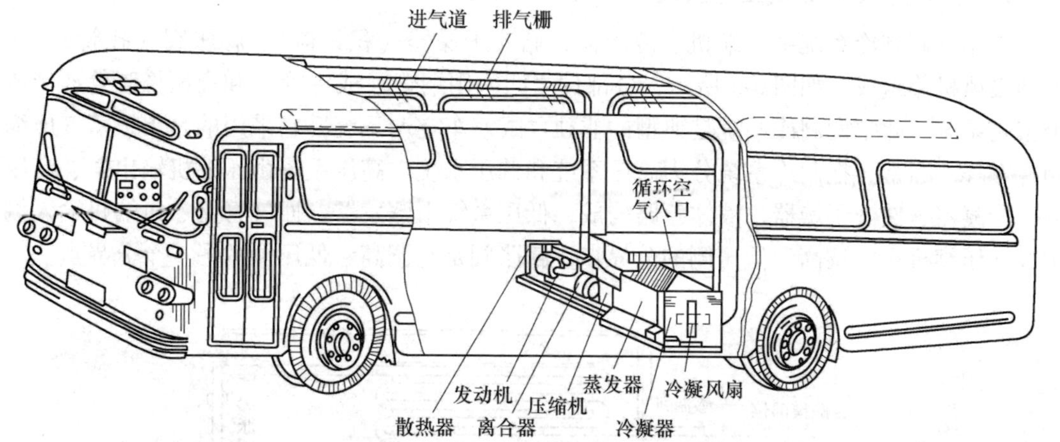

图 5-2 独立式汽车空调系统

总之，两种形式的驱动各有优缺点，至于采用哪种形式好，这要从各种影响因素分析考虑。如整车布置、整车负荷、空间位置、发动机功率等。

（2）按结构形式分类　汽车空调按结构形式可分为整体式空调、分体式空调以及分散式空调。

1）整体式空调。它是将副发动机、压缩机、冷凝器、蒸发器通过传动带、管道连接成一个整体，安装在一个专用机架上，构成一个独立总成，由副发动机带动，通过车内通风管将冷风送入车室内。

2）分体式空调。它是将压缩机、冷凝器、蒸发器以及独立式空调的副发动机部分或全部分开布置，用管道连接成一个制冷系统。

3）分散式空调。将蒸发器、冷凝器、压缩机等各部件分散安装在汽车各个部位，并用管道相连接。轿车、中小型客车及货车都采用这种结构形式。

（3）按蒸发器的布置方式分类

1）仪表台式。仪表台式经常称为前置式空调。蒸发器安装在仪表台之下，与车内内饰融为一体，布置美观，如微型轿车及微型单、双排座车均采用这种方式。这种布置方式的优点是前排冷气效果好，第二排次之，但对于微型面包车的第二排冷气效果则较差。

2）顶置式空调。蒸发器吊置于车内顶上，因此俗称顶置式空调，一般常安装于中部，有的人俗称其为中央空调。这种布置方式的优点是车内降温平衡，整体降温平衡，从而克服了仪表台式空调的缺点。

第二节　汽车空调制冷系统

一、汽车空调制冷系统简介

1. 汽车空调制冷系统工作原理

汽车空调制冷系统由压缩机、冷凝器、储液干燥器（积累器）、膨胀阀（孔管）、蒸发器和鼓风机等组成，如图 5-3 所示，各部件之间采用铜管（或铝管）和高压橡胶管连接成一个密闭系统。此空调制冷系统是典型的非独立式汽车空调系统，它采用的是单级蒸气压缩式制冷循环。通常，把制冷系统分为高压系统和低压系统。高压系统由压缩机输出侧、高压管路、冷凝器、储液干燥器、液体管路构成；低压系统由蒸发器、回气管路、压缩机输入侧等构成。压缩机是空调高、低压侧的分界点，膨胀阀是空调高、低压侧的另一个分界点。

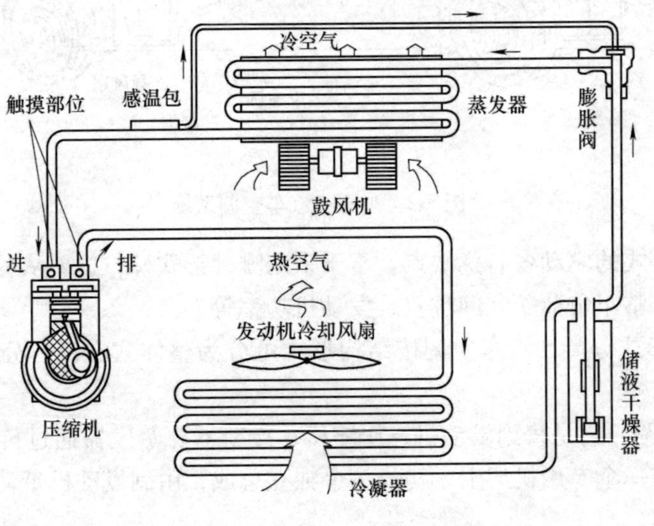

图 5-3　汽车空调制冷系统的组成

空调的蒸发冷却装置一般布置在仪表台板下，与仪表台组装成一体。冷凝器大多布置在车头散热器前面，并有单独风扇进行冷却。汽车正常行驶产生的行驶风对冷凝器起到很大的散热效果，汽车怠速行驶时，冷凝器风扇能加强其散热能力，使其冷凝压力不至于过高，否则会影响轿车空调的正常运行。

蒸发冷却机组是将离心风机装在蒸发器进风口处，属于压入式送风。膨胀阀和感温包都安装在机组里面，与机组连成一体，这样便于安装和维修。在蒸发器出口，感温包感受蒸发器出口温度后，能自动调节膨胀阀的开度，控制制冷剂的流量，以维持车室内一定的温度。

制冷系统工作时，制冷剂以不同的状态在密闭系统内循环流动，如图 5-4 所示。每一个循环有四个基本过程：

（1）压缩过程　压缩机工作时，蒸发器出口的低温低压气态制冷剂，经压缩机压缩后成为高温高压的气体，然后经高压管路进入冷凝器。在此过程中，压缩机吸气口的温度和压

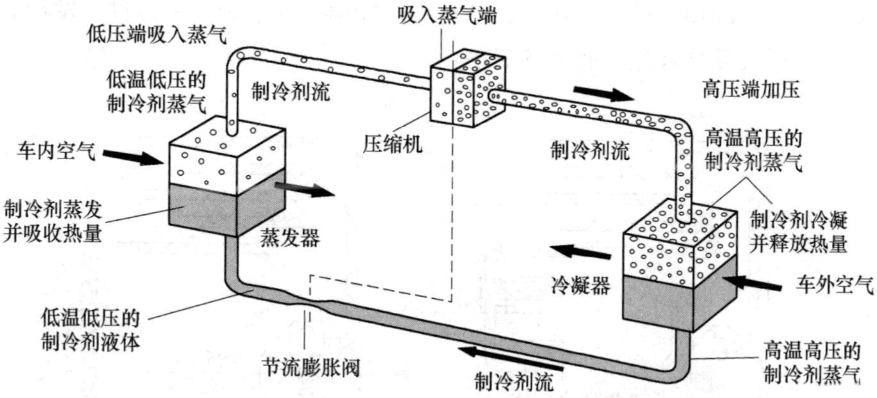

图 5-4 汽车空调制冷系统工作原理

力分别为 0℃和 150kPa 左右，出气口的温度和压力分别为 80℃和 1500kPa 左右，制冷剂为高温高压气态。

（2）放热过程（冷凝过程） 进入冷凝器的高温高压气体，在冷却风扇的冷却下，制冷剂降温由气体变为液体，然后流向储液干燥器脱水干燥。在此过程中，高温高压制冷剂通过冷凝器放出大量的热量，制冷剂由高压气体转变为高压液体。

（3）节流过程（膨胀过程） 经过脱水干燥后的高压液体制冷剂进入膨胀阀，由于膨胀阀的进口空间小（截面积小），出口空间大（截面积大），即具有节流作用，因此制冷剂从膨胀阀流出后体积变大、压力降低、温度降低。在此过程中，制冷剂的压力和温度均降低，但制冷剂的液态状态没有改变。

（4）吸热过程（蒸发过程） 由膨胀阀节流后进入蒸发器的液态雾状制冷剂，由于其压力和温度均已降低，沸点已低于蒸发器内的温度（车内的温度），所以制冷剂汽化由液态蒸发为气态，吸收蒸发器周围的热量（车内的热量），使车内温度降低。在此过程中，液态制冷剂经蒸发器吸热汽化后变为低压气体，之后低压气体制冷剂经低压管路流回压缩机，再进行下一个工作制冷循环。

与此同时，车外冷风流过冷凝器，制冷剂热量经冷凝器被排入大气；在鼓风机的作用下，热空气流过蒸发器放热后，冷空气被导入车内制冷降温。

2. 汽车空调制冷系统的分类

汽车空调制冷系统主要分为两类，一类是膨胀阀系统，另一类是孔管系统，如图 5-5 所示。它们的差别是所用的节流膨胀装置的结构不同，气液分离器的安装位置不同。另外还有一种蒸发压力调节阀式汽车空调制冷系统，目前主要用于部分雷克萨斯轿车上。

（1）膨胀阀系统 膨胀阀系统也称传统空调系统。压缩机运转时，将蒸发器内产生的低温低压制冷剂蒸气吸入并压缩后，在高温高压（约 70℃，1471kPa）的状况下排出。这些气态制冷剂流入冷凝器，并在此受到散热器和冷却风扇的作用强制冷却到 50℃左右。这时，制冷剂由气态变成液态。被液化了的制冷剂进入干燥过滤器，除去水分和杂质后流入膨胀阀。高压的液态制冷剂从膨胀阀的小孔流出，变为低压雾状后流入蒸发器。雾状制冷剂在蒸发器内吸热汽化变成气态制冷剂，从而使蒸发器表面温度下降。从鼓风机进来的空气，不断流过蒸发器表面，被冷却后送进车厢内，使车厢内降温。气态制冷剂通过蒸发器后又重新被压缩机吸入，这样反复循环达到制冷的目的。

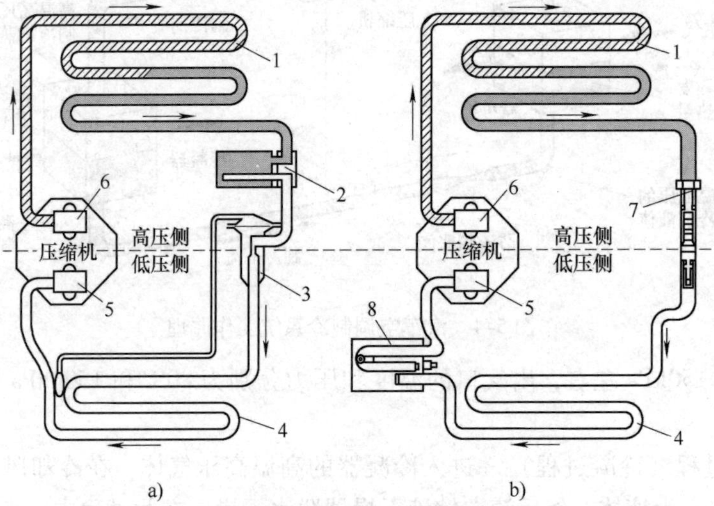

图 5-5　汽车空调系统分类

a）膨胀阀系统　b）孔管系统

1—冷凝器　2—储液干燥器　3—膨胀阀　4—蒸发器

5—低压维修阀接头　6—高压维修阀接头　7—孔管　8—气液分离器

这种膨胀阀系统由热力膨胀阀控制蒸发器供液量，保证蒸发压力在一定范围内变化。当车速增加时，压缩机转速也随之增加，蒸发器压力随之降低，蒸发器表面结霜。这时，由压力开关或热敏开关脱开压缩机离合器，使压缩机停止运行，待霜层融化后，压力开关又自动接通压缩机。我国汽车空调大多使用这种制冷系统。

（2）孔管系统　孔管系统于 1974 年由美国通用汽车公司发明，也叫做循环离合器系统。孔管结构简单，不易损坏，但它不能控制蒸发器的供液量，不能控制蒸发压力稳定，只起节流降压作用。当汽车加速行驶时，压缩机转速随之增加，蒸发压力降低，蒸发器芯结霜。这时，由压力开关或热敏开关切断离合器电源，使压缩机停止运行。待霜层融化后，压力开关又自动接通，压缩机又开始运行。为使孔管系统克服不适应车室热负荷加大而产生的高过热度，一般的制冷系统只需将蒸发器设计得大些也就解决了问题。然而，非独立式空调都装在小型车辆仪表板底下，蒸发器的安装空间受到很大限制，因此，孔管系统采取了如下措施：

1）为防止低热负荷时的液击，在蒸发器出口与压缩机吸入口之间设有气液分离器（积累器），使未蒸发完的液态制冷剂分离出来，暂存于罐的下部。由于该罐置于高温的发动机室内，制冷剂很快就会继续蒸发成为气态，从而保证了压缩机的安全。

2）取消冷凝器后的储液干燥器，将干燥剂转移到气液分离器内（积累器）。大多数冷凝器均置于散热器的前面，靠发动机曲轴驱动的风扇及行车时的迎面风进行冷却，其冷凝条件十分不稳定，液相的界面变化甚大，只要有足够的冷凝面积，冷凝器的最后一段管道便可代替储液器的功能，并可自行调整储液量。若设计得合理，也可避免出现气堵现象。即使发生气堵，也只是暂时的，不会对制冷性能产生太大的影响。

（3）蒸发压力调节阀式制冷系统　为了维持汽车空调系统的正常工作，就必须对蒸发器的压力或温度进行控制。由于制冷剂的压力和温度存在对应关系，控制了蒸发压力也就是控制了蒸发温度，这实际上就是另一种控制蒸发温度的方法。若采用压力控制方法，其机构称为吸气压力调节阀，安装在蒸发器和压缩机之间，主要包括蒸发压力调节阀、吸气节流阀和绝对压力调节阀几种。蒸发压力调节阀式制冷系统只要选定空调功能，该系统就能够连续运行。

根据制冷剂的特性，只要制冷剂的压力高于某一数值，其温度就不会低于0℃（对于R134a制冷剂，此压力大约为0.18MPa）。因此，只要将蒸发器出口的压力控制在一定的数值，就可以防止蒸发器表面结霜或结冰。蒸发压力调节器可以根据制冷负荷的大小调节蒸发器出口处的压力，确保蒸发器出口的压力使制冷剂不低于0℃。图5-6所示为蒸发压力调节阀式制冷系统，蒸发压力调节器安装在蒸发器出口至压缩机入口处，在管路中形成了一个可调节制冷剂流量的阀门。

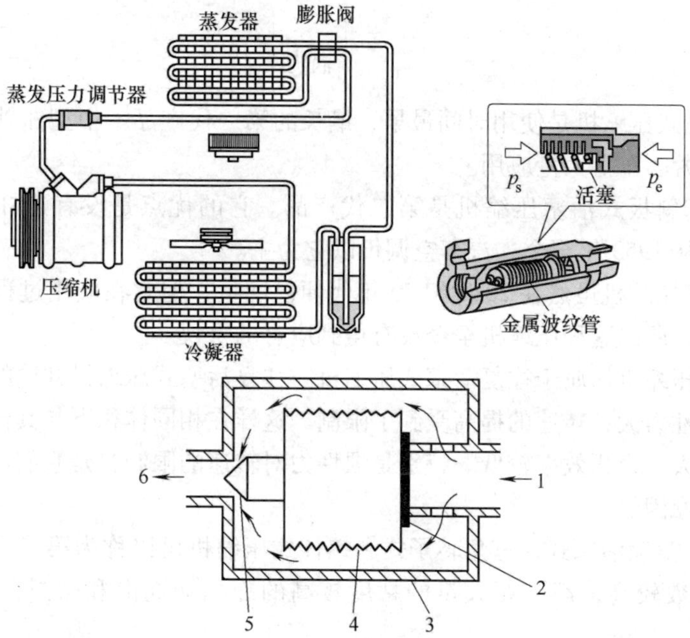

图5-6　蒸发压力调节阀式制冷系统

1—进气口　2—固定片　3—阀体　4—波纹管　5—锥阀　6—出气口

蒸发压力调节器主要由金属波纹管、锥阀、弹簧等组成。当制冷负荷减小时，蒸发器出口处制冷剂的压力会降低，作用在活塞上向左的压力p_e减小，此力小于金属波纹管内向右的力p_s，使活塞向左移动，阀门开度减小，制冷剂的流量也随之减小，并使蒸发器出口处的压力升高。反之，在制冷负荷增大时，活塞可向右移动，阀门开度增大，增加制冷剂的流量，以适应制冷负荷增大的需要。

二、制冷压缩机

1. 汽车空调制冷压缩机应用概况

目前正式应用在汽车空调上的压缩机不少于30种，按其运动形式和主要零部件形状，压缩机分类如下所示。其应用情况如下：

- 压缩机分类
  - 往复活塞式
    - 曲轴连杆式
    - 径向活塞式
    - 轴向活塞式
      - 翘板式
      - 斜板式
  - 旋转式
    - 旋叶式
      - 圆形气缸
      - 椭圆形气缸
    - 转子式
      - 滚动活塞式
      - 三角转子式
    - 螺杆式
    - 涡旋式

1）曲轴连杆式压缩机是使用时间最早、最长的第一代产品。中型曲轴连杆式压缩机仍在公共汽车和旅游客车上大量应用。

2）翘板式和斜板式活塞压缩机是第二代产品。它的优点是没有连杆，主轴上惯性较小，结构紧凑。从1953年至今，汽车空调仍以它为主。

3）径向活塞压缩机虽然在20世纪70年代便已问世，但它在应用过程中，遇到了回转式压缩机的竞争，所以这种压缩机至今没有得到应有的重视。

以上这几种压缩机均属于往复活塞式压缩机。往复活塞式压缩机共同的特点是活塞作往复运动，运动惯性力大，转速的提高受到了限制。这样在相同体积下与其他制冷机比较，其制冷量小，振动大，容积效率较低。特别是惯性力对转速的限制，是它们可能被旋转式压缩机所取代的根本原因。

4）旋叶式、滚动活塞式、三角转子式和螺杆式压缩机可以称为第三代产品。它们的共同特点是容积系数较高，都需要大量的粘度较高的冷冻油润滑和密封，所以润滑系统较复杂。

5）涡旋式压缩机为第四代产品。它的特点是基本具备了汽车对空调压缩机提出的要求和特性，是一种最有前途的压缩机。目前应用在轿车上的一些型号已全面地显示了它的优越性，但其在大型客车上的应用还有一段距离。

为了保护地球的有限资源，减少环境污染，各国对汽车的每100km耗油量做出了严格的限制。加装空调后，汽车油耗增加7%～10%。因此，节能型汽车空调压缩机是今后的发展方向。很显然，在高速下调节压缩机的制冷输出量，降低发动机的能量消耗，保证汽车具有优良的动力性和车内的舒适性，以及降低油耗是当今各类型压缩机开发研制的方向。

变排量压缩机便是根据上述要求提出来的。它可以根据发动机的转速、车内的温度自动调节压缩机的排量。

2. 翘板式压缩机

翘板式压缩机是一种轴向活塞式压缩机，图 5-7 所示为 SD－5 型翘板式压缩机的结构图。各气缸以压缩机主轴为中心布置，活塞运动方向平行于压缩机的主轴，活塞和翘板用连杆相连，连杆的两端和活塞及翘板之间用球形万向节连接，使翘板的摆动和活塞的移动协调而不发生干涉。翘板中心用钢球作支承中心，并用一对固定锥齿轮来限制翘板的运动，使翘板只能沿压缩机轴线方向前后移动，但不能绕轴线转动。

压缩机的主轴与传动板固定在一起，主轴转动时带动传动板一起旋转。由于传动板是楔形的，迫使翘板翘动，翘板的任何一边向后推动，相对的另一边就向前移动，就像跷跷板一样。通过钢球与翘板连接的连杆，活塞就进行往复运行。

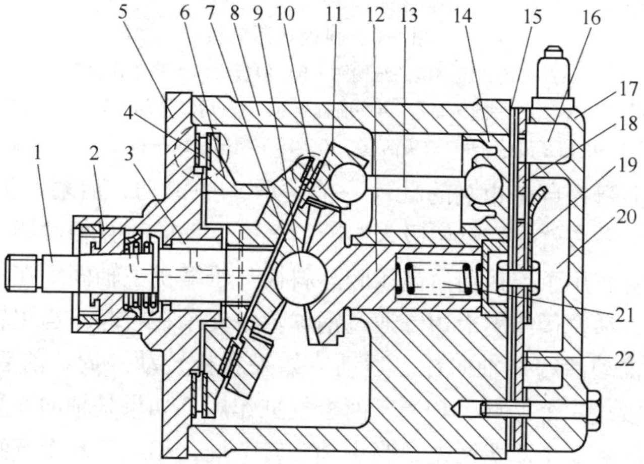

图 5-7　SD-5 型翘板式压缩机的结构图

1—主轴　2—轴封总成　3—滑动轴承　4—端面滚柱轴承　5—前缸盖　6—传动板　7—锥齿轮　8—缸体　9—钢球　10—翘板滚柱轴承　11—翘板　12—锥齿轮　13—连杆　14—活塞　15—阀板垫　16—吸气腔　17—后盖　18—阀板　19—排气阀片　20—排气腔　21—压紧弹簧　22—后盖缸垫

由于翘板式压缩机与曲柄连杆式压缩机一样，设有进、排气阀片，所以其工作循环也有压缩、排气、膨胀、吸气四个过程。当活塞向前运动时，该气缸处于膨胀、吸气过程；而翘板另一端的活塞作相反方向的向后运动，该气缸处于压缩、排气过程。主轴转动一周，一个气缸就要完成压缩、排气、膨胀、吸气一个循环。如果一个翘板上有五个活塞，对应的五个气缸在主轴转动一周就有五次排气过程。

3. 斜板式压缩机

斜板式压缩机是一种轴向活塞式压缩机，如图 5-8a 所示，其工作原理如图 5-8b 所示，斜板压缩机的主要零件是主轴和斜板。各气缸以压缩机主轴为中心布置，活塞运动方向与压缩机的主轴平行，以便活塞在气缸体中运动。活塞制成双头活塞，如果是轴向 6 缸，则 3 个气缸在压缩机前部，另外 3 个气缸在压缩机后部；如果是轴向 10 缸，则 5 个气缸在压缩机前部，另外 5 个气缸在压缩机后部。

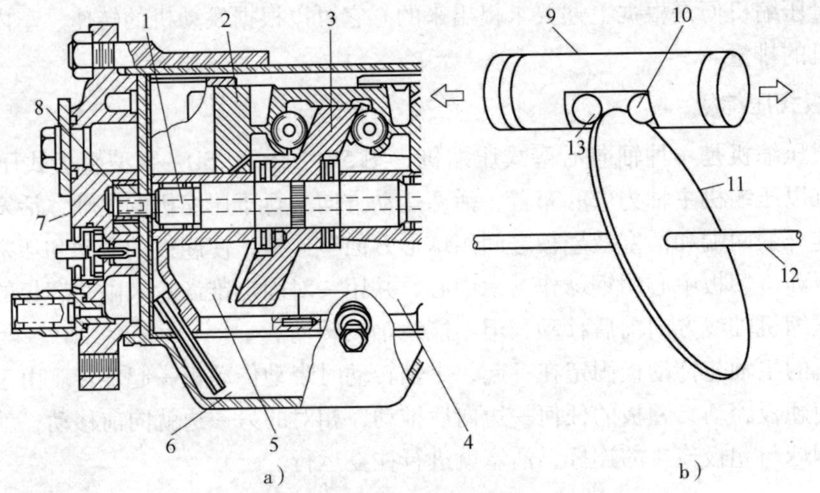

图 5-8　斜板式压缩机

a）斜板式压缩机的结构图　b）斜板式压缩机工作原理

1—主轴　2—活塞　3—旋转斜盘　4—前缸半部　5—后缸半部　6—油底壳　7—后盖
8—机油泵齿轮　9—双头活塞　10，13—钢球　11—斜板　12—主轴

双头活塞的两活塞各自在相对的缸（一前一后）中滑动，活塞一头在前缸中压缩制冷剂蒸气时，活塞的另一头就在后缸中吸入制冷剂蒸气，反向时互相对调。各缸均装有高低气阀，另有一根高压管，用于连接前后高压腔。斜板与压缩机主轴固定在一起，斜板的边缘装在活塞中部的槽中，活塞槽与斜板边缘通过钢球轴承支承在一起。当主轴旋转时，斜板也随着旋转，斜板边缘推动活塞作轴向往复运动。如果斜板转动一周，前后两个活塞各完成压缩、排气、膨胀、吸气一个循环，相当于两个气缸作用。如果是轴向 6 缸压缩机，缸体截面上均匀分布 3 个气缸和 3 个双头活塞，当主轴旋转一周，相当于 6 个气缸的作用。

4. 旋叶式压缩机

图 5-9 所示为旋叶式压缩机轴向剖视图。从图中可以看出，旋叶式压缩机由缸体、转子、主轴、叶片、排气阀等零件构成，前缸盖上有离合器和主轴的轴封，后端盖和前缸盖上有两个滚珠轴承支承主轴转动，后端盖内有一个油气分离器。

旋叶式压缩机的气缸形状有圆形和椭圆形两种，叶片有 2 片、3 片、4 片和 5 片等几种。圆形缸对应有 2、3、4 片，椭圆形缸对应有 4、5 片，如图 5-10 所示。

在圆形气缸的旋叶式压缩机中，转子的主轴与气缸的圆心有一个偏心距离，使转子紧贴气缸内表面的进、排气孔之间。在椭圆形气缸中，转子的主轴和椭圆中心

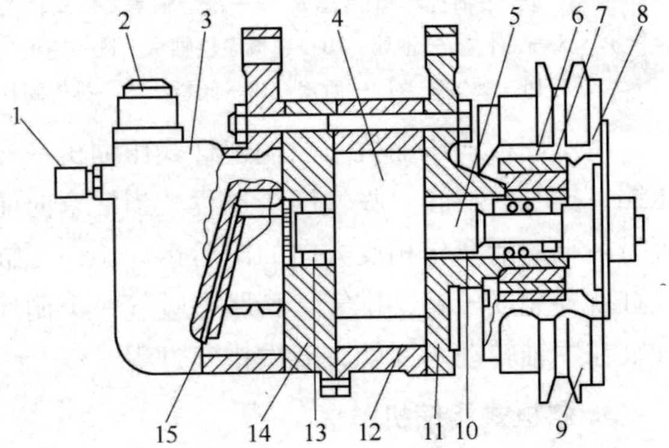

图 5-9　旋叶式压缩机轴向剖视图

1—排气口　2—进气口　3—后端盖　4—转子　5—主轴
6—带轮轴承　7—轴封　8—前板　9—带轮　10—轴承
11—前缸盖　12—缸体　13—轴承　14—后端板　15—吸油管

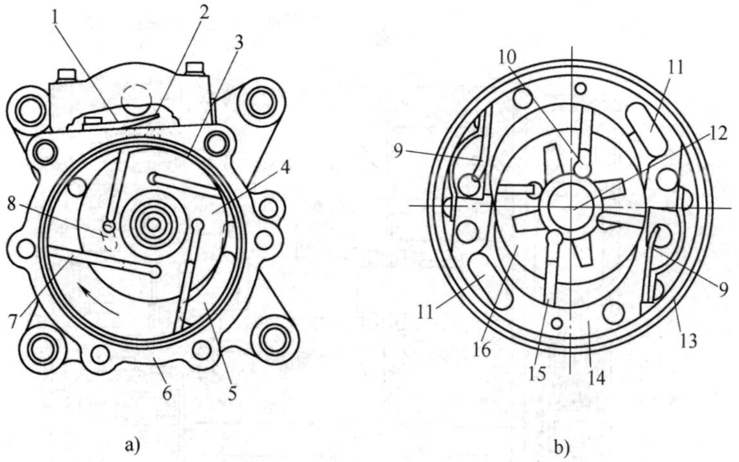

图 5-10 旋叶式压缩机

a）圆形气缸 b）椭圆形气缸

1—排气阀 2—排气孔 3—接触点 4—转子 5—吸气孔 6—气缸 7—叶片 8—油孔 9—排气簧片 10—进油孔 11—吸气腔 12—主轴 13—机壳 14—缸体 15—叶片 16—转子

重合，转子上的叶片和它们之间的接触线将气缸分成几个空间。当主轴带动转子旋转一周时，这些空间的容积发生扩大—缩小—几乎为零的循环变化，制冷剂蒸气在这些空间内也发生吸气—压缩—排气的循环。压缩后的气体通过安装在接触线旁的簧片阀排出。旋叶式压缩机没有吸气阀，因为滑片能完成吸入和压缩制冷剂的任务。对于圆形气缸而言，2 叶片将空间分成两个空间，主轴旋转一周，即有两次排气过程，4 叶片则有 4 次。叶片越多，压缩机的排气脉冲越小。对于椭圆形气缸，4 叶片将气缸分成 4 个空间，主轴旋转一周，有 8 次排气过程。

5. 翘盘式变排量压缩机

图 5-11 所示为 V5 变排量压缩机结构图。它由 5 个气缸组成，在压缩机轴颈斜盘与主轴之间，增加了一个可以在主轴上滑动的滑套，主轴上装有驱动斜盘运动的驱动杆。斜盘与驱动杆通过两个同心短销连接，驱动杆上有腰形槽，斜盘与驱动杆通过长销构成活动连接。这样在主轴旋转运动时，斜盘在外力推动下，既可旋转又可摆动，从而改变活塞行程，实现排量调节。

在机械式变排量压缩机中，斜盘的倾斜角是由斜盘后方曲轴箱内的压力控制的（压力低，斜盘倾角大，排量大；压力高，斜盘倾角小，排量小），而曲轴箱压力由波纹管式控制阀控制。

波纹管式控制阀的构造如图 5-12 所示，它由金属薄板制成，是一个内部为真空的密闭气囊，其内部装有弹簧。波纹管的长度随周围制冷剂气体的压力而变化，长短变化后的波纹管又控制着一个阀门，该阀门能改变通往压缩机曲轴箱内的制冷剂压力。斜盘前后端的压力差使摇盘倾斜程度改变，从而改变压缩机的排量。

当压缩机吸气侧压力超过了设定值时（低压侧压力高，说明需要增加制冷量），这样高

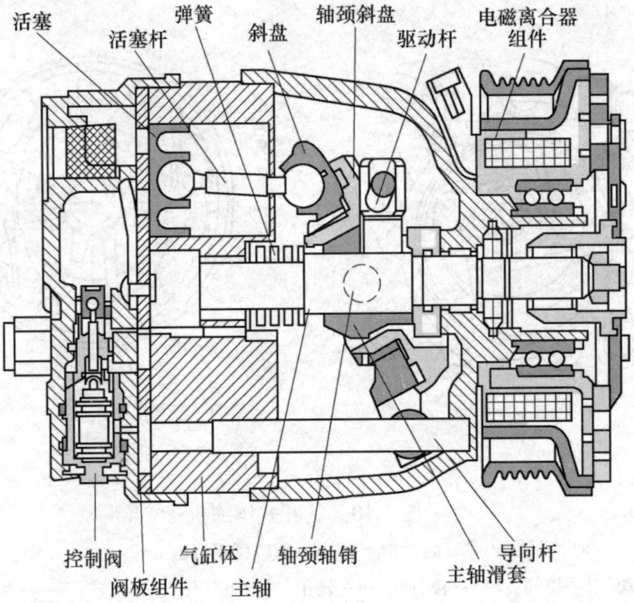

图 5-11　V5 变排量压缩机

的压力使波纹管收缩，针阀下落，弹簧及高压侧压力把钢球推向球座，将连接高压侧气体与曲轴箱气体的通道封死，阻止了高压侧气体通向曲轴箱。与此同时，从低压侧到曲轴箱的通道打开，部分曲轴箱内气体流入吸气侧，从而降低曲轴箱内压力。斜盘倾角增大时，排量增大，如图 5-13a 所示。即低压侧压力高→波纹管收缩→低压侧阀门开启，高压侧阀门关闭→低压吸入孔与曲轴箱相通，曲轴箱内的气体压力降低→斜盘斜度上升→排量增加；反之，低压侧压力低→波纹管膨胀→高压侧阀门开启，低压侧阀门关闭→曲轴箱内气体压力上升→斜盘斜度下降→排量减少，如图 5-13b 所示。

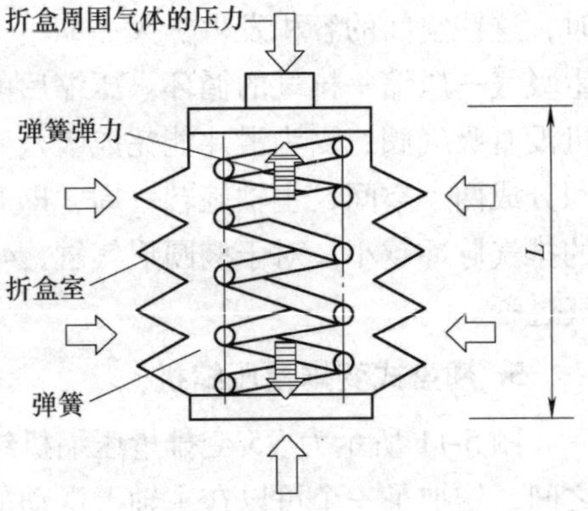

图 5-12　波纹管式控制阀构造

变排量压缩机的整个控制过程是：排量大→蒸发器温度下降→0℃→低压压力下降→0. 2MPa→曲轴箱的压力大→斜盘的角度小→排量小→蒸发器温度上升→4℃→低压压力上升→斜盘箱内压力小→斜盘的角度大→排量大。

由于变排量翘盘式压缩机可以在吸气压力 0. 30 ~ 0. 35MPa 之间连续无级调节其输气量，从而实现了压缩机的制冷量、功耗与空调在不同工况下的合理匹配，极大限度地改善了汽车空调的舒适性，并降低了能耗，因此应用越来越广泛。

6. 自动调节能量的旋叶式压缩机

日本松下电器公司开发了一种每转排量为 94mL 的两叶片节能压缩机，其横剖面结构如

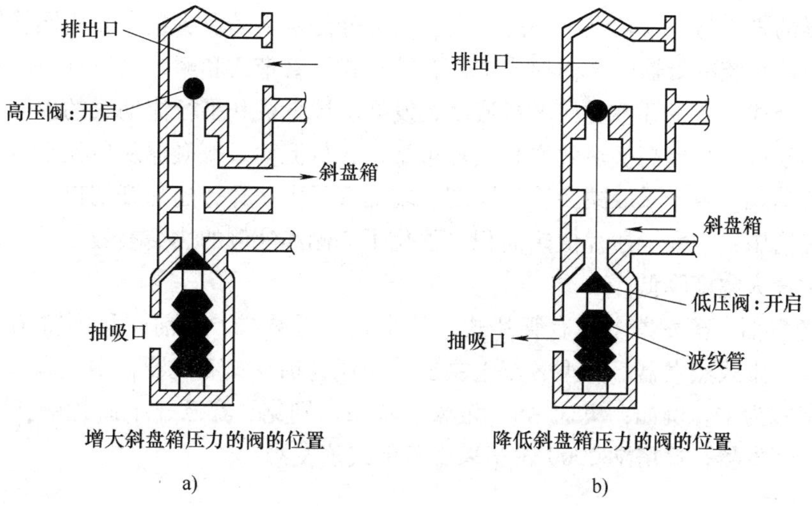

图 5-13 斜盘倾角

a）斜盘斜度小，排量减少 b）斜盘角度大，排量增大

图 5-14 所示，可以根据发动机转速的高低，自动调节制冷量。转速低时，保持足够制冷量；转速高时，能抑制制冷量过大，从而降低高速时的功耗，达到节能目的。其工作原理如下：

在气缸的吸气口处，有一条吸气槽。当叶片刮过吸气口时，吸气过程应该结束，但由于开了一条吸气槽，在气流惯性作用下，继续通过吸气槽充气，提高充气效率，但不影响下气缸的吸气过程。吸气槽和叶片构成一个缺口，通过吸气槽进入气缸的气体流量，正比于缺口截面积和流入时间的乘积，即流量 = k × 面积 × 时间 × 叶片厚度，k 为比例系数。低转速时，叶片刮过吸气槽的时间长，充气量增多，制冷量大；而高转速时，叶片刮过吸气槽的时间短，气缸充气量相对减少，制冷量减小，能耗降低。

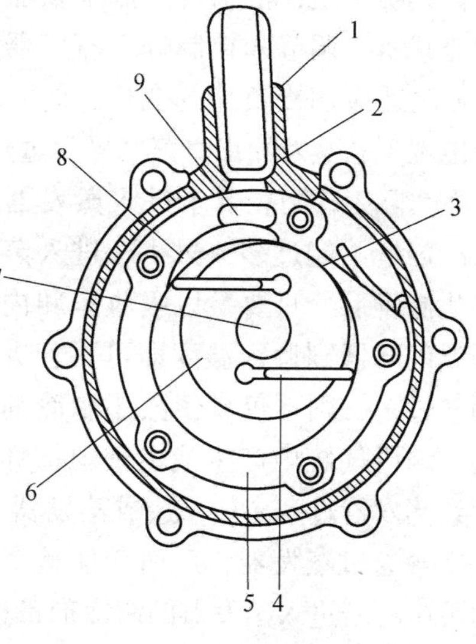

图 5-14 自动调节能量的旋叶式

1—进气管 2—O 形圈 3—排气阀 4—叶片 5—缸体 6—转子 7—主轴 8—变容量槽 9—吸气孔

从工作原理可知，这种压缩机提高了充气效率，所以在相同制冷量条件下，气缸容积可以减小 30%，而压缩机重量降低 20%。

三、其他部件

1. 冷凝器与蒸发器

（1）冷凝器 汽车空调制冷系统中的冷凝器是一种由管子与散热片组合起来的热交换

器。其作用是：将压缩机排出的高温、高压制冷剂蒸气进行冷却，使其凝结为高压制冷剂液体。冷凝器的管片材料最初是全铜的，现在大部分是全铝的，少量有采用铜管铝片的。

汽车空调系统冷凝器的结构形式主要有管片式、管带式和鳍片式三种。冷凝器的结构从管片式向管带式发展，并主要向平行流动式发展。层叠式和平行流动式的内部结构又在不断发展，以利于进一步提高换热效率和减轻重量，平行流动式冷凝器从单元平行流动式发展成多元平行流动式。由于采取减薄管片厚度、增加管子内肋片、翅片开切口、改变翅片形状及开口角度等措施，加大了翅片散热面积，强化了气侧和液侧的热交换效率，上述发展使冷凝器尺寸和重量大幅度降低。

(2) 蒸发器　蒸发器主要有管片式、管带式和层叠式。目前，我国轿车上主要采用全铝层叠式和管带式蒸发器，大型客车上主要采用铜管铝片式蒸发器，中型客车上几种形式都有，以管带式为主。例如：奥迪 A6、宝来、本田、别克、赛欧、上海帕萨特等汽车空调均采用层叠式蒸发器，桑塔纳 2000 轿车采用管带式蒸发器。

2. 膨胀阀

膨胀阀也称节流阀，是组成汽车空调制冷装置的主要部件，安装在蒸发器入口处，如图 5-15 所示，它是汽车空调制冷系统的高压与低压的分界点。其功用是：把来自储液干燥器的高压液态制冷剂节流减压，调节和控制进入蒸发器中的液态制冷剂量，使之适应制冷负荷的变化，同时可防止压缩机发生液击现象和蒸发器出口蒸气异常过热。

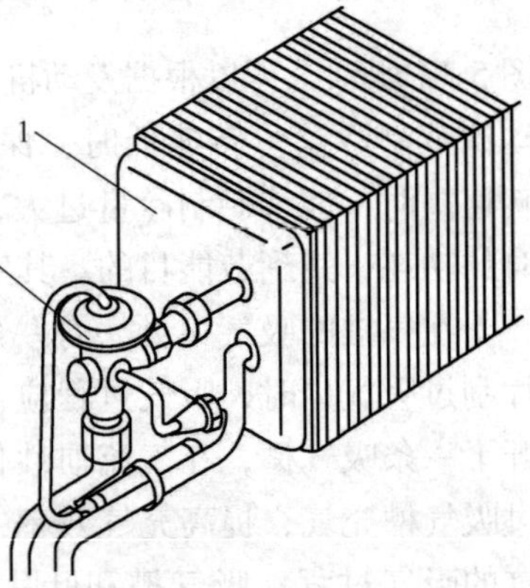

图 5-15　膨胀阀
1—蒸发器　2—膨胀阀

在实际工作中，要求进入蒸发器的低温、低压液态制冷剂量不能过多或过少，进入蒸发器的液态制冷剂汽化沸腾后，只要足以吸收车厢内的热量，使车厢内的温度降低到调定温度即可。若进入蒸发器中的制冷剂量过多，则不仅易使液态制冷剂不能完全汽化而进到压缩机气缸内产生液击现象损坏压缩机，而且还将导致蒸发器过度冷却，造成蒸发器表面结霜、结冰，阻止空气通过蒸发器，反而会使整个制冷系统的制冷能力下降；若进入蒸发器的制冷剂量过少，则液态制冷剂在蒸发器管内流动途中就已蒸发成气体，而在这之后的蒸发器中就没有液态制冷剂可供蒸发，从而使车厢内得不到足够的冷气。而膨胀阀可自动地控制进入蒸发器的制冷剂量，保证制冷系统的正常工作。

根据作用方式的不同，膨胀阀可以分为热力膨胀阀和电子膨胀阀。

(1) 热力膨胀阀　膨胀阀具有计量、调节和控制三大功能。膨胀阀的计量孔可以释放制冷剂的压力（由针阀控制），使之由高压变为低压，是制冷系统内低压侧的始点。膨胀阀自动调节制冷剂流量的功能是依靠结扎在蒸发器出口管子上感温包来实现的，如图 5-16 所示。由于节流后的压力是通过内平衡孔进入膜片下表面的，这个压力其实不是蒸发器出口压力，而是节流后的压力，它比蒸发器出口的压力略大。因此相对外平衡阀来说，这种阀被称为内平衡膨胀阀。

阀的开度决定于膜片所处的位置，膜片所处的位置决定于膜片的受力情况。膨胀阀在工作时膜片所受的力有三个：膜片上方受感温包内饱和气体的压力 p_f，下方受由蒸发器进口导入的制冷剂压力 p_e 和过热弹簧的压力 p_s。当三个力处于平衡状态，即：$p_f = p_e + p_s$ 时，阀门处于某一开度，制冷剂流量保持一定。不同的温度可以改变作用在膜片上方的压力 p_f，改变阀门的开度，从而调节制冷剂流量。当压缩机不转动时，膜片上下两侧的压力相等，在弹簧作用下阀体将计量孔关闭，以防止制冷剂向压缩机倒流。在压缩机运转后，在制冷剂的压力下，膜片下方的作用力减小，计量孔开启，制冷剂开始循环。当温度变化时，膜片上方的压力 p_f 也随之变化，计量孔开启的程度也就发生相应的变化，从而达到调节制冷剂流量的目的。

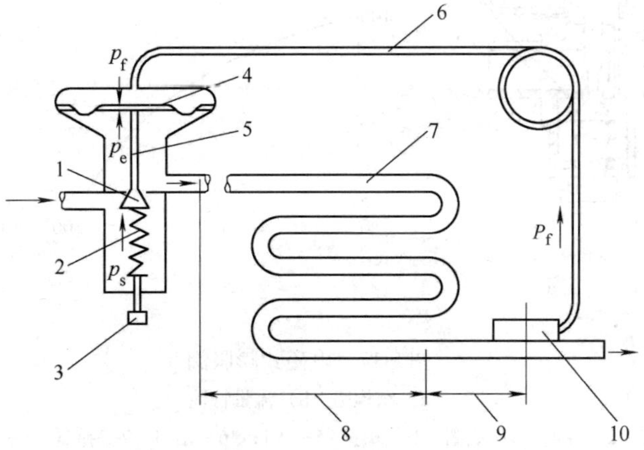

图 5-16 内平衡式热力膨胀阀工作原理

1—针阀 2—过热弹簧 3—调节螺钉 4—膜片 5—推杆

6—毛细管 7—蒸发器 8—湿蒸气部分 9—过热蒸气部分 10—感温包

但在蒸发器的温度下降到0℃以下，吹出的冷风也在0～4℃时，恒温器便会自动切断离合器的电磁线圈回路中的电流，压缩机就停止运行，这样便可防止蒸发器发生冻结。结果就会导致蒸发器温度回升，但当温度升高到恒温开关设定的温度时，恒温器便会自动接合。离合器的电磁线圈又通电，压缩机又开始运行，蒸发器又进行供冷，内平衡膨胀阀系统便是这样通过恒温器和内平衡膨胀阀的开度变化来控制蒸发器的温度，保证制冷系统的正常工作。

当汽车空调不工作时，由于感温包的压力增加比蒸发器增加快，故阀芯开始时是打开孔口的。但是，随着时间的延长，蒸发器内温度增加，两者压力平衡，弹簧力使阀口关闭。所以，内平衡膨胀阀的阀口，在空调器不工作时，是保持关闭状态的，这样有利于保护压缩机在重新工作时不发生液压现象。

膨胀阀的压力弹簧也可以人工调整。当膨胀阀的出液量少，车厢内温度降不下来时，可通过调节螺钉将压力弹簧调软些；相反，则可将压力弹簧调硬些。

（2）电子膨胀阀 电子膨胀阀由检测、控制和执行三部分构成。按驱动方式分，有电磁式和电动式两类，而电动式又分为直动型和减速型。

汽车空调系统采用电子膨胀阀后，可以通过蒸发器出口的温度、压力等参数，由电控单元控制制冷系统的运行。

1）电磁式膨胀阀。电磁式膨胀阀如图 5-17a 所示。电磁线圈通电前，针阀处在全开位置；通电后，由于电磁力的作用，由磁性材料制成的柱塞被吸引上升，与柱塞连成一体的针阀开度变小。针阀的位置取决于施加在线圈上的控制电压（线圈电流），因此可以通过改变控制电压来调节膨胀阀的流量。其流量特性如图 5-17b 所示。

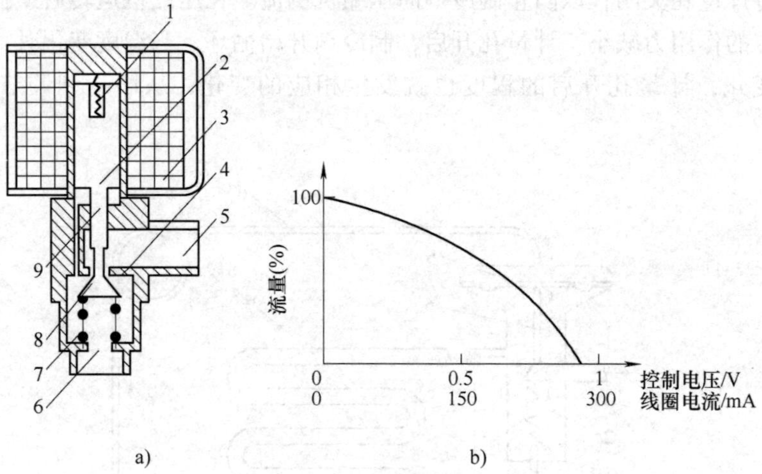

图 5-17　电磁式膨胀阀

a）结构图　b）流量特性

1—柱塞弹簧　2—柱塞　3—线圈　4—阀座　5—入口　6—出口　7—弹簧　8—阀针　9—阀杆

2）电动式膨胀阀。电动式膨胀阀用电动机驱动，电动机直接带动阀针作上下移动的为直动型，其结构和流量特性如图 5-18 所示。

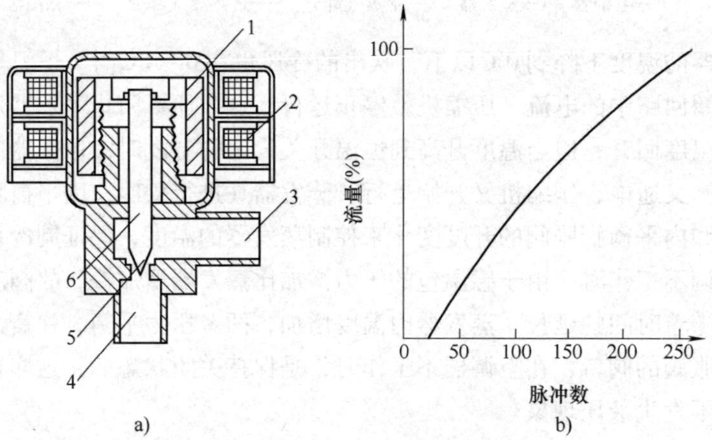

图 5-18　直动型电动式膨胀阀

a）结构图　b）流量特性

1—转子　2—线圈　3—出口　4—入口　5—针阀　6—阀杆

直动型膨胀阀电动机转子的转动，主要是依靠电磁线圈间产生的磁力进行的，转矩由导向螺纹变换成阀针直线移动，从而改变阀口的流通面积。转子的旋转角度及阀针的位移量与输入脉冲数成正比。

3. 孔管（CCOT）

孔管是固定孔口节流装置，两端都装有滤网，以防止系统堵塞。和膨胀阀一样，孔管也装在系统高压侧，但是取消了干燥器，因为孔管直接连通冷凝器出口和蒸发器进口。孔管的构造很简单，在一根工程塑料管的中间装置了一条节流用的铜管，铜管的内孔孔径为4mm，塑料管两端装有金属过滤网，塑料外表面用O形圈密封，一端插进蒸发器，一端插进从冷凝器来的橡胶管，其结构如图5-19所示。由于孔管没有运动件，所以结构简单，不易损坏，唯有滤网会发生堵塞，这时只需拆下来，换上一个新的孔管即可。

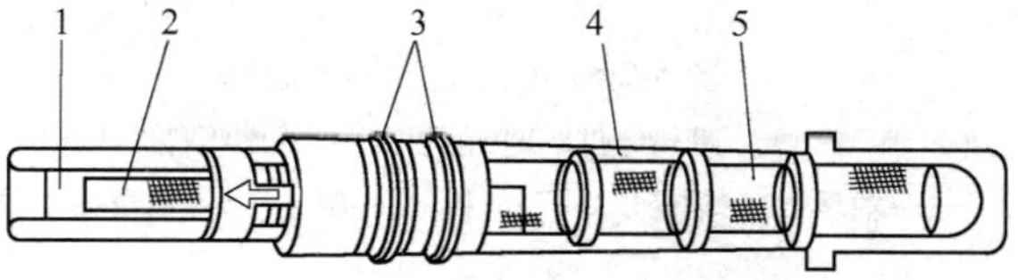

图5-19 孔管

1—出口滤网 2—节流孔 3—O形圈 4—管外壳 5—进口滤网

孔管不能改变制冷剂流量，液态制冷剂有可能流出蒸发器出口。因此，装有孔管的系统，必须同时在蒸发器出口和压缩机进口之间安装一个积累器，实行气液分离，以防液击压缩机。中、低档汽车空调系统多采用孔管，叫做循环离合器系统，成本低廉，且利于节油。孔管制冷系统用恒温器来控制离合器的电路，达到控制压缩机的运行，控制蒸发器的温度，防止其发生冰堵的现象。

4. 电磁离合器

在非独立式汽车空调制冷系统中，压缩机是由汽车主发动机驱动的。为了使空调系统的开、停不影响发动机的工作，压缩机的主轴不是与发动机曲轴直接相连，而是通过电磁离合器把动力传递给压缩机的。电磁离合器是发动机和压缩机之间的一个动力传递机构，受空调A/C开关、温控器、空调放大器、压力开关等控制，在需要时接通或切断发动机与压缩机之间的动力传递。另外，当压缩机过载时，它还能起到一定的保护作用。因此，通过控制电磁离合器的结合与分离，就可接通与断开压缩机。

在汽车空调系统中，电磁离合器一般安装在压缩机前端面，成为压缩机总成的一部分。电磁离合器由带轮、电磁线圈、压力板等主要部件组成，如图5-20所示。离合器有两种型式，一种为旋转线圈式，电磁线圈与带轮一起转动；另一种是固定线圈式，电磁线圈不转动，只有带轮转动。后者应用较广泛。

图5-21所示为一种固定线圈式电磁离合器的工作原理图。电磁线圈固定在压缩机的外壳上，压力板与压缩机的主轴相连接。带轮通过轴承套在轴上，可以自由转动。

当空调开关接通时，电流通过电磁离合器的电磁线圈，电磁线圈产生电磁吸力，使压缩机的压力板与带轮结合，将发动机的转矩传递给压缩机主轴，使压缩机主轴旋转。

当断开空调开关时，电磁线圈的吸力消失。在弹簧作用下，压力板和带轮脱离，压缩机便停止工作。

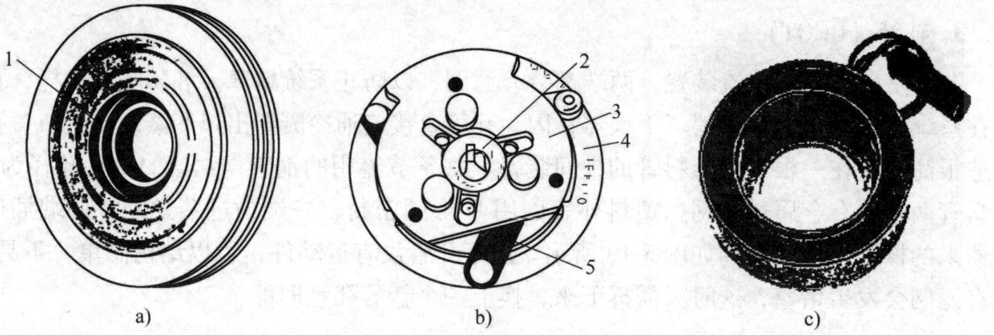

图 5-20 电磁离合器分解图

a）带轮组件 b）前板 c）线圈组件

1—轴承 2—轴套 3—平衡板 4—吸铁 5—回位弹性体

5. 风机

汽车空调制冷系统采用的风机，大部分是靠电动机带动的气体输送机械，它对空气进行较小的增压，以便将冷空气送到所需要的车厢内，或将冷凝器四周的热空气吹到车外，因而风机在空调制冷系统中是十分重要的设备。

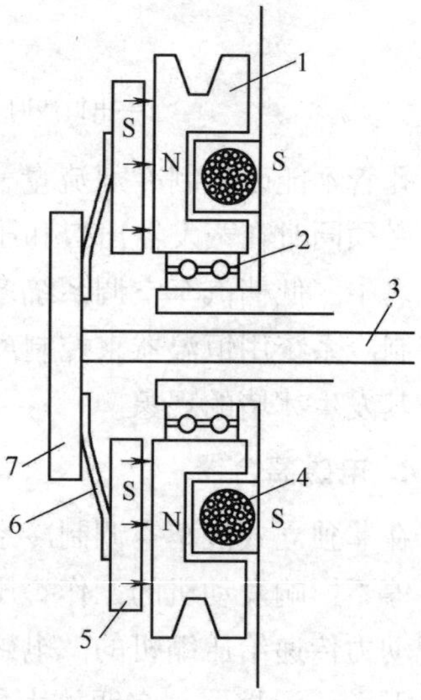

图 5-21 电磁离合器

1—带轮 2—轴承 3—压缩机轴

4—线圈 5—压力板 6—弹簧片 7—驱动盘

风机按其气体流向与风机主轴的相互关系，可分为离心式风机和轴流式风机两种。

（1）离心式风机 离心式风机的空气流向与风机主轴成直角，它的特点是风压高、风量小、噪声也小。蒸发器采用这种风机，因为风压高可将冷空气吹到车厢内每个乘员身上，使乘员有冷风感。噪声小是设计空调的一项重要指标，车厢内噪声小，乘员不至于感到不适而过早疲劳。

离心式风机主要由电动机、风机轴（与电动机同轴）、风机叶片、壳体等组成，如图 5-22 所示。风机叶片有直叶片、前弯片、后弯片等形状，随叶轮叶片形状不同，所产生的风量和风压也不同。

（2）轴流式风机 轴流式风机的空气流向与风机主轴平行，它的特点是风量大、风压小、耗电小、噪声大。冷凝器一般采用这种风机，因为风量大可将冷凝器四周的热空气全部吹走。耗电小是车用电器最重要的要求，轴流式风机能满足这种要求。至于轴流式风机的缺点，如风压小、噪声大，对冷凝器来说不是大问题，因为冷凝器只要将其四周的热空气吹离即可，并不要求将热空气吹很远，所以风压小不影响冷凝器正常工作；另外，冷凝器是安装在车厢外面的，所以风机噪声大也不影响到车内。

轴流式风机主要由电动机、风机轴、风机叶片、键等组成，如图 5-23 所示。叶片固定在骨架上，叶片常做成3、4、5片不等，叶片骨架穿在电动机轴上，由键带动旋转。

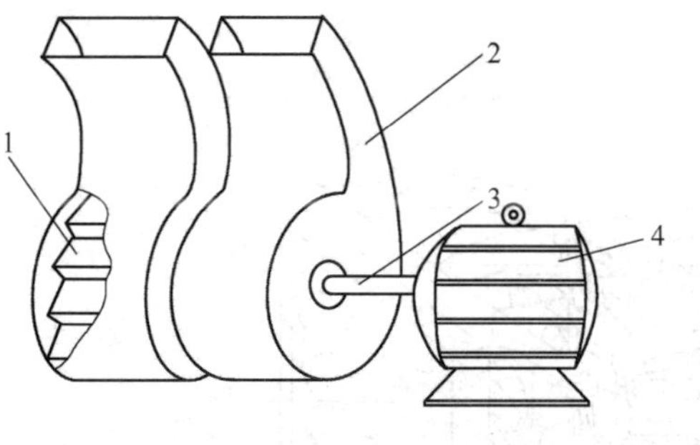

图5-22 离心式风机

1—风机叶片 2—风机壳体 3—风机轴 4—电动机

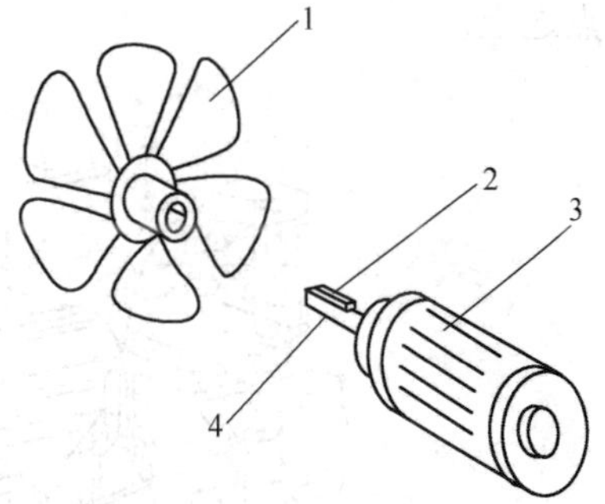

图5-23 轴流式风机

1—风扇叶 2—键 3—电动机 4—风机轴

第三节 汽车空调暖风装置

1. 汽车空调暖风装置的分类

汽车空调暖风装置是将新鲜空气送入热交换器，吸收某种热源的热量，从而提高空气的温度，并将热空气送入车内的装置。

汽车空调暖风装置的种类很多，根据热源不同汽车暖风装置可分为如下几种形式：

1）利用发动机冷却液的热量，称为水暖式暖风装置。这种形式多用于轿车、大型货车及采暖要求不高的大客车上。

2）利用发动机排气系统的热量，称为气暖式暖风装置，这种形式多用于安装风冷式发动机的汽车上。

3）装有专门燃烧的机构，称为独立燃烧式暖风装置，这种形式多用于大客车上。

4）既利用发动机冷却液的热量，又装有燃烧预热器的综合加热装置，称为综合预热式暖风装置，这种形式多用于大客车上。

2. 汽车空调暖风装置的结构与工作原理

（1）水暖式暖风装置的结构与工作原理 水暖式暖风装置一般以水冷式发动机冷却系统中的冷却液为热源，将冷却液引入车厢内的热交换器中，使鼓风机送来的车厢内空气与热交换器中的冷却液进行热交换，鼓风机将加热后的空气送入车厢内。

发动机冷却系中的热水由进水管从发动机水套引出，再通过出水管返回发动机冷却系。进、排风系统是由进、出风筒，出风口和控制风门组成。暖风机本体由直流电动机、鼓风机、本体进风口、机箱和本体出风口以及螺旋室等组成。

水暖式暖风装置的管路连接如图5-24所示。通过发动机上的冷却液控制阀分流出来的冷却液送入暖风机的加热器芯，放热后的冷却液由管道回到发动机；另一路冷却液通过管道进入散热器，放热后的冷却液由管道回到发动机。在发动机冷却液进口装有水泵，它是冷却液循环的动力。冷空气则在鼓风机的作用下，通过加热器加热后，由不同的风口吹向车厢内。暖风装置的暖风流经驾驶人座位左右的空间，在车内均匀分布。为了防止风窗玻璃结霜，暖风可以通过风窗玻璃下面的出风口，将暖风吹到风窗玻璃上，以保持风窗玻璃内侧温度在零点之上。

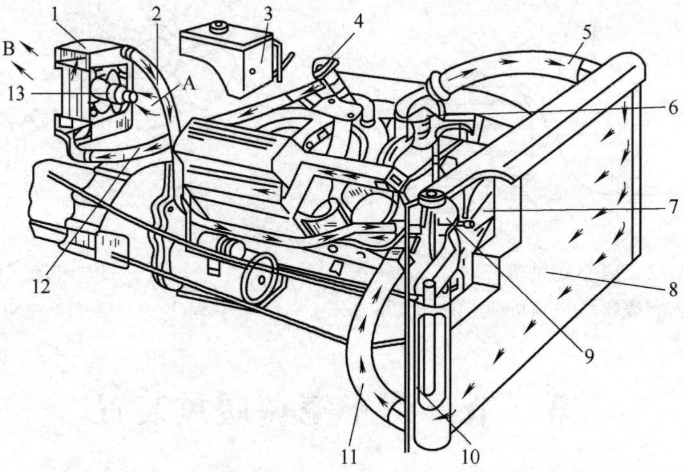

图 5-24　水暖式暖风装置管路连接

1—加热器芯　2—加热器出水管　3—膨胀水管　4—冷却液控制阀　5—散热器进水管　6—恒温器　7—风扇　8—散热器　9—水源　10—散热器溢流管　11—散热器出水管　12—加热器进水管　13—加热器风机　A—冷空气　B—热空气

（2）气暖式暖风装置的结构与工作原理　在安装风冷式（或水冷式）发动机的客车上还采用气暖式暖风装置，如图 5-25 所示，它利用发动机排气的余热来给车厢供暖。这种装置是将冷空气（或发动机冷却空气的一部分）导入并连于排气管的热交换器里，使其接受发动机排气带出的热量，通过热交换器使其温度升高，然后导入车厢内供车内采暖和除霜。

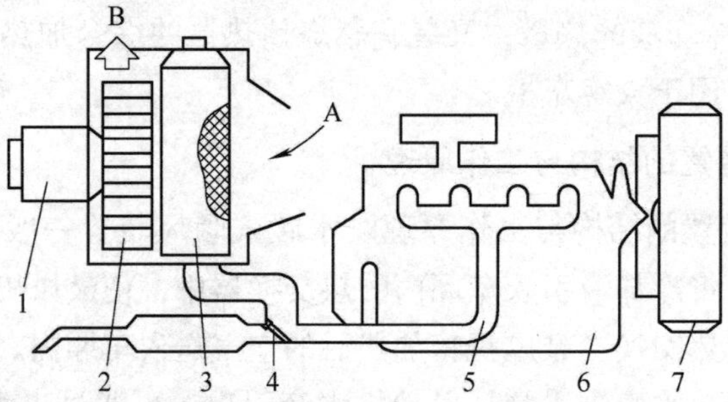

图 5-25　气暖式暖风装置

1—鼓风机电动机　2—暖风鼓风机　3—热交换器　4—废气阀门　5—主发动机排气管　6—主发动机　7—主发动机散热器　A—新鲜空气　B—暖气

使用时只需将排气管上的废气阀门向下转，堵住通往消声器的通路，废气便进入热交换器内，新鲜空气通过热交换器的散热片吸收热量后形成暖风，由鼓风机送入车厢。失去热量的废气通过热交换器排到大气中。

气暖式暖风装置的热交换器效率较低，不但复杂，体积较大，而且比较笨重，车速及发动机的工作状况对供暖效果影响也很大。暖风湿度变化很大，在城市或道路状况较差的路面上行驶时，供暖能力往往不足。而且，由于腐蚀、热应力和高压作用，排气管和消声器管壁及热交换器会渐渐漏气，致使发动机排出的有毒废气进入车厢，对人体健康非常不利。此外，排气管道的增加和接入的热交换器，增加了发动机排气阻力，消耗了发动机的功率，影响了发动机的正常工作。而且，由于供暖能力有限，还必须采用另一种辅助装置解决车窗的除霜问题。所以现在气暖式暖风装置已很少使用。

（3）独立热源暖风装置的结构与工作原理

1）独立燃烧式暖风装置。图5-26所示为独立热源气暖式暖风装置结构，由燃烧室、热交换器、供给系统及控制系统组成。

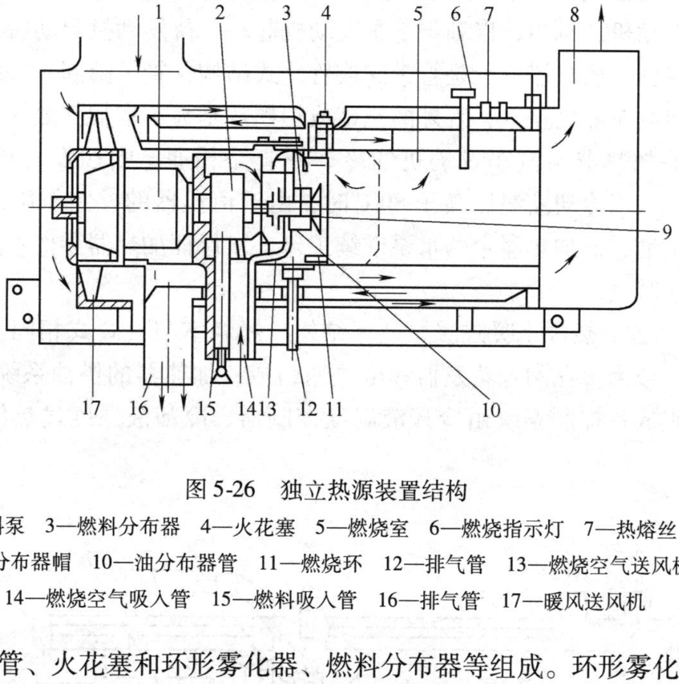

图5-26 独立热源装置结构

1—电动机 2—燃料泵 3—燃料分布器 4—火花塞 5—燃烧室 6—燃烧指示灯 7—热熔丝 8—暖气排出口 9—分布器帽 10—油分布器管 11—燃烧环 12—排气管 13—燃烧空气送风机 14—燃烧空气吸入管 15—燃料吸入管 16—排气管 17—暖风送风机

燃烧室由燃料管、火花塞和环形雾化器、燃料分布器等组成。环形雾化器直接装在风扇电动机轴上，依靠离心力和空气的切向力将油雾化、混合，在电火花塞点火引燃下，在燃烧器上部燃烧。燃烧室温度可达800℃，所以要用耐热不锈钢制造。

热交换器紧靠在燃烧室后端，由双层腔室构成。中心是燃烧室，包围燃烧室的第一层空腔通加热的空气，再包围一层空腔通燃烧气体，然后引到排气腔。外面再包围一层空腔通加热空气。燃烧热量通过金属隔板加热空气，加热后的空气集中到暖气室，然后送到车内。

燃烧室内空气供应和燃料泵都是由风扇电动机驱动的。燃料泵将燃油从油箱中抽取，经过滤器、吸入管到油泵，送入环形雾化器后和空气混合燃烧。空气依靠鼓风机吹向加热器夹层。控制系统用来控制各种电动机、电磁阀、点火器、过热保护器、定时继电器的工作。当加热器的暖风出口温度超过设定值（80℃）时，过热保护器动作，使继电器自动切断油泵电磁阀的电源，油泵停止供油，加热器停止燃烧。由于燃烧室的温度非常高，为了不使燃烧室被烧坏，停机时先关油泵，停止燃烧器燃烧，而通风机仍继续运转，带走燃烧室中的热量，直到其温度降至正常才关闭通风机。

其工作过程如下：当暖风装置中的电动机接通电源开始运转时，带动燃料泵 2、燃料分布器 3、燃烧空气送风机 13、暖风送风机 17 运转。燃料由燃料泵 2 从燃料箱中经燃烧过滤器吸入燃料管 15 吸出，吸出的燃料由分布器 3 内部滴下，由于离心力作用使其雾化。当燃烧空气送风机 13 将燃烧空气由燃烧空气吸入管 14 吸进与燃料（汽油、柴油、煤油等）混合，由点火在燃烧室 5 中进行燃烧。一旦燃烧开始，电火花塞即行断电，由燃烧热和燃烧环 11 保持燃烧，燃烧后的高温气体由排气管 16 排到环境中。而电动机前端安装的空气送风机送入空气，经过燃烧室和外筒间壁以及外筒外侧被加热。加热的空气由暖气排出口 8 排出，进入车室内的管道，为各风口供暖。

2）独立热源水暖式暖风装置。独立热源水暖式暖风装置的工作原理与气暖式基本相同，其加热工质不是空气而是水，用水泵代管了风扇。水暖式的最大优点是不仅可为车厢采暖，而且可预热发动机、机油，以利于冬季发动机起动。待发动机起动后，再将被加热的水通向车厢内的散热器。散热器一般是管带式或管片式结构，管子内部流入已加热的热水，而管外则流过待加热的车厢内空气，管外的铝带或铝翅片是为了增加其散热能力。

如果水暖式的加热器与汽车发动机的冷却液管路相通，则在发动机冷却液温度低于 80℃时加热器工作。当冷却液温度高于 80℃时，由于恒温器的控制作用，则会自动切断油泵的电源，停止供油，而加热器中的水泵继续工作，以保证加热器零件不因过热而损坏，并继续向车厢内供应暖气。

图 5-27 所示为独立热源水暖式暖风装置结构。燃烧室与气暖式相同，由喷油器和高压电弧点火器组成，或由多孔陶瓷蒸发器和电热塞组成；加热器的供油系统由电动机、油泵、助燃风扇、水泵组成；控制系统由冷却液温度控制器、冷却液温度过热保护器、定时器等组成。

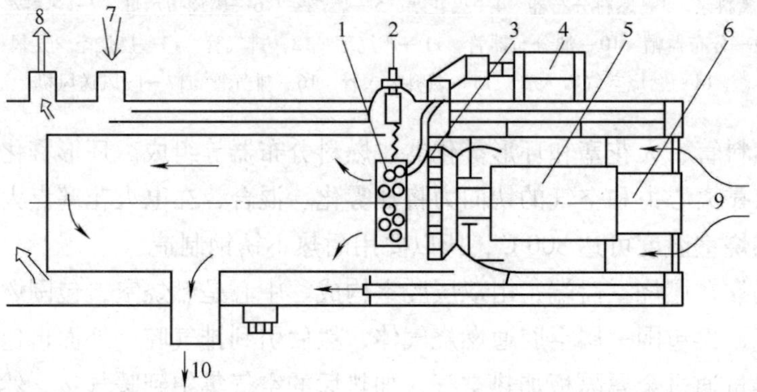

图 5-27　独立热源水暖式暖风装置结构

1—多孔陶瓷蒸发器　2—电热塞　3—助燃风扇　4—油泵　5—电动机

6—水泵　7—进水口　8—出水口　9—助燃空气　10—废气

独立热源水暖式暖风装置的暖风主要采用内循环式，其优点是灰尘少，暖气比较柔和而不干燥。这种水加热器可作为发动机的预热器加热发动机的冷却液，在提高发动机的起动性和耐久性的同时，可作为暖气装置。但是水加热器长期运行后，水管容易积水垢，影响热交换器的换热效率。使用中需要清洗水垢，清除水垢时，需将加热器中的水全部放尽，然后注入浓度为10%的稀盐酸在加热器内循环，直至管内水垢全部清除为止。

（4）综合预热式暖风装置的结构与工作原理　为了既利用发动机的冷却液的热量又避免独立燃烧式暖风装置的废气泄漏窜入车厢，同时满足大型客车热负荷的要求，近年来大客车上采用了一种综合预热式暖风装置，如图5-28所示。这种装置的热交换器和独立燃烧式的基本相同，只是将独立燃烧式暖风装置中加热的新鲜空气改为加热发动机冷却液。

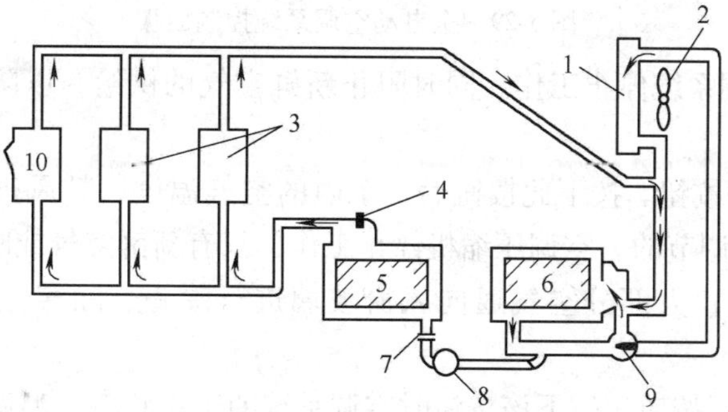

图5-28　综合预热式暖风装置

1—发动机散热器　2—散热器风扇　3—车内暖风装置　4—防止过热热敏电阻　5—预热器　6—发动机　7—控制水温热敏电阻　8—水泵　9—热敏开关　10—除霜机

综合预热式暖风装置在通常的发动机冷却液管路上并联了一条装有预热器与水暖式暖风装置的管路，并在预热器入口与发动机之间的管路上装有水泵。当冷却液温度升到或降到某一值时，预热器会自动中断或重新进行工作。综合预热式暖风装置提高了发动机的起动性，改善了发动机的冷却状况，延长了发动机的使用寿命。这种装置暖风柔和，成本较低，很有发展前途。

第四节　电控汽车空调系统

一、全自动汽车空调系统

凯迪拉克、宝马等高档轿车都采用全自动的汽车空调系统，控制更可靠、准确，而且控制板也简单。

1. 全自动空调的控制面板

全自动空调系统控制面板如图5-29所示。“WARMER”（暖）和“COOLER”（冷）用于选择车内温度，“WARMER”用于较高温度，“COOLER”用于较低温度。用这两个按钮可在18～29℃进行温度自动调节。当所选择的温度低于18℃时，在显示板上显示“LO”；当温度超过29℃时，则显示“HI”。在这两个极端温度上，空调系统提供最冷或最热的温度，不再调节温度。

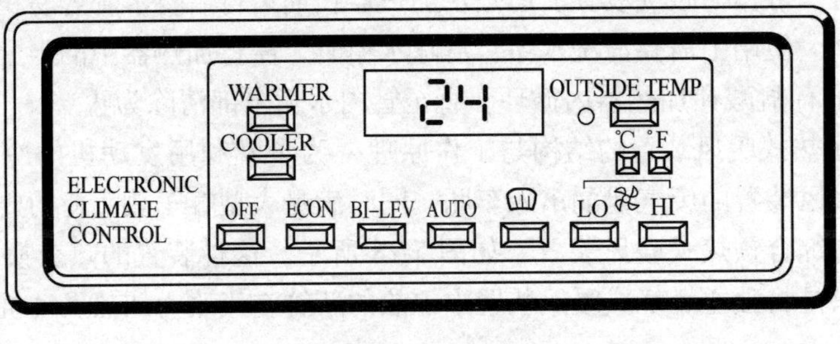

图 5-29　全自动空调系统控制面板

“OFF”表示空调系统停止工作，同时阻止新鲜空气的供给，以防止被废气和灰尘污染的空气进入车内。

“ECON”是经济按钮。按下此按钮后，车内的空气温度、鼓风机速度、暖风分配和新鲜空气分配都是自动调节的。空调压缩机停止工作，只有新鲜空气或暖风通过鼓风机进入车内。按下除霜按钮后，大部分空气通向风窗玻璃进行除霜、除雾，此时空调鼓风机高速运转。

“BI-LEV”为双层按钮，按下该按钮时空调系统的工作状态、温度和空调鼓风机转速的调节与 AUTO 方式相同，但空气的分配则不同，暖风和冷风按给定的路线以相同的流量从中央出风口和吹脚风道吹出，只有少量的空气吹到风窗玻璃上。

“AUTO”为自动按钮，此按钮适用于所有气候状态，一旦达到显示的内部温度，空调鼓风机将以最低的转速运转。温度发生变化时，空调系统会通过改变空调鼓风机速度和调节风门进行调节。天气寒冷时，暖空气从吹脚风道吹出，少部分暖空气吹到风窗玻璃上。天热时，冷风从中央出风口吹出。

“LO”和“HI”为降低或提高空调鼓风机转速按钮。它们是起辅助功能的按钮，当空调系统以其他功能工作时，按下“LO”或“HI”按钮后，空调鼓风机的转速就会下降或提高；如果要使“LO”或“HI”按钮回位，只要按任意按钮即可。

“OUTSIDE TEMP”为外部温度按钮，按下该按钮后，操纵面板上即显示外界温度，此时紧靠按钮左侧的指示灯。在显示外界温度时一直点亮。天气寒冷时，空调鼓风机电动机不接通电源，只有当发动机冷却液温度升至 50℃时，为了保证发动机能迅速暖机，空调鼓风机电动机开始工作。如果点火开关接通后，“OUTSIDE TEMP”左边的指示灯亮 1min，说明空调系统有故障。如行驶过程中有故障，该指示灯也会点亮。“℃”和“℉”是用于选择显示摄氏温度和华氏温度的按钮。

2. 全自动空调的工作原理

在全自动空调系统中，有一套计算比较电路，通过对传感器信号和预调信号的处理、计算、比较，输出不同的电信号指挥控制机构的工作，使温度门的位置不断改变以调节车内空气温度，并使风机的转速随着空调参数的改变而改变。

图 5-30 所示为全自动汽车空调系统的工作原理。由图可见，全自动空调系统主要由电桥、比较器、真空驱动器等组成。由车外温度传感器、太阳辐射热传感器和调温电阻组成的电桥和比较器组成一个控制系统。当温度变化时，传感器的热敏电阻阻值发生变化，引起电

桥的输出电位 U_A、U_B变化，电桥处于不平衡状态，比较器 OP_1、OP_2对电桥输出的电信号进行比较后，比较器 OP_1、OP_2中的一个给升温或降温真空驱动器输出一个电流值，真空驱动器将它转换成真空信号，控制驱动器的工作，带动控制杆对温度门的开度进行控制，同时对风机转速和热水阀开度进行控制，最后达到恒温。

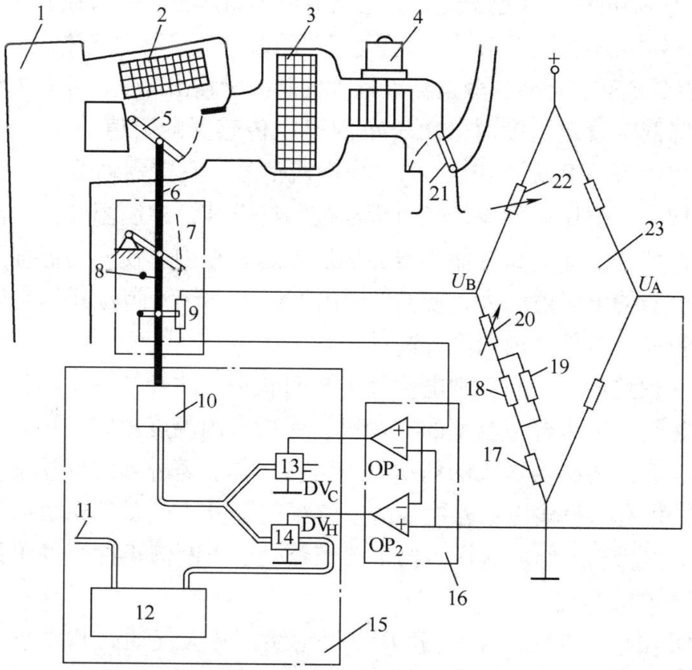

图 5-30　全自动汽车空调系统的工作原理

1—乘室　2—加热器　3—蒸发器　4—鼓风机　5—温度门　6—控制杆　7—风机开关　8—热水阀开头
9—反馈电位器　10—驱动器　11—接发动机进气歧管　12—真空罐　13—降温真空驱动器　14—升温真空驱动器
15—真空控制阀　16—比较器　17—车外温度传感器　18—太阳辐射热传感器　19—风道温度传感器
20—车内温度传感器　21—循环风门　22—调温电阻　23—电桥

3. 全自动空调控制系统的工作过程

全自动控制系统由车内温度传感器、车外温度传感器和日光辐射传感器、反馈电位器以及温度选择器的可变电阻组成一个检测信号电桥；OP_1、OP_2和晶体管组成比较放大器电路，输出信号控制两个真空电磁阀。

反馈电位器是一个可变电阻，它由驱动器的控制杆控制，其阻值随着控制杆的位置改变而改变。反馈电位器阻值连同温度传感器和调温器的电阻大小变化信号一起传送到比较器。由于反馈电位器的加入，使空调器在设定温度和车内温度相差较大时，能输入最大的冷空气量或最热的空气量。而当这种差值缩小时，使空调器逐渐降温和升温，以满足汽车对温度的要求。

具体的工作过程如下：

当调温电阻的设定温度低于车内温度时，空调系统开始工作，由于调温电阻的阻值低于传感器桥臂的总电阻值，电桥处于不平衡状态，此时电桥输出端的电位 $U_B > U_A$，OP_2无电流输出，OP_1输出电流使真空驱动器DVc打开大气通路，作用在驱动器的真空度减小，膜片在弹簧张力作用下带动控制杆上移，控制温度门将通往加热器的气体通道关小，使流入车内的气体温度下降，同时，风机转速提高。若设定温度值与车内温度的温差越大，则电桥两输出端电位差越大，驱动器DVc开度越大，作用在驱动器的真空度也就越小，控制杆的上移量也就越大，通往加热器的气体通道也越小，进气温度也就越低。随着控制杆的上移，反馈电位器的阻值减小，直到控制杆上移到极限，温度门关闭通往加热器的气体通道，电位器的阻值为零。此时，风机在最高转速运转，蒸发器以最大的制冷量输出冷气，使车内快速降温。

车内温度下降低于设定温度时，由于车内温度传感器的阻值减小，使电桥输出端电位U_B下降，$U_B < U_A$，此时OP_1无输出，OP_2输出电流信号，真空驱动器DV_H打开真空气路，使驱动器的真空度增大，膜片克服弹簧张力带动控制杆下移，控制温度门逐渐打开通往加热器的气体通道，让一部分冷空气经过加热器加热后再送入车内，使车内温度升高。随着控制杆的下移，反馈电位器的电阻值增大，使OP_2输出电流大，DVc阀打开真空气路开度大，膜片带动控制杆移动量就大，使车内温度升高就快。

若车内温度和预选温度相同，则电桥处于平衡状态，比较器没有信号输出，空调器维持在风扇中、低速运转，输出合适温度的空调风，保持车内温度恒定。这时，只要车外温度发生变化，比较器又会在传感器送来的新信号下进行工作。若外界空气温度下降，则需要加热量多一些，这时OP_1有信号输出；若输入的空气温度上升，或者日光辐射量增加，都需要减小空气的加热量，则OP_2工作。这样，两个比较器处于不断修正性交替工作，保持车内温度恒定而不受外界环境的影响。

由于OP_1、OP_2的交替输出，DVc和DV_H阀轮换打开大气通路和真空气路，控制温度门的开度，从而实现自动空调对车内温度的控制。

二、微机控制的空调系统

这种汽车空调系统以微机为控制中心，结合各种传感器对汽车发动机的有关运行参数（如冷却液温度、转速等），车外的气候条件（如气温、空气湿度、日照强度等），车内的气候条件（如平均温度、湿度等），空调的送风模式（如送风温度、送风口的选择等）以及制冷压缩机的开、停状况，制冷循环有关部位的温度，制冷剂压力等多种参数进行实时检测，并与操作面板送来的信号（如设定温度信号、送风模式信号等）进行比较，通过运算处理后进行判断，然后输出相应的调节和控制信号，通过相应的执行机构（如电磁真空转换阀和真空驱动器、风门电动机、继电器等），对压缩机的开停状况、送风温度、送风模式、热水阀开度等作及时的调整和修正，以实现对车内空气环境全季节、全方位、多功能的最佳控制和调节。

1. 微机控制的汽车空调系统基本功能

空调控制：温度自动控制、风量控制、运转方式给定的自动控制、换气量的控制等，满足车内空调对舒适性的要求。

节能控制：压缩机运转速度的控制，换气量的最适量控制以及随温度变化换气切换，自动转入经济运行，根据室内外温度自动切断压缩机电源等。

故障、安全报警：包括制冷剂不足报警，制冷压力高出或低出报警，离合器打滑报警，各种控制器件的故障判断报警，并对故障部位用闪烁指示灯报警，直到修好为止。计算机空调系统在某种器件发生故障报警的同时，将这一故障器件自动转入常规运行状态而不影响空调系统的工作。例如：若进气门发生故障，则车内再循环空气门不再使用，进气门自动地将它接到车外空气通路，空调系统继续工作，但由于外界空气进入车内，空调器不能提供最凉的空气。

显示：能显示给定的温度、控制温度、控制方式、运转方式的状态以及运转时间等。

故障诊断储存：若空调系统发生故障，计算机将故障部位用故障码的形式储存起来，在需要修理时能指示故障的部位，所以很容易修理。

微机控制的空调系统，不仅能按照乘员的需要吹出最适宜温度、湿度的风，还可根据实际需要调节风速、风量。它还极大地简化了操作。

2. 微机控制空调的控制面板

A/C 开关、调温（设定温度）开关、模式开关是空调系统必不可少的部分。微机控制空调的控制面板如图 5-31 所示，相应开关的功能见表 5-1。

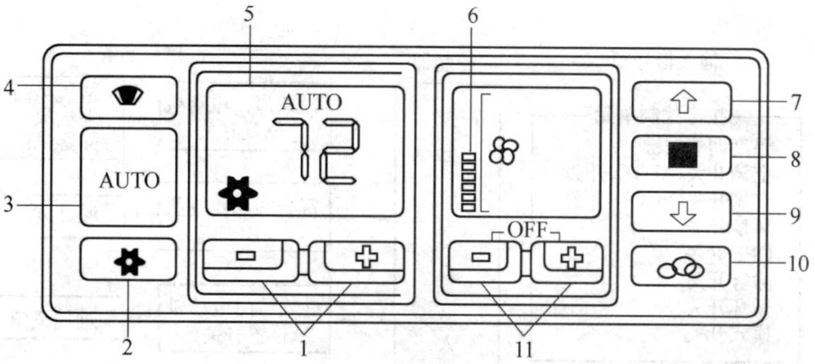

图 5-31 微机控制空调的控制面板

1—温度控制按钮 2—A/C 开关 3—自动模式按钮 4—除霜按钮 5—显示屏 6—鼓风机转速显示屏 7～9—气流分配按钮 （7—将气流导向车窗 8—将气流导向驾驶室前排气口和中央控制台后部 9—将气流导向脚部） 10—空气再循环按钮 11—鼓风机调速按钮

表 5-1 主要开关的功能

序号	开关名称	开关功能
1	温度控制按钮	按动按键可在 18～29℃范围内选定目标车内温度，并由显示屏显示
2	A/C 开关	按下 A/C 开关，将接通电磁离合器电路。反之，压缩机不可能工作
3	AUTO（自动运行）开关	一旦按下，压缩机、进气门、调温门、模式门、鼓风机转速均由 ECU 自动控制。由系统将车内温度控制在操作者所选择设定的温度。一旦达到所选的车内温度，鼓风机将以最低转速运转，万一温度变化，会自动改变鼓风机转速及调温门的开启位置
4	除霜按钮	按下除霜开关，将模式门定于除雾位置，内外气比例门自动外于新鲜空气位置，外部空气在 2℃以上时，压缩机才会起动
5	温度显示屏	显示驾驶人设定的温度，可进行摄氏与华氏温度转换
6	鼓风机转速显示屏	显示鼓风机转速，单位：r/min

（续）

序号	开关名称	开关功能
7—9	气流分配按钮	按下相应按钮，气流按选定出口吹出：吹脸、吹脚、吹除霜、双风口等。↑为气流导向车窗或吹脸；↓为气流导向脚部；■为双风口出风，即气流导向驾驶室前排气口和中央控制台后部
10	内外循环按钮	按下内外循环按钮，实现内外循环通风模式转换
11	鼓风机调整按钮	通过两个按钮调节鼓风机转速，并由显示屏显示
12	ECON（经济模式）开关	压缩机不运转的全自动控制。如果设定的温度高于车外的温度时，系统会将车内温度控制在目标温度值；如果设定的温度低于车外的温度时，系统会使鼓风机自动运转，但压缩机不工作，即不会制冷与除湿

3. 控制系统的基本组成

微机控制空调系统主要由传感器、执行器和空调 ECU 三部分组成，如图 5-32 所示。

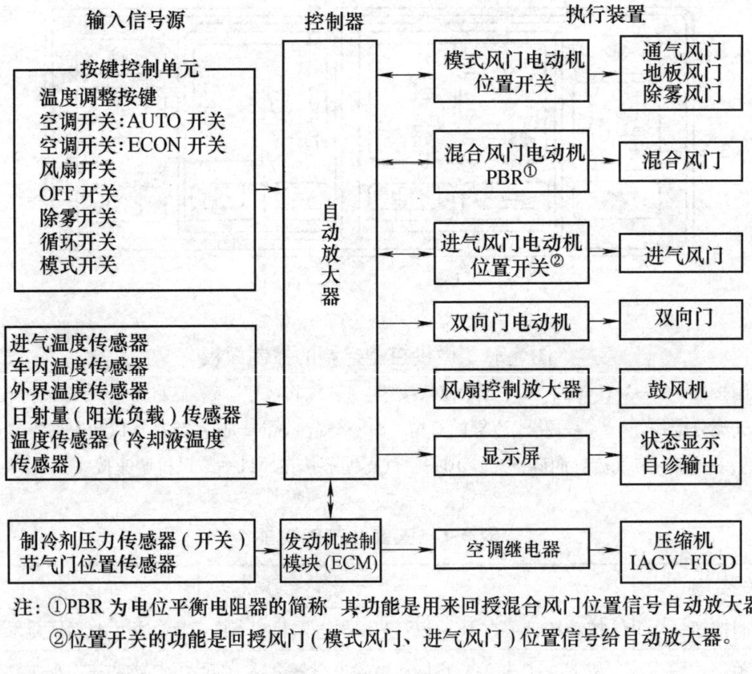

注：①PBR 为电位平衡电阻器的简称 其功能是用来回授混合风门位置信号自动放大器。
②位置开关的功能是回授风门（模式风门、进气风门）位置信号给自动放大器。

图 5-32 微机控制的空调系统组成

（1）传感器　空调的传感器主要包括车内温度传感器（装在仪表板下）、环境温度传感器（也称车外温度传感器，装在前保险杠下、散热器前或发动机室车内空气进口处）、日光照射传感器（装在前风窗玻璃下、仪表板上）、冷却液温度传感器（装在暖气芯片水管处）、空气质量传感器、烟雾传感器等。

主要传感器的功用见表 5-2。

表 5-2 主要传感器的功用

序号	传感器名称	传感器功用
1	车内温度传感器	①确定混合门位置；②确定鼓风机转速；③确定进气门位置；④确定模式门位置
2	车外温度传感器	①确定混合门位置；②确定鼓风机转速；③确定进气门位置；④确定模式门位置；⑤控制压缩机
3	阳光照射传感器	①修正混合门位置；②修正鼓风机转速
4	蒸发器温度传感器	防止蒸发器结霜
5	出风口温度传感器	若出风口温度大于理论温度，则 ECU 修正混合门位置：向冷处移动
6	车速信号	用来控制鼓风机转速。车速越高，鼓风机转速越低（噪声与恒温控制）；若接收不到车速信号，则鼓风机肯定会转，但不随车速而变化——无调节车内温度的功能（出风口温度、鼓风机风量）
7	刮水信号	雨天自动除霜雾。即 ECU 收到刮水信号时，先吹脸 30min，再吹玻璃 30s；若 ECU 收不到刮水开关信号时，则不能自动除霜雾（但驾驶人可在玻璃上有霜雾时手动除霜雾）
8	发动机转速传感器	①无发动机转速信号则发动机不能发动，压缩机不能工作；②发动机转速信号、压缩机转速信号共同检测压缩机传动带是否打滑，若打滑则切断压缩机，防止传动带断裂
9	空气质量传感器	灰尘过大时，切断外循环空气。即空气质量传感器损坏，而车外尘土飞扬时，无法切断外循环——即阻止不了外部带灰门的空气进入

（2）空调 ECU　空调 ECU 是空调系统的核心，包括硬件系统和软件系统，如图 5-33 所示。

空调 ECU 接受人工设定数据及各种传感器传来的数据，进行存储、计算、分析、判断后，向各执行器发出相应指令，各执行机构完成各自相应的工作，从而控制温度、湿度、风速、风向等各种参数，实现空调的制冷、制热、通风、净化、去湿、除霜等功能。

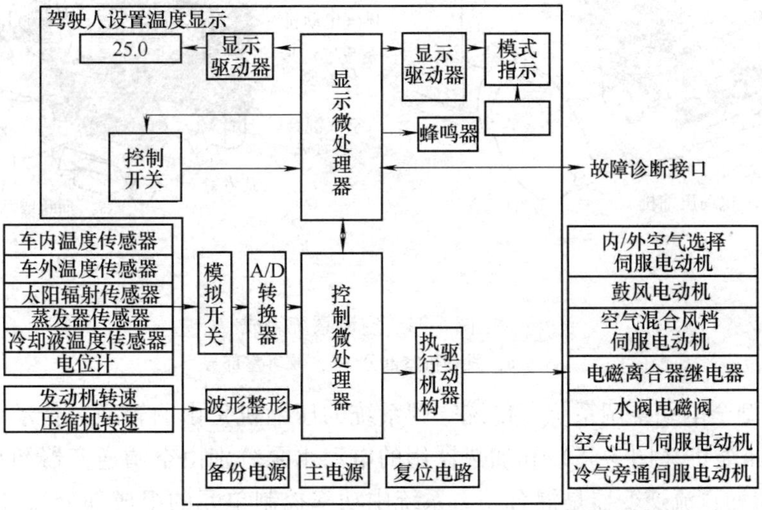

图 5-33 空调 ECU 系统

（3）执行机构　空调的执行机构包括鼓风机电动机、压缩机电磁离合器、热水阀，以及内外气比例门、冷热气比例门（调温门）、出风模式门对应的电动机。各种警告灯（如制冷剂压力异常警告灯、冷却液温度异常警告灯）、故障诊断插口也属于执行器。

主要执行器的功能见表5-3。

表5-3　主要执行器的功能

序　号	执 行 器	功　能
1	电磁离合器	实现发动机和压缩机的连接和切断。通则制冷，断则不制冷
2	调温门电动机	改变调温门的位置，从而改变出风口气流温度
3	进气门电动机	控制内外气比例门的位置，从而控制进入车内新鲜空气的比例
4	模式门电动机	控制出风门的开启组合，实现不同的出风方式
5	鼓风机电动机	改变鼓风机转速，从而实现热量交换所需的速度

第五节　新型空调系统

一、新型全电动汽车空调

新型全电动空调系统主要应用在混合动力车型、电动汽车等车型中，主要部件有冷凝器、压缩机、空调（A/C）逆变器、蒸发器、加热器和鼓风机等，如图5-34所示。

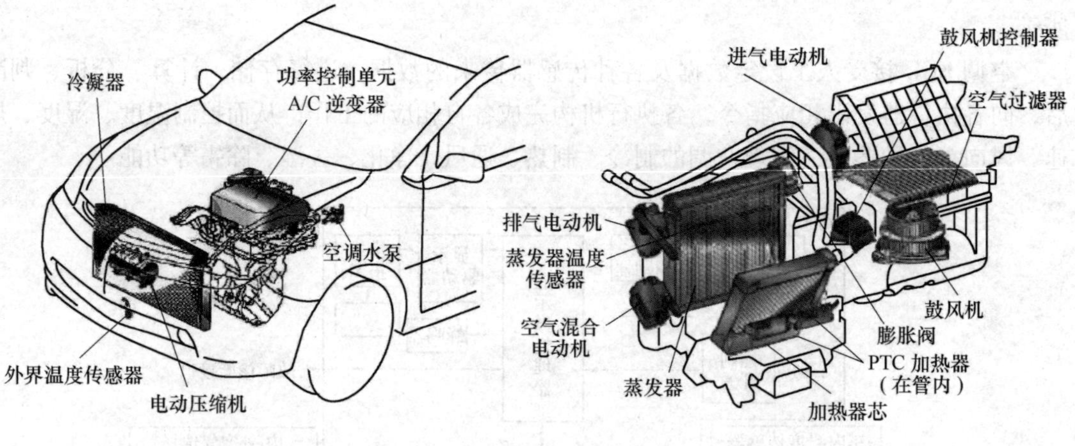

图5-34　空调系统组成
a）发动机室部分　b）乘客室部分

（1）新型全电动空调系统　传统空调系统的压缩机是由曲轴通过传动带驱动的，而电动轿车空调压缩机（图5-35）和加热器用的电动水泵分别由空调逆变器和直流逆变器驱动（空调逆变器和直流逆变器是混合动力系统中功率控制单元的组成部分），因此电动轿车的空调系统不依靠发动机的运转而工作。该系统有下列优点：

① 空调与发动机的运转各自独立，空调的运转不会降低汽车的行驶性能。

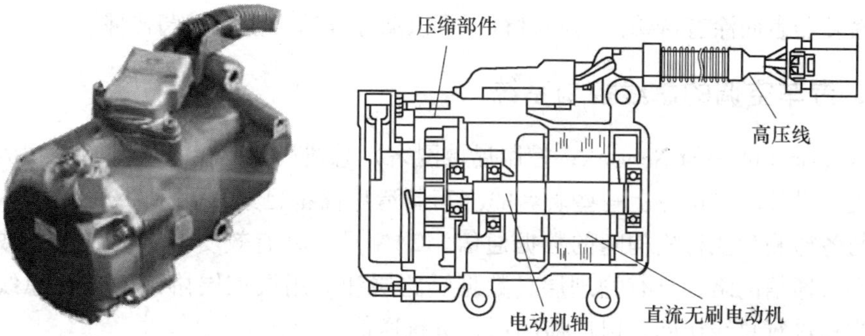

图 5-35 电动压缩机

② 电动水泵能够在发动机熄火后向加热器供热。

③ 即使发动机熄火，空调也能发挥最大效率。

④ 实际油耗下降 20%。

电动轿车的电动压缩机比传统的电动压缩机体积小 40%，质量小 50%，所以可以将压缩机直接安装在发动机上。

（2）多功能自动空调控制 电动空调系统能够自动控制鼓风机的排气温度和鼓风机转速。此外，还可选择最合适的排气口，给乘客舒适的温度调节。

（3）湿度传感器 湿度传感器可提供乘客室的湿度信息，空调系统据此优化除湿过程，从而减少压缩机的动力消耗，并且可以防止汽车室内空气过于干燥。

（4）非线性模糊控制 选择自动控制模式时，空调系统采用模糊控制方法确定鼓风机的排气温度和排风量。对于传统的自动空调系统，空调电控单元根据预先方案和传感器的输入信号决定排气温度。电动轿车空调系统的模糊控制根据各自的数学模型分别决定理想的温度偏差、环境温度和日光照射等，利用模糊算法确定所需的鼓风机排气温度和排风量。

（5）先进的控制仪表 空调控制开关采用触摸式显示屏，如图 5-36 所示。驾驶人也可以使用转向盘上的开关操控空调系统，可以控制的项目有：温度、自动运行、选择新鲜空气或车内空气循环、前/后窗除雾等。

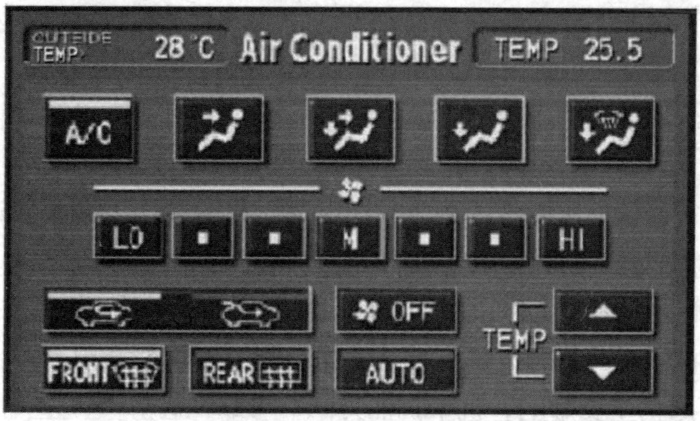

图 5-36 触摸式显示屏

（6）其他特点　空气过滤器安装在鼓风机进气入口，用于清除空气中的灰尘和花粉。空调的蒸发器表面涂有特殊的防菌材料，可以清除异味和防止细菌传播。

二、汽车空调的总线控制系统

CAN（Control Area Network，控制局域网络）总线最初是由德国博世公司为汽车内部的监控系统而设计的，世界上一些著名的汽车制造厂商都已经采用CAN总线实现汽车内部控制系统与各检测和执行机构间的数据通信。CAN是一种有效支持分布式控制或实时控制的总线式串行通信网络，具有物理层、数据链路层和应用层三层协议。CAN总线各节点之间依据优先权进行总线访问，以广播的形式进行通信。

1. CAN总线概述

车内通信网络种类很多，美国汽车工程师协会（SAE）将车内通信网络分成四类，见表5-4。

表5-4　车内通信网络分类

网络类别	速　度	应　用
A类	<10kbit/s低速	提高方便性的应用，如车身电子，包括车灯、车窗车门的控制，电动后视镜的调整等
B类	10~125kbit/s中速	一般信息传递，如车内气候控制，包括空调和加热单元等
C类	125kbit/s~1Mbit/s高速	实时控制，如动力总成
D类	>1Mbit/s	多媒体应用，如Internet，数字电视硬件实时功能，如X-by-wire应用

（1）CAN总线主要特点

1）CAN的直接通信距离最远可达10km（速率5kbit/s以下），通信速率最高可达1Mbit/s（此时通信距离最长为40m）。

2）CAN的通信介质可以是双绞线、同轴电缆或光纤，选择灵活。

3）CAN为多主方式工作，网络上任意节点均可在任意时刻主动地向网络上其他节点发送信息，而不分主从，通信方式灵活，且无需站地址等节点信息，利用这一特点可方便地构成多机备份系统。

4）CAN采用非破坏性总线仲裁技术，当多个节点同时向总线发送信息时，优先级较低的节点会主动地退出发送，而最高优先级的节点可不受影响地继续传输数据，从而大大节省了总线冲突仲裁时间。

5）CAN只需通过报文滤波即可实现点对点、一点对多点及全局广播等几种方式传送接收数据，无用专门的“调度”。

6）CAN上的节点数主要取决于总线驱动电路，目前可达110个，标准帧报文标识符有11个，而扩展帧的报文标识符的个数几乎不受限制。

7）CAN的每帧信息都有CRC校验及其他检错措施，保证了数据出错率极低。

8）CAN节点在错误严重时，具有自动关闭功能，以切断该节点与总线的联系，使总线上的其他节点及其通信不受影响，抗干扰能力强，可靠性高。

（2）CAN总线结构　CAN总线是一种串行多主站控制器局域网总线，它具有很高的网络安全性、通信可靠性和实时性，且简单实用，网络成本低，特别适用于汽车微机控制系统。

汽车微机控制系统电控单元与 CAN 总线接线如图 5-37 所示。

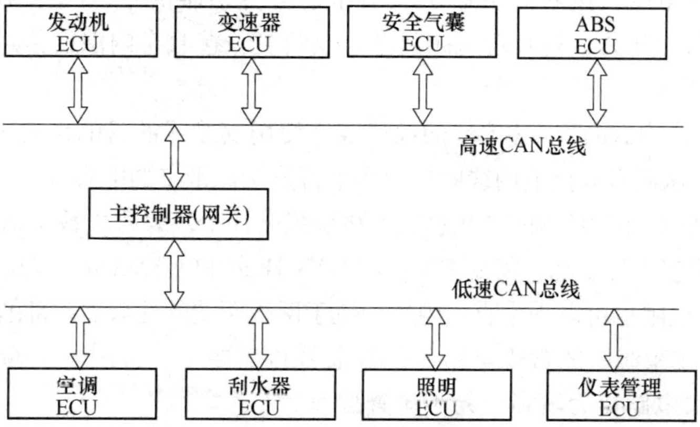

图 5-37 汽车 CAN 总线拓扑结构

2. 汽车空调 CAN 总线介绍

汽车空调系统的 CAN 总线电路控制原理和工作方式如下。

（1）空调 CAN 总线网络 整车空调 CAN 控制系统由以下硬件组成：仪表台区域的控制面板（内设处理器），简称 U1；大顶左侧空调控制处理器，简称 U3；大顶右侧空调控制处理器，简称 U4；尾部空调控制处理器，简称 U2；连接上述 U1、U2、U3、U4 间的 CAN 线，其结构简图如图 5-38 所示。

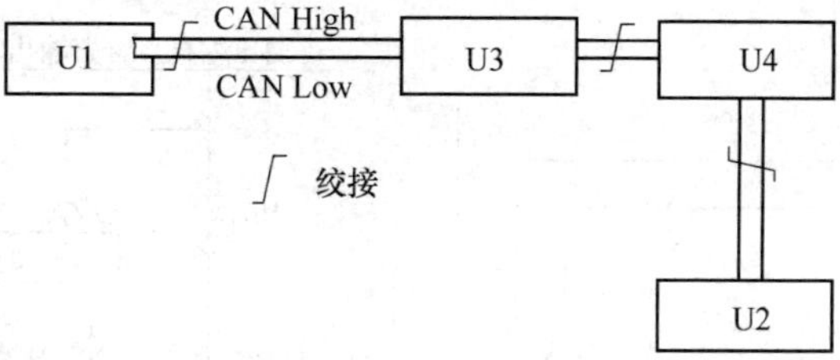

图 5-38 空调 CAN 总线网络简图

1）U1 作为主控制器，主要功能是按照使用者设定的工作指令进行内部程序运算，并通过 CAN 线分别向 U2、U3、U4 发出相应指令。同时，U1 还负责处理其他控制功能（如控制车前部前冷暖型除霜器、车前部新风等）。另外，在实际工作中，U1 还要收集各种信号，包括车外温度信号（U1 直接连接有车外温度探头）和由 U2、U3、U4 传送过来的其他部位的温度信号、工作信号、故障信号等，不断地对空调状态进行修正。U1 还内置有整个空调系统的自检程序，用于检测系统各部件的工作状态。

2）U2 主要控制空调压缩机离合器的通停，并控制水暖加热器系统的其他功能。

需要指出的是，U2、U3、U4 内部固化有 CAN 网络数据的解码器，更多的是执行和收集信号功能，从这个功能角度讲它们更像人体的四肢。而 U1 内置有可改编的复杂程序，是各种控制命令的发出者和自检程序的控制中枢，更像一个人的大脑，这是与 U2、U3、U4 的本质区别。

3）U3、U4 分别控制空调大顶部位左右侧的元器件。其中 U3 控制左侧蒸发器风机、左侧新风阀门开合及角度，接收蒸发器防风结冰报警传感器信号；U4 控制右侧蒸发器风机、冷媒管路电控切断阀开关、右侧新风阀门开合及角度，接收车内温度传感器信号和冷风道内温度传感器信号。

4）CAN 数据线为截面积 1.0 mm 的绞接线。使用绞接线的目的是通过绞接，让电线相互间形成电感效应，从而有效抵消两线间长距离平行连接而带来的电容效应，这样可保障数据信号尽可能小地被衰减。同时，在 CAN 总线电路系统设计中，为防止数据信号在 CAN 回路中产生激荡，使系统响应出现紊乱，需要在 CAN（CAN High 和 CAN Low）两线之间的两端各并联一个 120Ω 电阻。电阻也可以采用直接内置到位于网络两端的处理器内部的方式并联。

（2）CAN 总线系统中的常规电路　CAN 总线也需要结合常规电路设计，以增加其灵活、可靠性，同时使得电路更为清晰，易于排查故障。

1）冷凝器风机控制电路。由于空调冷凝器风机风速只受顶棚上制冷管路压力开关的控制（高压时风机全速，低压时减半），因此为简化设计，压力开关信号没有再经处理器（U3）处理，而是直接与两档继电器相连，如图 5-39 所示。

2）压缩机离合器的控制电路。压缩机离合器的控制电路增加了常规的继电器，从而实现空调高、低压报警指示功能。动作过程如下：当 U2 发出压缩机离合器吸合信号后，通过高低压开关，使压缩机离合器开关接通，并将信号反馈给 U2，继电器同时吸合，仪表警告灯不亮；当 U2 发出压缩机离合器吸合信号，但制冷管路高压开关过高断开，或低压开关过低断开时，继电器不吸合，仪表警告灯亮，提示制冷剂压力不正常，电路如图 5-40 所示。

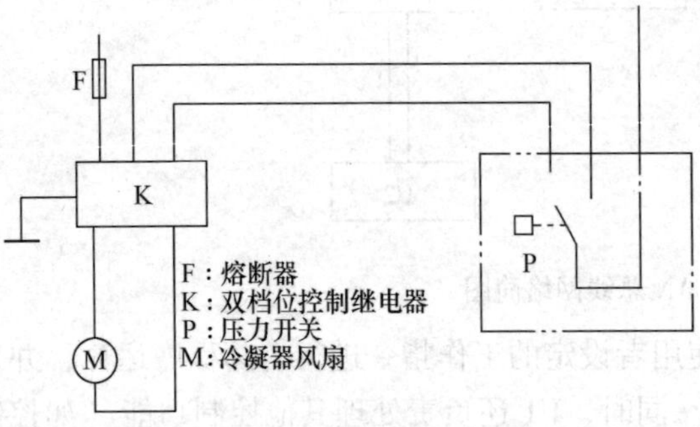

图 5-39　空调冷凝器风机控制电路简图

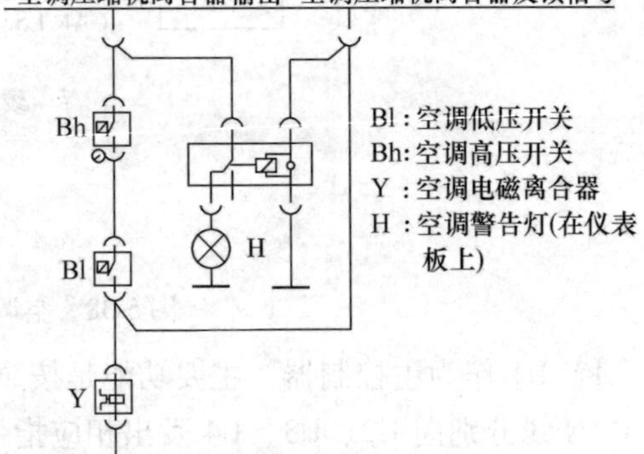

图 5-40　空调压缩机控制电路

实际使用表明，该报警功能可有效跟踪空调高低压管路压力异常变化情况，便于分析排查故障。

（3）空调运行程序　内置可编程程序是 CAN 总线空调系统的特点，程序主要有以下作用。

1）控制空调运行。在空调运行中，U1 不断收集各种数据，进行对比计算，调节空调工作状态，以营造最佳车内气候环境。现以空调顶棚新风风板的程序控制为例介绍。

系统首先判别控制面板上设定的是自动控制状态还是强制循环风状态。

自动控制状态：

判断车内供电及发动机工作状态。

① 车内断电状态：此时新风风板关闭，车内处于全内循环风状态。

② ON 档或发动机工作状态：此时根据采样的温度信号按以下公式进行计算：

$$T_S < T_d - 2K \text{ 并且 } T_a < T_r - 3K$$

式中：T_s是目标设定温度（通过 U1 面板设定）；T_d是空调冷风道内温度（U4 将与自己连接的冷风道内传感器的信号数据通过 CAN 线传给 U1）；T_a是车外温度（U1 通过与自己相连的车外温度传感器获得数据）；T_r是车内温度（U4 将与自己连接的车内传感器的信号数据通过 CAN 线传给 U1）。

如果满足公式要求，U1 就发出指令，使 U3、U4 分别控制自己一侧的新风风板打开；如不满足条件新风板关闭，车内处于内循环风状态。

强制循环风状态（用户操纵，按下循环风键）：

此时车内处于全内循环风状态，15min 后再次进入自动控制状态，并重新进行自动控制状态和强制循环风状态的判断。

2）电器系统调试。CAN 总线系统提供有检测整车电气系统的测试程序，可供以下三种方式调用。

空调电气的系统自检：

进入自动系统自检状态后，程序首先判别系统的型号，并相应逐步调入各部位器件的检测程序进行自检。整个系统自检时间需要 15min。检测结束后在 U1 上显示正常或故障码。

程序自检的本质就是对相应部件发出相应的启动信号，并根据反馈信号来判断其状态是否正常。对于不同性质的元器件有不同的处理方式：

① 对于本身自带反馈信号的部件，可根据反馈信号进行判断。如控制阀门的检测项目，博世公司带电阻反馈的电动机阀门，程序系统可有效地根据反馈的阻值信号，判断风机阀门的旋转角度是否符合设定要求。

② 对于受外界条件限制的工作器件，当系统无法启动时，初步判断为良性故障。如供暖只有在一定温度下才能激活，系统仍然反馈故障码。

单件检测：单件检测是指调出只对单个电气部件的检测程序单独检测。这只对于无反馈信号电器件具有特别意义。如运行制冷管路电控切断阀的检测程序，程序执行打开阀门的信号。阀门是否打开，需要听阀门的工作响声。而对于整个空调系统中的 7 个温度传感器，则可以非常方便地随时调出温度数据。

微机数据传送：U1 留有与微机相连的数据接口。这样一方面通过数据接口，微机可以直接对 U1 进行编程，并查找故障；另一方面，微机通过特定界面，可以实时显示记录各种部件的工作情况，并可存储为图表文件（如温度随时间的变化曲线图）进行打印。

第六节　汽车空调的故障诊断

一、汽车空调制冷系统检修的基本操作

汽车空调制冷系统检修的基本操作一般包括制冷系统工作压力的检测、制冷系统的检

漏、从制冷系统内放出制冷剂、抽真空、加注和补充制冷剂、加注和补充冷冻液等。

1. 制冷系统工作压力的检测

要了解汽车空调制冷系统工作循环进行的情况，必须测量制冷系统工作时高压侧和低压侧的压力。制冷系统工作压力的检测方法如下：

1）将歧管压力计正确连接到制冷系统相应的检修阀上，如果是手动检修阀上，应使阀处于中位。

2）关闭歧管压力计上的两个手动截止阀。

3）用手拧松歧管压力计上高低压注入软管的连接螺母，让系统内的制冷剂将高低压注入软管内的空气排出，然后再将连接螺母拧紧。

4）起动发动机并使发动机转速保持在1000～1500r/min，然后打开空调 A/C 开关和鼓风机开关，设置到空调最大制冷状态，鼓风机高速运转，温度调节在最冷。

5）关闭车门、车窗和发动机室盖，使发动机预热。

6）把温度计插进中间出风口并观察空气温度，在外界温度为27℃时，运行5min后出风温度应接近于7℃。

7）观察高低侧压力，压缩机的吸气压力应为207Pa～24kPa。压缩机的排气压力应为1103～1633kPa，应当注意，外界高温高湿将造成高温高压的条件。如果离合器工作，在离合器分离之前记录下数值。

8）如果压力异常，可按表5-5进行检修。

表5-5　制冷系统的压力检修

异常现象	原　因	检　修
低压侧压力低 高压侧压力高	1. 膨胀阀损坏 2. 制冷剂软管堵塞 3. 储液干燥器堵塞 4. 冷凝器堵塞	1. 更换膨胀阀 2. 检查软管有无死弯，必要时更换 3. 更换储液干燥器 4. 更换冷凝器
高低压侧压力正常 （冷量不足）	1. 系统中有空气 2. 系统中油过量	1. 抽空、检漏并充注系统 2. 排放并抽油，恢复正常油位，抽空检漏并充注系统
低压侧压力低 高压侧压力低	1. 系统制冷剂不足 2. 膨胀阀堵塞	1. 抽空、检漏并充注系统 2. 更换膨胀阀
低压侧压力高 高压侧压力低	1. 压缩机内部磨损渗漏 2. 缸盖密封垫泄漏 3. 压缩机传动带打滑	1. 拆下压缩机缸盖，检查压缩机，必要时更换阀板总成。如果压缩机堵塞或缸体磨损或损伤，更换压缩机 2. 更换缸盖密封垫 3. 调整传动带张力
低压侧压力高 高压侧压力高	1. 冷凝器翅片堵塞 2. 系统中有空气 3. 风扇传动带松或磨损 4. 制冷剂充注过量	1. 清扫冷凝器翅片 2. 抽空、检漏并充注系统 3. 调整或更换传动带 4. 释放一些制冷剂

2. 制冷剂充注程序

对于新安装的汽车空调制冷系统，因修理或更换制冷系统零部件而放空后的制冷系统在完成安装或维修作业后要重新充注制冷剂，一般可按下述步骤或程序进行，如图5-41所示。

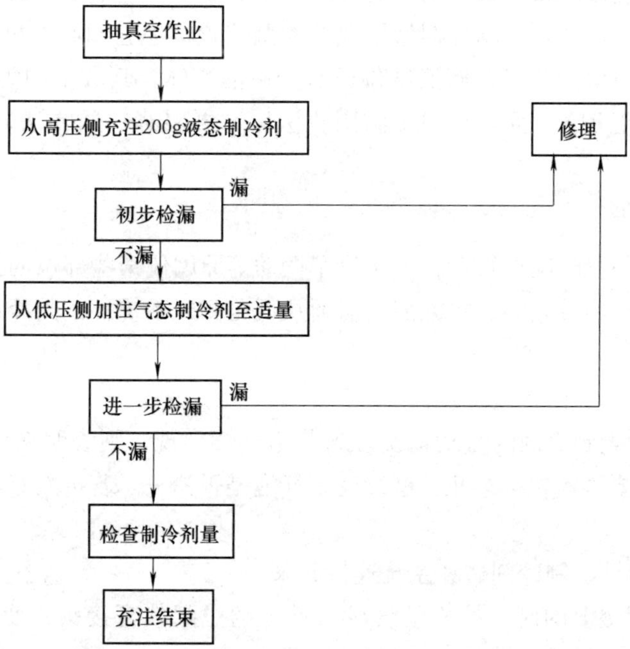

图5-41 制冷剂充注步骤

可以看出，制冷剂的充注包括抽真空作业、检漏作业、从高压侧充注液态制冷剂、从低压侧充注气态制冷剂和检查制冷剂量五项基本作业。

3. 从制冷系统内放出制冷剂

排放制冷剂时，周围环境一定要通风良好，不能接近明火，否则会产生有毒气体。制冷剂排放的具体操作步骤如下：

1）关闭歧管压力计上的手动高、低压阀，并将其高、低压软管分别接在压缩机高、低压检修阀上，将中间软管的自由端放在干净的软布上。

2）慢慢打开手动高压阀，让制冷剂从中间软管布上排出，阀门不能开得太大，否则压缩机内的冷冻液会随制冷剂流出。

3）当压力表读数降到0.35MPa以下时，再慢慢打开手动低压阀，使制冷剂从高低压两侧同时排出。

4）观察压力表读数，随着压力下降，逐渐开大手动高、低压阀，直至低压表的读数指到零为止。

4. 制冷剂回收

一般制冷剂采用压缩冷凝法进行回收，它的工作原理基本上与蒸气压缩式制冷机的制冷循环相同。制冷剂回收方法按照目的的不同可分以下几种：

（1）加压回收法　空调制冷装置中制冷剂被制冷压缩机排出的高压蒸气加压，利用被回收设备与回收容器之间的压差，把制冷剂回收到回收容器内。此外，也可以把氮气输入到被回收设备中，利用有压氮气将制冷剂压入回收容器中。

（2）降温回收法　它是利用制冷机或其他冷源来降低回收容器的温度，随之也降低了回收容器的压力，使被回收设备的制冷剂液体在压差推动下，流入回收容器。制冷剂降温回收法回收速度快，尤其适合于制冷剂量较大的大型装置，但它回收净度不及蒸气回收法高。被回收装置不仅有残留的蒸气，储液部位还有残留的液体，其数量约为5%～6%（数量的多少取决周围环境温度），所以来用降温回收法后，再用蒸气回收法回收，可提高回收的净度。

5. 制冷剂的补充

汽车空调经过一段时间运行后，由于汽车振动等原因使某些部位的接头松动，制冷剂泄漏，制冷效果变差。经过查漏、排漏后，需要从低压侧向系统补充制冷剂。其具体操作步骤如下：

① 开动汽车空调，使其运转几分钟。

② 从视液窗检查制冷剂的流动情况。若气泡连续出现，则表明系统内缺少制冷剂。若气泡间断出现，需要再运转一会儿，继续观察气泡是否消失。若仍然有气泡，就表明该系统缺少制冷剂。

③ 将歧管压力计、制冷剂罐和系统连接起来。

④ 打开制冷剂罐上的阀，拧松歧管压力计上的中间软膏接头，使制冷剂放出几秒钟，然后拧紧接头。

⑤ 关闭手动高压阀，将制冷剂钢瓶直立，起动发动机，接合压缩机运转，打开手动低压阀，让气态制冷剂从低压侧吸入压缩机，待达到规定量时，关闭手动低压阀和制冷剂罐开关阀。

⑥ 从系统上卸下歧管压力计和制冷剂罐。

6. 冷冻液的加注

添加冷冻液可用以下两种方法：

① 直接加入法：将冷冻液按标准称好或用洁净的量杯量好，直接倒入压缩机内。这种方法只在更换蒸发器、冷凝器和储液干燥器时可以采用。

注意：若将冷冻液直接倒入压缩机时，最好倒入高压管中。若从低压管中倒入时，必须手动将压缩机转动几圈，以免发生液击现象。

② 真空吸入法：真空吸入法是先将系统抽真空到98kPa，用带有刻度的量杯准备比需要补充量多一些的冷冻液，然后开始加冷冻液，之后再抽真空。表5-6为更换部件时的冷冻液补充量。

表5-6　更换部件时的冷冻液补充量

更换的零部件	现　象	冷冻液补充量/mL
冷凝器	1. 无渗漏油迹 2. 有大量渗漏油迹	10～30 40～60

（续）

更换的零部件	现　　象	冷冻液补充量/mL
蒸发器		40～50
储液干燥器		10～20
制冷管路	1. 无渗漏油迹 2. 有大量渗漏油迹	不加 10～20
系统漏气	1. 无渗漏油迹 2. 有大量渗漏油迹	不加 10～20

真空吸入法操作程序如下：先对系统抽真空，之后关闭真空泵和高低压手动阀；将所要加注的冷冻液放入量杯中；按图5-42所示连接整个系统，即将低压软管从压力计一端卸下并插入冷冻液中，高压软管仍接高压检修阀，中间软管仍接真空泵；开启真空泵，打开高压手动阀，冷冻液便被徐徐吸入压缩机中。此时，冷冻液在高压侧，系统运转后，冷冻液就返回压缩机。加注完毕后，关闭真空泵及高压手动阀。

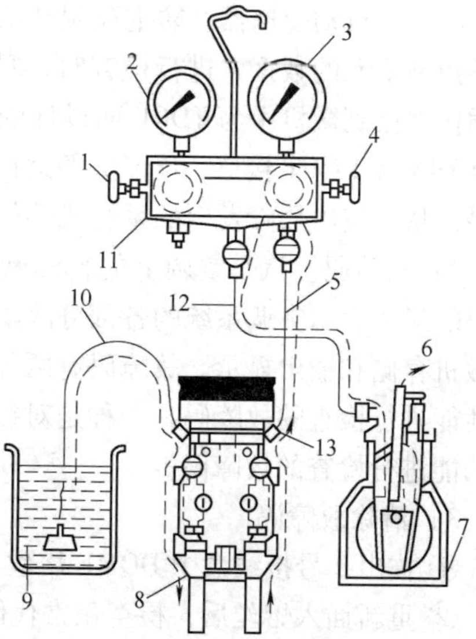

图5-42　添加冷冻液

1—手动低压阀手柄　2—低压表　3—高压表　4—手动高压阀手柄　5—高压侧软管　6—排气口　7—真空泵　8—压缩机　9—油杯　10—低压侧软管　11—歧管压力计　12—中间软管　13—检修阀

二、自诊断系统

1. 自诊断系统

（1）带自诊断系统的空调故障排除程序

1）用户故障分析。在汽车进行检测时，应该向用户详细了解出现的故障情况。例如：

① 风量控制不良。其中包括如下情况：送风电动机不转、送风量不能调节。

② 温度控制失控。其现象包括如下几种：温度不降低、不升高或者降低升高缓慢。

③ 进气控制失控。只有车外空气送入，或只有车内空气循环。

④ 通风控制失控。选择功能键后，送出来的空调风不是按键上所要求的风门和温度调配后送出。

2）检查和清除故障码。微机控制的汽车空调可以将故障以故障码的形式储存在存储器中，所以在听了用户的报修情况后，应首先依靠微机的诊断功能，将存储在微机中的故障码取出来，然后将储存的故障码从微机中清除。

3）分析和确认故障及故障部件。通过用户调查和利用微机的故障码检查，对可能的故障作进一步的分析；随后还应起动空调系统，对用户的报修进行故障模拟检查，并观察、触摸、查漏、检测温度和风量，进行综合性考察，以初步判断故障种类和位置。

4）根据故障码，依次检测传感器和故障码所代表的电路、配线、接头、控制器。

5）根据确诊的故障，再检测无故障码的电路、配线、接头和控制器。

6）修理或更换故障发生部件的零部件。

7）试验。

检测结束后，不但要确认故障确已消除，而且还要再进行故障码和执行器检查，空调高、低制冷剂压力检查，空调空气温度调配检查等。

（2）非 OBD-Ⅱ的车载自诊断系统应用方法

1）诊断通信连接器（TDCL）和检查插接器。丰田雷克萨斯轿车空调系统诊断通信插接器（TDCL）的外形如图 5-43 所示，TDCL 设在仪表板左侧，能接收来自发动机、自动变速器、防抱死制动系统、空调系统等电子控制单元的数据。进行检查时，只要把 TDCL 和检查插接器接到微机中为 TDCL 而设计的监控器接口，即接至 DIN 和 DOUT 接口，便能方便地读出各系统的诊断结果，从而找出故障发生的系统或部位。

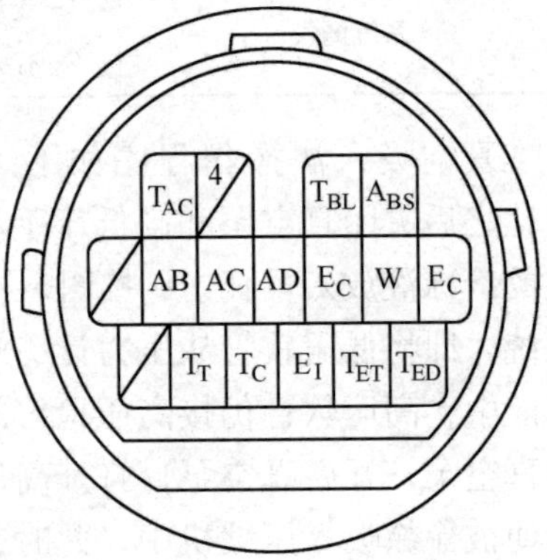

图 5-43　诊断通信插接器外形

2）故障码。汽车空调上的自诊断系统，用数字故障码的形式表示空调系统的各部分故障，并将故障码输入微机存储和输出显示。故障码有两种，一种是对传感器性能进行检查的故障码，一种是对控制板上各种控制键功能进行检查的故障码。

3）清除故障码

① 拔出 2 号接线盒中 DOME 熔丝 10s 以上，清除存储其中的故障码。

② 重新插入熔丝后，检查正常代码输出。

2. 微机控制空调系统故障诊断与排除

微机控制空调系统常见故障主要有：不能进行暖风、冷风切换；制冷不足；温度不稳；空调系统不工作以及吹出的空气过冷或过热等。

1）拨动汽车空调转换开关，不能进行暖风、冷风转换。该故障主要是由真空管脱落或扭曲，不能打开或关闭热水阀。因此就不能进行暖风、冷风工况转换。应重新更换或调整真空管路。

2）汽车空调在供暖工况时会吹出冷风。

① 混合调温风门联动机构脱落或调整不当，关闭或只是微开通往加热器的通道、无空气或仅少量空气通过加热器，结果吹出的是冷风而不是暖风。此时应重新调整混合调温风门。

② 真空软管松脱或扭曲，无真空流到热水阀真空电动机上，热水阀不能开启，无热水进入加热器，因此，吹出的是冷风。此时应调整或更换真空软管。

3）空调系统工作时温度不稳定。

① 温度控制器失灵，应更换温度控制器。

② 真空软管松脱或扭曲，使混合调温风门无法正常工作。

③ 温度控制线路接触不好，应重新接好各线路。

4）汽车空调工作时各出风口温度相差很大。

① 各出风口有异物堵塞，应清除风口堵塞物。

② 各出风口开启度不一致，应重新调整出风口的开度使其均匀一致。

③ 真空电动机的软管被挤压，应重新调整真空软管使其不受压，真空传递准确。

5）汽车空调工作时吹出的空气过冷或过热。这主要是由于混合调温风门的联动机构调整不当，导致该风门开得过大，使流过加热器的空气量过多而吹出的空气过热，或者风门开得过小使吹出的空气过冷，因此，需要重新调整联动机构。

6）汽车空调功能调节杆放在任何位置都是最大空调量：

① 真空软管松脱或扭曲，应重新调整或更换真空软管。

② 温度控制电路故障，应检查温度控制电路，更换损坏的控制元件。

③ 各调节键控制开关故障，应更换控制开关。

7）自动空调制冷不足。

① 真空管接头松脱或漏气，应重新接好或修理管接头。

② 真空电动机损坏，应更换真空电动机。

③ 真空控制阀损坏，应更换控制阀。

④ 压缩机制冷效率下降，应修理或更换压缩机。

⑤ 蒸发器送风量不足，应检查风机转速是否达到要求，重新调整风机转速。

⑥ 制冷剂不足，应检查系统泄漏处，修复后抽真空灌注制冷剂。

⑦ 车身、车窗密封性差，外界热空气进入车室内，应改善车身、车窗的密封效果。

8）自动空调在供冷时会送出暖风。

① 混合调温风门机构故障，应修理或更换。

② 程序控制板故障，应检修控制板。

③ 真空软管损坏，应更换真空软管。

④ 控制开关故障，应修理或个别更换控制开关。

9）自动空调压缩机在4℃以下仍然运行。

① 离合器粘连或咬合无法脱开，应更换离合器。

② 电磁离合器短路，应更换离合器绕组。

③ 车外测温电路故障，应检查测温电路。

④ 温度控制器故障，应修理或更换温度控制器。

⑤ 感温电阻失灵，应更换感温电阻。

10）自动空调冷风机不运转。

① 熔丝熔断，应查明原因后更换熔丝。

② 程序开关失灵，应更换程序开关。

③ 风机有故障，应更换风机。

④ 风机导线接触不好，应重新接好导线。

⑤ 风机电阻或电刷失灵，应修理或更换。

11）自动空调制冷或供暖时送风机只能低速运转。

① 继电器失灵，应更换继电器。

② 自动继电器接头松脱，应重新接好其接头。

③ 送风机电动机故障，应修理或更换电动机。

④ 风机转速控制开关故障，应修理或更换风机转速控制开关。

12）自动空调送风机、压缩机都不工作。

① 熔丝烧断，应查明原因换上规定的熔丝。

② 控制电路断开，应更新接好电路。

③ 风机有故障，应修理或更换。

④ 压缩机离合器有故障，应修理或更换。

⑤ 操作开关损坏，应更换操作开关。

13）当气温高于4℃时，自动空调的压缩机仍不工作。

① 压缩机粘连咬死，应修理或更换压缩机。

② 压缩机传动带过松，应张紧或更换压缩机传动带。

③ 控制开关失灵，应更换控制开关。

④ 控制线路松脱，应重新接好。

⑤ 电磁离合器线圈断路，应重新接好线圈。

⑥ 车外测温保护开关接头松脱或失灵，应重新接好或更换。

3. CAN 总线系统的常见故障

CAN 总线上常见的通信故障可能有：CAN-L 或 CAN-H 通信线短路或断路；插接器连接不良（端子损坏、脏污、锈蚀）；车用电源系统中的故障；某个控制单元中的通信部件故障；某个控制单元的供电故障（当蓄电池电量快耗尽时或蓄电池电压缓慢下降可能导致故障记录存储）。

（1）CAN 总线系统的检测

1）电阻测量。为了避免信号反射，在两个 CAN 总线上连接着电阻值各为 120Ω 的终端电阻，两个终端电阻并联形成一个 60Ω 的等效电阻，在电源电压关闭时可以测量该等效电阻。此外，单个电阻可以各自分开测量。测量 60Ω 等效电阻的方法是：将一个容易触及的控制单元从总线上拆下，然后测量 CAN-L 和 CAN-H 间的电阻。

电阻测量过程中应注意：先断开车辆蓄电池的接线，大约等待 3 min，直到系统中所有的电容器放完电后再测量，因为控制单元内部电路的电阻是变化的；在 K-CAN 总线上可以进行未定义的电阻测量。

2）电压测量。检测的前提是蓄电池已连接且点火开关接通。为了确定 CAN-L 或 CAN-H 导线是否损坏，可测量 CAN-L（或 CAN-H）的对地电压。PT-CAN 的 CAN-L 对地电压大约为2.4V，CAN-H 对地电压大约为2.6 V；K-CAN 的 CAN-L 对地电压大约为4.8V，CAN-H 对地电压大约为0.2V。这些值根据总线负载可能有大约 100mV 的偏差。

（2）CAN 总线的失效与诊断

1）总线的失效。K-CAN 或 PT-CAN 总线的失效原因可能是 CAN-L 或 CAN-H 导线短路或某个控制单元损坏。为了查找故障原因，应进行下列工作步骤：

① CAN 总线用户一个一个地依次拔出，直至找到故障原因（控制单元 X）。

② 检查控制单元 X 的导线是否短路。

③ 如有必要，检测或更换控制单元 X。如果某个控制单元至 CAN 总线的分支线短路，仅执行该工作步骤即可。

④ 如果 CAN 总线导线自身短路，则必须检查 CAN 总线线束。

2）诊断。

断路（单线模式）：在各控制单元中有一个自己的总线接收器，一旦断路，电压可能在整个 K-CAN 网络上保持，从而导致发送控制单元不能识别此类故障，并继续在双线模式下工作。但如果一个控制单元越过中断位传送一条信息，则接收控制单元仅在未损坏的总线导线上确定活性。为此接收的控制单元识别单线控制模式并存储故障“CAN 线路故障”。如果不同的控制单元越过中断位连接的信息，则在单线模式下可能多个控制单元会在故障码存储器中记录。为了查找中断位，应进行下列工作步骤。

① 对于输入故障“CAN 线路故障”的控制单元，检查分支线（从控制单元到 CAN 总线的导线）是否断路。

② 如果分支线都正常，则 CAN 总线中存在断路，中断位一定在输入故障“CAN 线路故障”的控制单元之间。

短路：如果在系统中存在短路，则所有控制单元必定记录故障“CAN 总线故障”。为了查找短路，应进行电压测量，或根据“CAN 总线失效”工作步骤进行检查。

思考题

1）汽车空调不能制冷，可能是什么原因引起的？

2）汽车空调出风口温度高，可能是什么原因导致的，为什么？

练习题

1. 填空题

1）汽车空调系统主要由以下几部分组成：________、暖风装置、通风装置、________及空气净化装置。

2）汽车空调按驱动方式可分为________汽车空调系统和独立式汽车空调系统。按蒸发器的布置方式分类可分为仪表台式与________空调。

3）汽车空调制冷系统由、冷凝器、储液干燥器、________、________和鼓风机等组成，各部件之间采用钢管（或铝管）和高压橡胶管连接成一个密闭系统。

4）制冷系统工作时，制冷剂以不同的状态在这个密闭系统内循环流动，每一循环有四个基本过程：压缩过程、________、节流过程、________。

5）膨胀阀也称节流阀，是组成汽车空调制冷装置的主要部件，其安装在________入口处，是汽车空调制冷系统的________的分界点。

6）孔管也是一种________装置，两端都装有滤网，以防止系统堵塞。和膨胀阀一样，孔管也装在系统________。

7）蒸发器的作用是将________出来的低压制冷剂蒸发，吸收车内空气的热量，从而达到车内降温之目的。

8）蒸发器主要有________、管带式和________。

9）水暖式暖风装置一般以水冷式发动机冷却系统中的________为热源，将冷却液引入车厢内的________中，使鼓风机送来的车厢内空气与热交换器中的冷却液进行热交换，________将加热后的空气送入车厢内。

10）在安装风冷式（或水冷式）发动机的客车上还采用气暖式暖风装置，它利用________的余热来给车厢供暖。

11）全自动空调系统主要由________、________、真空驱动器等组成。

12）全电动空调系统主要应用在________、________等车型中。

13）全电动空调系统主要部件有________、压缩机、________、蒸发器、加热器和鼓风机等组成。

14）整车空调CAN控制系统由以下硬件组成：________，简称U1；大顶左侧空调控制处理器，简称U3；________，简称U4；尾部空调控制处理器，简称U2。

15）汽车空调制冷系统检修的基本操作一般包括制冷系统________的检测、制冷系统的检漏、从制冷系统内放出制冷剂、________、加注和补充________、加注和补充冷冻液等。

16）制冷剂的充注包括________、检漏作业、从高压侧充注液态制冷剂、从低压侧充注气态制冷剂和________五项基本作业。

2. 问答题

1）汽车空调系统的组成及分类包括哪些？

2）汽车空调制冷系统的组成及分类包括哪些？

3）汽车空调制冷系统的制冷原理是什么？

4）翘盘式、斜板式制冷压缩机结构及工作原理有何异同？

5）变容量压缩机的工作原理是什么？

6）电磁离合器的结构及工作原理是什么？

7）膨胀阀的分类及工作原理是什么？

8）汽车空调暖风系统的分类包括哪些？

9）汽车水暖式暖风系统的工作原理是什么？

10）汽车水暖式暖风系统的水循环路线是什么？

11）汽车气暖式暖风系统的废气循环路线是什么？

12）汽车独立燃烧式暖风系统的分类及工作原理是什么？

13）如何检测空调系统压力？

14）如何充注空调制冷剂？

15）如何回收空调制冷剂？

16）汽车空调自诊断步骤包括哪些？

3. 论述题

1）简述全自动汽车空调系统的组成及控制过程。

2）简述微机控制汽车空调系统的组成及工作过程。

3）简述电动汽车空调系统的组成及工作过程。

4）简述 CAN 技术在汽车空调系统中的应用。

5）简述 CAN 总线的失效与诊断方法。

6）简述制冷系统压力异常对应的故障原因。

第六章 辅助电气系统

◎ **掌握技能**

- 汽车电子仪表的检修
- 汽车电动后视镜的检修
- 汽车电动座椅的检修
- 汽车电动车窗的检修

◎ **基本理论**

- 电子仪表的组成及结构
- 电子显示装置的分类及其结构组成
- 综合信息系统原理
- 汽车电动车窗的组成及工作过程
- 汽车电动后视镜的组成及工作过程
- 汽车电动座椅的组成及工作原理

★ 案例导入

故障现象：一辆上海大众汽车公司2001年生产的帕萨特1.8T手动档轿车，已行驶里程约8.7万km。在行车过程中，车速里程表不工作。

故障诊断：车速里程表不工作，可能的原因有组合仪表故障、车速里程表传感器损坏及相关电路故障。首先用V. A. G1552执行17-03功能，能够完成里程表的全屏显示，由此可以排除仪表自身故障。然后对车速里程表传感器进行检测。拔下该传感器插头，通过频繁对地短路模拟转速信号，发现里程表信号有显示，因此判断为车速里程表传感器损坏。更换新件后，故障排除。

根据上述案例，请思考下列问题：

1）车速里程表有什么功用？

2）组合仪表可以显示哪些信息？

第一节　电子仪表

汽车仪表是驾驶人与汽车进行信息交流的重要接口和界面，对安全和经济行驶起着重要作用，同时可美化汽车内部造型。因而要求汽车仪表耐用、耐振，指示准确，读取方便，并且受温度、湿度的影响要小，还要求轻巧、舒适、美观并具有较好的互换性。

一、电子仪表概述

1. 汽车电子仪表分类

传统的汽车仪表对车速、发动机转速、燃油消耗等信息进行监测、传递和显示，基本采用机械式或电气机械式控制，通过指针和刻度盘实现模拟显示。这种仪表存在信息量少、准确率低、体积较大、可靠性较差及视觉特性不好、易使驾驶人疲劳等缺点，难以满足人们对汽车舒适性和方便性等方面越来越高的要求。随着光学技术和电子技术，尤其是微型计算机技术的发展，汽车仪表正向全数字化和智能化方向发展。图 6-1 所示为一种简单的电子仪表系统框图，它采用微处理器采集处理不同传感器信号，控制显示如车速、发动机转速、燃油消耗和行车里程等多种信息。

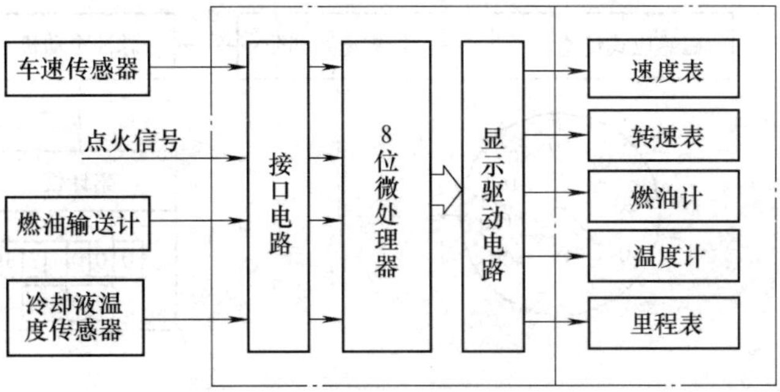

图 6-1 电子仪表系统框图

目前汽车上常使用的电子仪表有以下几种。

(1) 数字钟 数字钟可采用液晶显示和数码管发光显示，数码管显示更明亮清晰。数字钟在点火开关接通时显示，汽车关机后仍然用蓄电池提供微弱电流保证时钟工作。若是液晶显示式数字钟，使用纽扣电池就能保持数字钟长期工作。图 6-2 所示为汽车仪表盘上的数字钟。

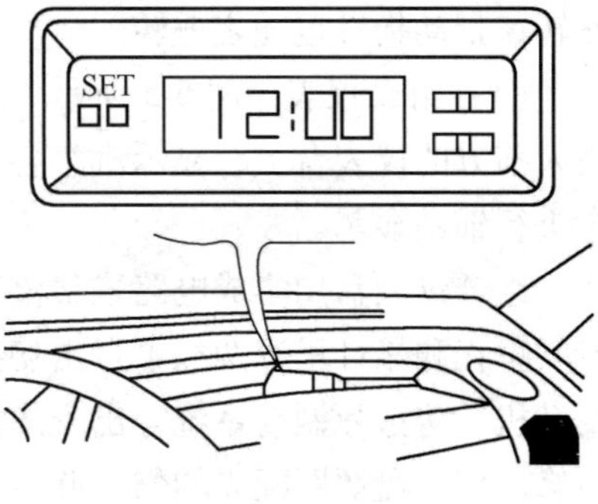

图 6-2 数字钟

(2) 仪表盘符号显示 用数字或符号显示被监控系统的工作状态，直观、醒目。目前汽车仪表盘上采用符号显示的设计较多，图 6-3 所示为一种指针和符号显示的电子组合仪表。

(3) 电子式车速里程表 磁电脉冲式电子里程表从安装在传动部分的速度传感器取得转速信号，驱动脉冲电动机使累计仪工作指示车速里程，图 6-4 所示为一种安装了电子式车速里程表的仪表盘。

(4) 发动机转速表 发动机在一定输出功率下，输出转矩与转速成反比关系，在合理匹配条件下换档，可以保证汽车获得最佳动力性能和最佳经济性能。使用自动变速器的汽车，一般有监测发动机转速的指针式发动机转速表。如广州本田雅阁轿车，发动机电子式转

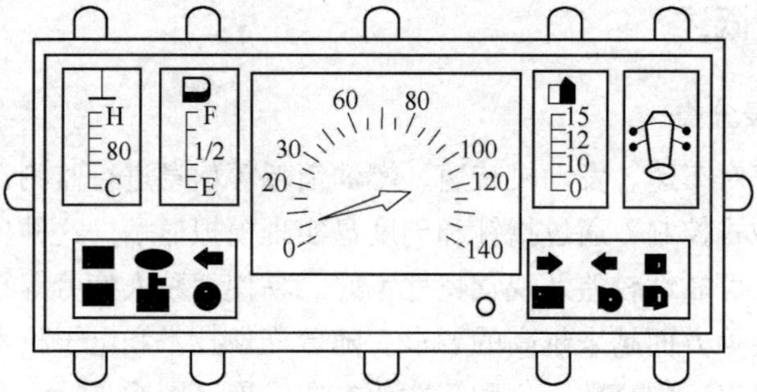

图 6-3　电子组合仪表

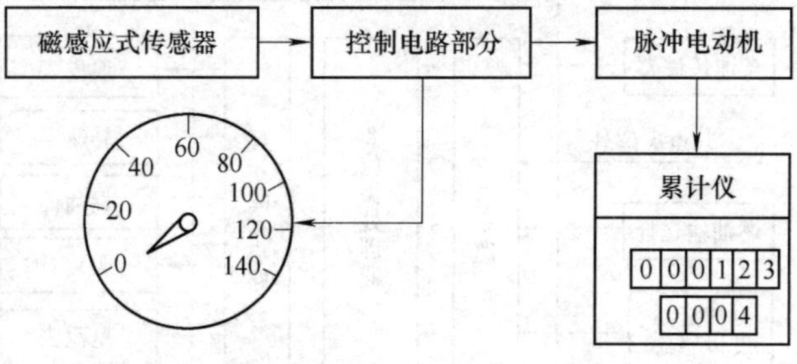

图 6-4　电子式车速里程表

速表的机芯采用十字绕线磁感应式，它将转速传感器送来的脉冲信号，转换成电流信号输入十字交叉线圈。电流信号变化使线圈的磁场强度变化，从而使磁钢在变化磁场中产生相应地偏转，带动指针也随之偏转。

（5）组合仪表　图 6-5 所示为广州本田雅阁轿车的组合仪表盘，该组合仪表盘安装在驾驶人前方的仪表台上，显示汽车各重要部位的状态参数及汽车运行参数，同时对汽车操作状态进行辅助显示。

组合仪表盘用集成电路采集汽车每次行驶里程和累计里程，并通过液晶数字显示。每次行驶里程和累计里程两档可自由切换，每次行驶里程公里数可方便归零。当汽车行驶时，如发动机、防抱死制动系统等出现故障，相应指示灯会点亮，还能闪烁表示故障码，便于查找检修。仪表盘照明配光均匀，并可进行亮度调节。该组合仪表盘显示的信息内容比传统机械式仪表盘要丰富得多，从而提高了汽车行驶的安全性与可操作性。

2. 汽车电子显示装置

电子显示装置在驾驶人信息系统中担负着重要的角色，直接影响和制约驾驶人信息系统的应用和发展。目前，汽车上使用的显示装置主要有发光二极管显示装置（LED）、荧光显示器（VFD）和液晶显示器（LCD）等。

（1）发光二极管（LED）　发光二极管是显示装置中最简单的一种，它体积小，结构简单，耐用，使用寿命长达 5 万小时以上。

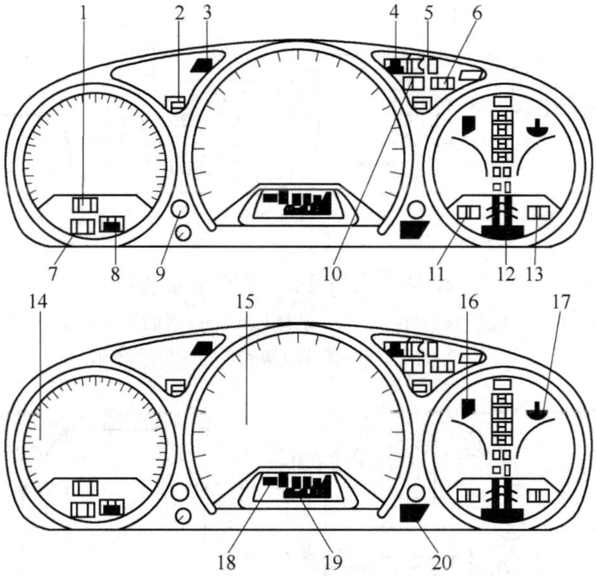

图 6-5 广州本田雅阁轿车组合仪表盘

1—故障指示灯 2—转向指示灯 3—巡航控制指示灯 4—辅助保护指示灯 5—防抱死制动指示灯 6—驻车制动和行车制动指示灯 7—充电指示灯 8—机油压力仪指示灯 9—仪表盘显示亮度调节钮 10—远光指示灯 11—油箱燃油量不足指示灯 12—车门和制动灯监视器 13—安全带指示灯 14—发动机转速表 15—汽车速度表 16—燃油表 17—冷却液温度表 18—行程表 19—累计里程表 20—行车里程选择和复位按钮

发光二极管的结构如图 6-6 所示，PN 结为特殊材料做成的。当 PN 结空穴从 P 区流向 N 区和电子从 N 区流向 P 区时，电子从导带跃迁到价带与空穴产生复合结外加正向电压，放出能量，从而发出一定波长的光。发光二极管的颜色有红、绿、黄、橙，可单独使用，也可用来组成数字或光条图。图 6-7 所示为发光二极管组成的数码显示器，图 6-8 所示为发光二极管组成的点阵显示器。发光二极管还常用作汽车仪表板上的警告指示灯，如燃油、制动液、风窗洗涤液等液面过低，制动蹄片过薄，制动灯、尾灯、前照灯等灯泡烧坏，这时警告指示灯就会亮。

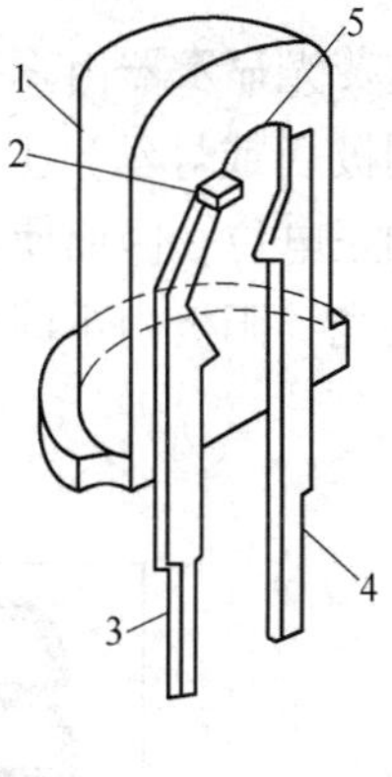

图 6-6 发光二极管的结构

1—外壳 2—二极管芯片 3—阴极引线 4—阳极引线 5—导线

发光二极管的缺点：在环境暗的情况下，效果较好，在阳光直射下很难辨别；若要增大其亮度，则需要相当大的电流，功率消耗较大，故其使用会受到限制。

（2）真空荧光显示器（VFD） 真空荧光显示器是一种主动显示系统，使用寿命长，色谱宽，易于和控制电路连接，环境温度适应性强，可改变显示亮度，适用于显示数字、单词和柱状图表等。但其封装玻璃壳容易被震碎。

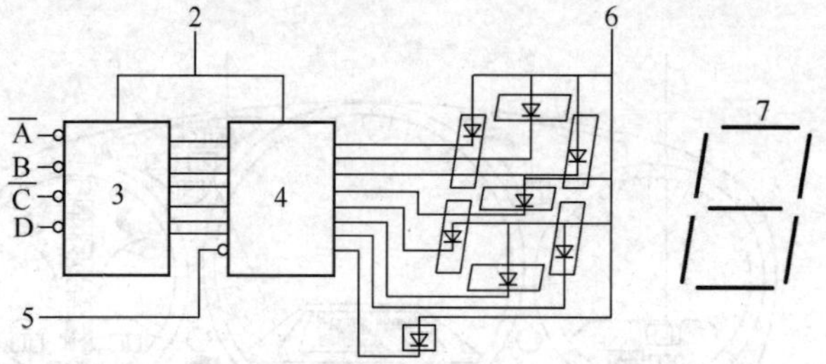

图6-7　七划发光二极管显示装置

1—二十进制编码输入　2—逻辑电路　3—译码器　4—恒流器

5—小数点　6—发光二极管　7—“8”字形

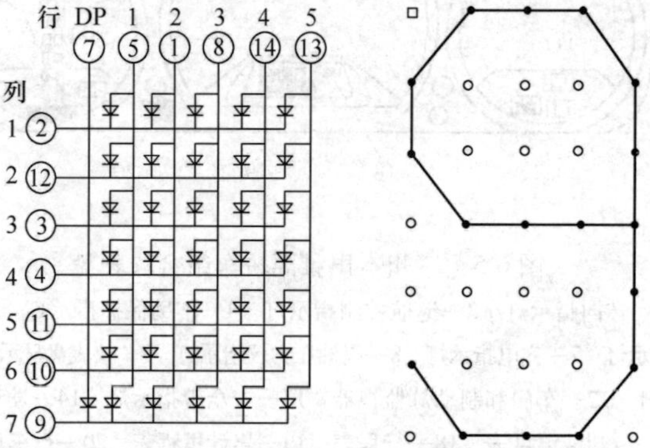

图6-8　光点矩阵型发光二极管显示装置

真空荧光显示器由真空玻璃盒、热阴极、栅极和荧光屏组成，如图6-9所示。恒定电压作用于阴极（或灯丝）上，当被加热到600℃左右，其表面释放出热电子，因栅网和阳极都有较高的正电位，因而使自由电子加速，通过栅网射向阳极。阳极上的荧光物质因电子冲击而受激发光。阳极由不同的笔划段组成，在数字电路的开关控制下可显示不同字母和数字。

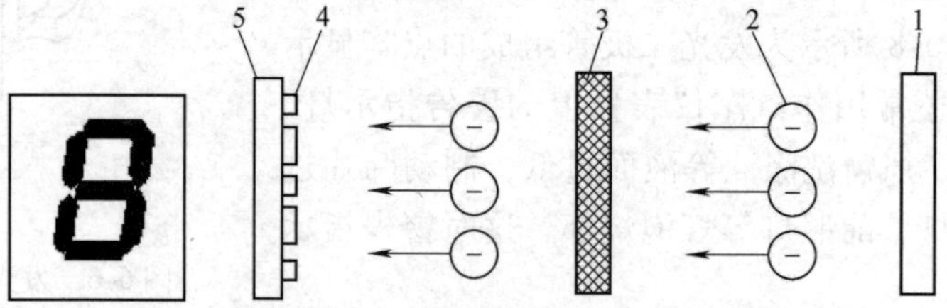

图6-9　真空荧光显示器的结构

1—阴极（灯丝）　2—电子　3—加速栅极　4—阳极笔划段　5—玻璃面板

真空荧光显示器显示图形有两种方式，即7笔划段和14笔划段，14笔划段能显示全部字母和数字。

（3）液晶显示器（LCD）　液晶是一种有机化合物，在一定温度范围内，既具有液体的流动性，又具有晶体的某些光学特性。液晶显示器是一种被动显示装置，具有显示面积大、耗能少、显示清晰、通过滤光镜可显示不同颜色、在阳光直射下不受影响等特点，因此目前应用十分广泛。

液晶显示与发光二极管、真空荧光显示的主要区别是发光二极管和真空荧光显示在电源的作用下自己能发光，而液晶显示本身不能发光，只能起到吸收、反射或透光的作用，因此液晶显示装置需要日光或某种人造光线作为外光源。

液晶显示本身没有色彩，只是靠液晶元件后面的有色透光片形成色彩，透光片通常采用荧光液着色，当光线通过时能形成所需要的色彩。

液晶显示利用偏振光的特性成像。正常的光线包括多平面振动的波，如果让光通过1个有特殊性能的偏振滤波物体，则只有与滤波器轴同一平面的振动电波能够通过，其余大部分波受阻不能通过。

液晶显示器的结构如图6-10所示，液晶显示板的结构如图6-11所示，前玻璃板的内表面涂有几层金属，用于显露符号笔画的形状，后玻璃板上也涂有金属。金属层均为导电透明的材料，兼做电

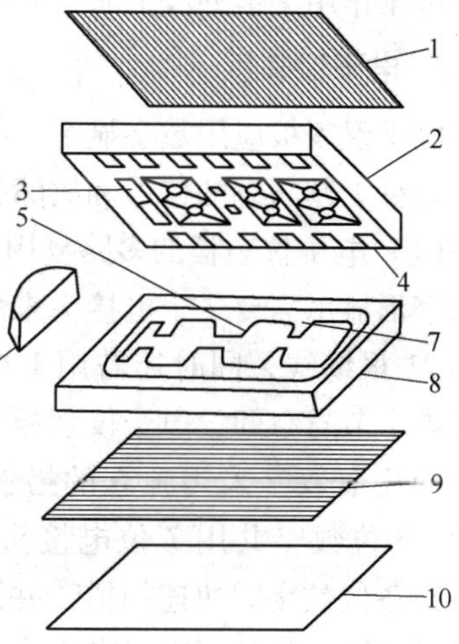

图6-10 液晶显示器结构

1—前偏振片 2—前玻璃板 3—笔画电极 4—接线端 5—背板 6—前端密封件 7—密封面 8—玻璃背板 9—后偏振片 10—反射镜

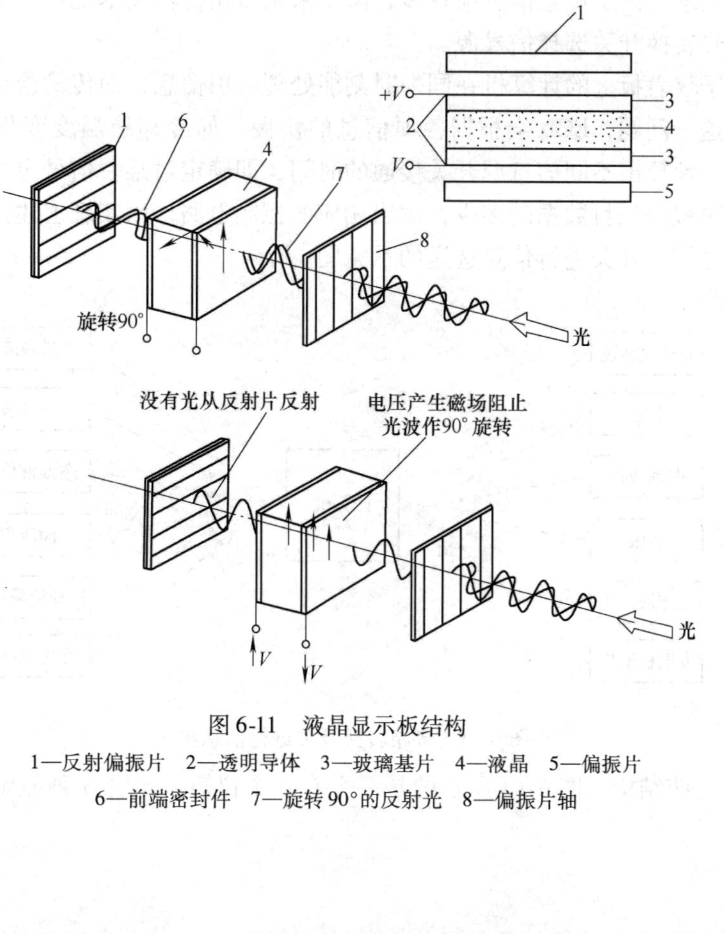

图6-11 液晶显示板结构

1—反射偏振片 2—透明导体 3—玻璃基片 4—液晶 5—偏振片 6—前端密封件 7—旋转90°的反射光 8—偏振片轴

极。玻璃板中间夹着长杆状向列型分子组成的液晶，厚度为10μm，四周密封。两块玻璃板的外侧为两块偏振滤波片，它们的轴成90°，上面装有电源接头和通往每个笔画的接头。当低频电压作用于笔划段上时，它受激而成为受光体或透光体。

3. 电子仪表板

电子仪表板应用数字显示、字母数字混合显示、曲线图和柱状图表等形式向驾驶人发出汽车各种工作状态的信号和故障警告信号。不论采用何种显示形式，其结构基本相同。

（1）电子仪表板的多路复用传输　电子仪表板需要很多导电接头向光柱或光点供电。7笔画字形显示需要7个电接头来形成1位数字，车速显示需要3位数，因此需要21个电接头和21根缆线，同时还需用1个搭铁接头。为降低成本、节省空间，电子仪表板采用了多路复用传输，即几个数字采用独立的搭铁接头。如图6-12所示，3位数字共用7位电接头。仪表板起动后，电流在各位数字间快速扫描，并通过独立的搭铁接头形成回路，虽然每次仅有1个数字发亮，因为每个笔画每秒都要开关数千次，加上人眼具有暂留图像的特点，因此看到的还是连续发亮而不是闪烁的数字和图像。

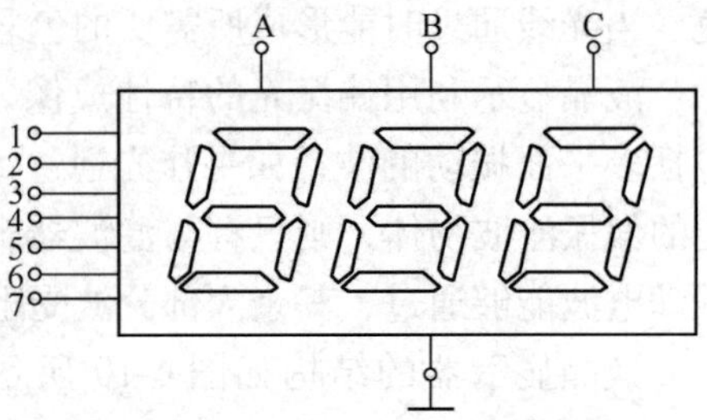

图6-12　七笔画显示的多路复用传输

（2）信息选送　汽车一旦起动，发动机转速、温度、燃油液位等多种信息将同时传输给计算机进行处理。由于传输信息项目多，需要采用多路传输技术把各种不同信号分开，因此采用多路信号转换开关选择信号源。

安装在电子仪表板上的计算机在同一时刻能处理一项信息，而传输给它的信息量大且数目多。为解决这一问题，ECU会根据各项信息的快慢，如冷却液温度变化慢、发动机转速变化快的特点，计算出不同信息源开关接通的时间，即确定对某一信号源在一段时间内选送信息的次数，再根据项目数据的多少，编出相应的控制电路，以实现上述控制功能。图6-13所示为多路信号转换开关进行信息选送的示意图。

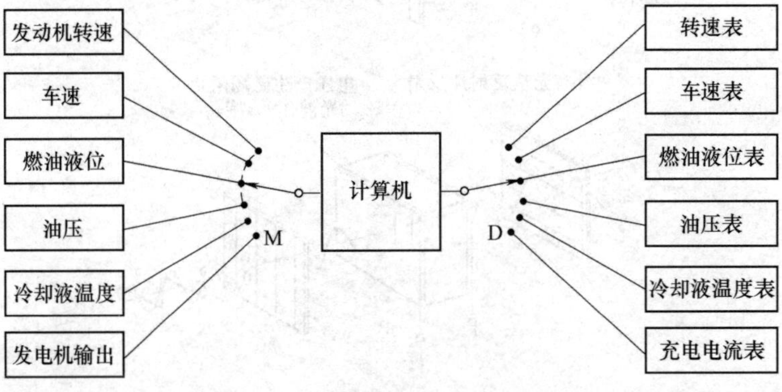

图6-13　多路转换开关进行信息选送

（3）显示系统结构　图6-14所示的是一个有6个仪表，包含3种显示方式，由1个计算机系统控制的显示系统。传感器信号经 A-D 转换成 8 位数码后，由信号转换开关输送给中央处理装置。显示系统由模拟显示、开闭型警告灯和 7 笔画数字显示等不同方式组成。信号经过中央处理装置处理后，再以 8 位数码式开关信号形式由信号分离开关输出，以起动相应的显示装置。

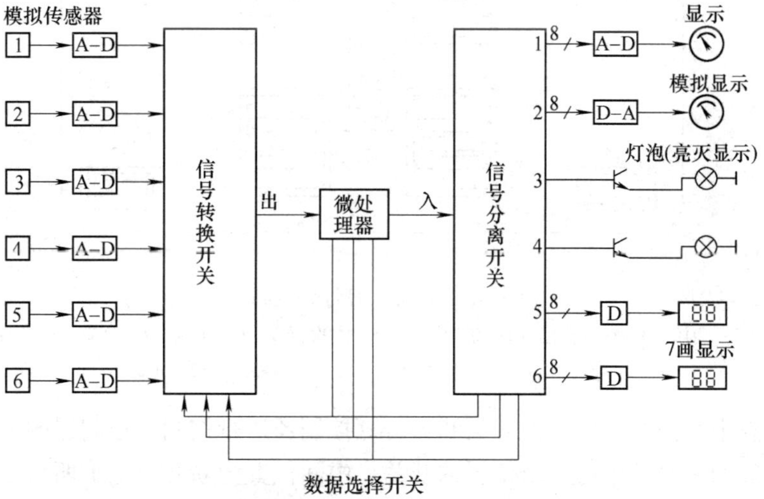

图 6-14 各种显示装置的多路传输系统

（4）行车微机系统　由于使用电子仪表系统和各种相关的传感器，因此可以比较方便地利用这些信号为行车微机系统提供信息输入。

行车微机系统除了显示日期和时间外，还能计算平均车速、行车时间、燃油消耗量、瞬时耗油量和平均耗油量等。除里程表和时钟所需信号外，基本仪表系统中还要安装相应传感器，以满足行车微机系统的需要。

（5）语音合成器　除主仪表显示外，目前有的汽车为了在特殊紧急情况下向驾驶人发出警告，还装有语音合成器，用来弥补视觉信号可能没有引起驾驶人注意的问题。这种系统由仪表显示板发出警告主信号，同时由语音合成器发出音响信号。视觉和音响信号通常包括发动机温度、油压、蓄电池充电状况、制动蹄片磨损、制动液不足、驻车制动未解除、灯泡故障、车门未关、大气温度、已到维护时间、各种液位不足等项目和内容。各种信息依据其重要程度分为几个等级，如“油压低”和其他同时显示的次要信息相比较，就属于优先项目。

语音合成器是通过采用计算机技术和声响装置的扬声器实现的。事先将所需的单元词或词组的语音转换成信号存储在计算机的芯片中，当发出警告时，计算机产生所需要的语言电信号，再由声响装置的扬声器把电波转换成声音。如果计算机有足够的容量，它可以储存几种不同的声音，还可以模仿男女语言以供选用。

（6）电子仪表板的组成　图 6-15 所示为仪表板的驾驶人信息中心，它包括 5 个独立的显示装置。1 个是由 11 根横条组成的模拟式燃油存量显示装置，四周是多功能数字式显示装置。在这个装置中，左上角的显示能显示润滑油压力和润滑油温度；右上角的显示是冷却液温度或系统电压；右下角的显示是瞬时或平均油耗；左下角的显示是累计行驶里程和本次出车已行驶程。

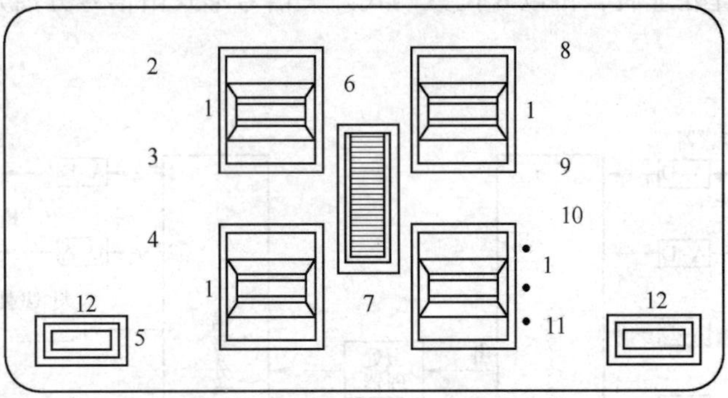

图 6-15　开关和警告灯控制器

1—开关　2—油压　3—机油温度　4—累计行程　5—本次行程　6—英制　7—公制　8—冷却液温度　9—系统电压　10—瞬时耗油　11—平均耗油　12—重调

驾驶人信息中心由装在中部的开关和警告灯控制器进行控制。控制器的中部是 1 个计量单位选择开关。四周是两个有 3 个位置的开关，中间位置为断开，上下两个位置显示两个不同参量，可供驾驶人选择。

驾驶人信息中心的显示装置上装有 1 套警告灯系统。当机油压力、温度、冷却液温度或系统电压超出正常值时，该装置区内的警告灯点亮，以提醒驾驶人采取措施。如本区内的两个参数同时都超过正常值，则不论选择开关在何位置，则显示的数值每 5s 就变换 1 次，以引起注意。

当燃油存量低于存油显示装置下端的第三根横条时，就有 1 个警告灯发亮。此时左下方的显示装置，不论开关在何位置，都会自动改为显示从发出存油不足警告后已行驶的里程。这样驾驶人就可以计算出剩下的存油大约能够行驶多少里程。

二、综合信息显示系统

随着汽车电子技术的飞速发展，汽车电子控制系统所用的传感器不断增多，汽车仪表的电子显示系统，从简单地显示传感器信息，发展成为可以对各种信息进行分析计算、加工处理的综合信息系统。

综合信息显示系统能够从大量的信息中选择出驾驶人所需要的各种信息内容，包括电子行车地图、维修、后视镜等信息，还可以显示电视、广播、电话等信息。显示器通常采用阴极射线管显示器（CRT），阴极射线管（CRT）屏幕是触摸式的，通过触摸屏幕上的菜单便能变更显示的内容。阴极射线管显示器的优点在于可以彩色显示，响应速度快、对比度高以及工作测试范围宽，缺点是体积大、质量大、驱动方法复杂，且需要有较高的驱动电压。

1. 综合信息显示系统配置

图 6-16 所示为综合信息显示系统配置原理图，该综合信息显示系统的显示器可显示电子地图、燃料消耗和行程信息等综合信息。该综合信息显示系统的组成包括：用于管理和控

制整个系统的“CRT ECU”用于调用“CD ROM”数据并传送给 CRT ECU 的“CD ECU”；接收电视信号并与 CRT ECU 通信的“音频 ECU”；控制音响系统并与 CRT ECU 通信的“音频 ECU”；控制空调并与 CRT ECU 通信的“空调 ECU”；从 GPS 卫星接收无线电信号、计算汽车的当前位置并传送给 CRT ECU 的“GPS ECU”；控制蜂窝电话并与 CRT ECU 通信的“电话 ECU”。

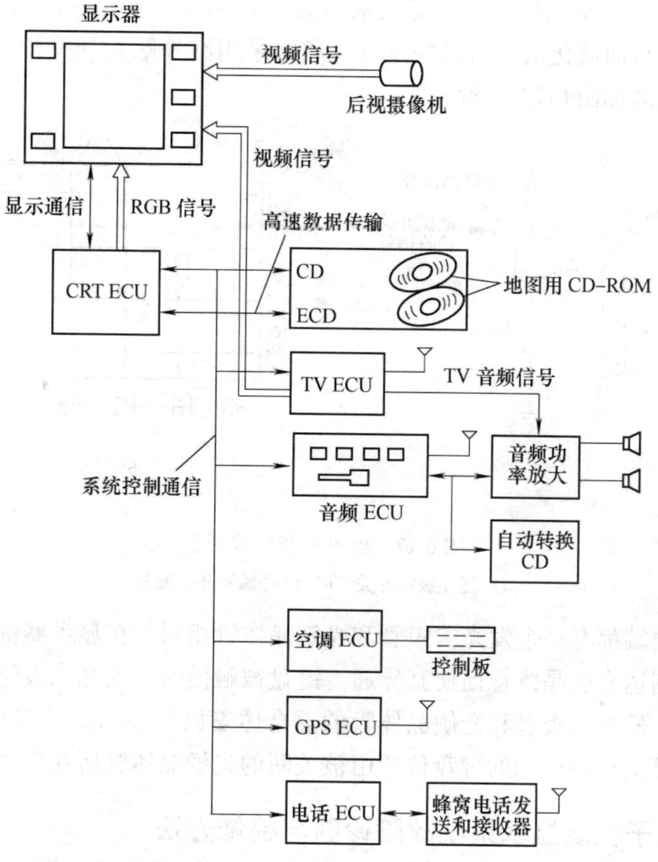

图 6-16 综合信息显示系统配置原理图

2. 综合信息显示系统所显示的信息种类

1）地图信息。公路交通图可按不同的比例显示，与一般地图的区别在于它可以滚屏显示，使需要的内容可以被单独显示出来。另外，借助于导航系统，汽车的当前位置也可以显示在电子地图上，且导航系统可以直接在电子地图上标出汽车的当前位置。

2）行车信息。从出发开始的行程计算、行程时间和燃料消耗，并可根据燃料消耗率和存油量显示剩余燃料可能行走的里程。

3）维修信息。显示如发动机换机油、更换轮胎以后所行驶的里程，供驾驶人确定下次维修时间与维修项目参考。

4）日历信息。驾驶人的日历和日程表。

5）空调信息。显示空调的操作模式和风扇的设置，通过触摸屏幕上键盘可以操作空调系统。

6）音响系统信息。显示音响系统的操作模式，通过触摸屏幕上的键盘可以控制音响系统及显示音响系统的音乐资料。

7）电视广播。接收电视、广播节日。

8）电话信息。显示诸如蜂窝电话号码信息，并可通过触摸屏幕键盘实现拨号和挂机。

9）后视摄像机信息。在倒车时，显示从安装在车后部的镜头摄取的影像信息。

（3）触摸键盘　显示系统的触摸键盘通常是以模拟形式显示在屏幕上，用手指触摸键盘即可进行操作，从而简化选择信息的过程。通常采用红外触发开关检测屏幕是否被触摸，红外触发开关的原理如图6-17所示。

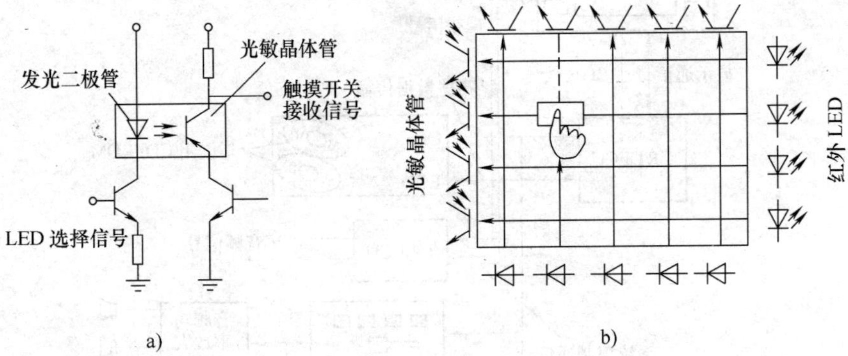

图6-17　红外键盘触发开关

a）红外触发开关　b）红外触发开关配置

在显示器的两端都有一个发光二极管和光敏晶体管相对。在显示器键盘未被触摸时，发光二极管的光束到达光敏晶体管促使其导通。键盘被触摸时，发光二极管光波被截断，光敏晶体管立即截止。发光二极管和光敏晶体管的混合体安放在显示器的多个地方，如图6-17b所示。因此，屏幕上被触摸到的键盘位置由被关断的光敏晶体管所在位置测定。

三、汽车电子仪表显示系统故障诊断与检修方法

1. 常用的检测方法

现代汽车的许多电子仪表板都是微机进行控制，同时具有自检功能。只要给出指令，电子仪表板的电子控制器便会对其主显示装置进行系统的检查。若出现故障，系统便以不同的方式警告驾驶人，显示系统出现故障，同时将出现故障部位的故障码储存，以便维修时将故障码调出，指出故障部位。当确认仪表板有故障时，应进行检测。

（1）用快速检测器进行检测　快速检测器能发出模拟各种传感器信号，可以迅速测出故障的部位。如在使用测试器向仪表板输入信号时，仪表板能够正常显示，说明传感器或其电路有故障。若显示器仍不能显示，再将测试器直接接在仪表板的有关输入插座上，此时若显示器能正常显示，说明线束和插接器有故障，否则表明仪表板有故障。

（2）用快速测试器进行检测　快速测试器能够模拟燃油的流量和车速传感器的信号，同样把测试器所发出的信号从不同部位输入，即可检验传感器和显示装置工作是否正常。

（3）用液晶显示仪表测试器进行检测　用液晶显示仪表测试器进行测试时，直接在仪

表板上，能为仪表板和信息中心提供参照输入信号，这就可检测出信息中心的工作状态。这种测试的目的是，对仪表板有无故障做进一步的验证。

2. 常见故障的检测

现代汽车电子仪表显示系统的故障，一般都出在传感器、插接器、导线、个别仪表及显示器上。检修时应先将传感器电路断开或拆下，用检测设备对他们进行逐个检查。

（1）传感器的检测　首先将传感器的电路断开或拆下传感器，用仪器进行逐个检查。对各种电阻式传感器的检查，通常是采用测量其电阻值的方法判断它的好坏，即把所测得的电阻值与其规定的标准电阻值相比较，判断传感器有无故障，若所测的值小于规定的数值，表明传感器内部短路；否则传感器内部短路或接触不良。传感器一般是不可拆、不可维修的元件，若有故障只能更换新件。

（2）插接器的检查　采用电子仪表的汽车，往往需要很多插接器把电线束连到仪表板上去。这些插接器一般都采用不同颜色，以便辨认它属于哪一部分的连接。为保证其连接牢固、可靠，插接器上都设有闭锁装置。检查时可用眼看或手摸的方法进行，插接器装置要齐全、完好，插头、插座应接触可靠、无锈蚀。仪表电路工作中用手触摸插接器，应没有明显的温度感觉，若温度过高，说明该插接器接触不良，应查明原因予以排除。

（3）个别仪表故障诊断　若电子仪表板上个别仪表发生故障，应检查与此仪表相关的各个部分。首先应检查各导线的连接情况，包括各插接器的接触状况，电路是否破损、搭铁、短路或断路等；然后再用检测设备分别对该仪表及传感器进行检测，查明故障原因，予以修复，必要时更换新的元件。

（4）显示器故障检修　一旦电子仪表板上的显示器部分笔画、电路出现故障，应将仪表板上显示器件调整到静态显示状态，仔细观察是否还有别的故障，使用检测设备对与此相关的电路或装置进行认真检查。若仅有一、二笔画或线段不发亮或不显示，则说明逻辑电路板通过多路传输的脉冲信号正确，可能是显示装置的部分线段工作不正常，遇此情况应作进一步检查，属于接触不良的应加以紧固，确保其电路畅通；若是电子器件本身的问题，通常应更换显示器件或电路板。

3. 电器仪表故障的诊断方法

现代汽车上的电器仪表的作用越来越大，随之产生的故障也相应增多，现有如下几种诊断故障的简易方法。

（1）拆线法　当汽车电器仪表读数异常，通过分析、推断可能是传感器内部或传感器与指示仪表间的导线存在搭铁故障时，常采用拆线法进行检查。即通过拆除有关接线柱上的导线判断故障的原因及部位。以电磁式燃油表为例，当传感器内部搭铁或浮子损坏，以及传感器与燃油表间的导线搭铁时，无论油箱内油量多少，接通点火开关后，燃油表指针总指向“0”，此时可采用拆线法进行检查。首先，拆下传感器上的导线，若此时燃油表指针向“I”处移动，则为传感器内部搭铁或浮子损坏；若指针仍指向“0”，则应拆下燃油表上的传感器接线柱导线，若仪表指针向“I”移动，为燃油表至传感器间的导线搭铁；若指针仍不动，则可能是燃油表内部损坏或其电源线断路。

（2）搭铁法　当汽车电器仪表读数异常，通过分析、推断可能是传感器搭铁不良或损坏，以及传感器与指示仪表间的导线存在断路故障时，常采用搭铁法进行检查。通过导线将有关接线柱搭铁，可判断故障的原因及部位。

接通点火开关后，对于电磁式燃油表无论油箱存油多少，燃油表指针均指向“I”；对于双金属片式燃油表，燃油表指针则均指向“0”，以上情况均说明相应仪表传感器可能搭铁不良、损坏，或者是传感器与指示仪表间的导线存在断路故障，此时，可利用搭铁法进行检查。首先，将传感器与导线相连的接线柱搭铁，若指针转动，说明传感器损坏或搭铁不良；若指针不转动，可用导线将指示仪表上接传感器的线柱搭铁，若指针转动，则为传感器与指示仪表间的导线存在断路故障；若指针仍不转动，则说明指示仪表内部损坏或其电源线断路。

（3）短接法　在其他电器仪表工作均正常、只有与稳压器相连的仪表（如燃油表、电磁式冷却液温度表等）不工作时，可利用短接法进行检查。用导线将稳压器的输入、输出端短接，这时与稳压器相连的仪表指针若立即偏转，则为稳压器内部存在故障。

（4）对比法　电器仪表读数不准时，可采用对照比较法进行校验检查。在相同的工况条件下，比较被校验的仪表与标准仪表的读数，从而可判断被校验仪表的技术状况。例如：检验汽车电流表时，可将被试电流表与标准电流表及可变电阻串联在一起，接通蓄电池电流，逐渐调小可变电阻，比较两个电流表的读数，若相差超过20%，则为电流表存在故障，应予以修复或更换。

第二节　电动车窗系统

一、传统电动车窗

1. 电动车窗的组成及功能

电动车窗控制系统一般由电动车窗主控开关（在驾驶人侧车门上）、电动车窗主继电器、电动车窗开关、电动机、电源断路器、指示灯等组成。有的高级轿车的车门上还装有安全气囊。其控制电路如图 6-18 所示。

（1）电动车窗主控开关　电动车窗主控开关装在驾驶人侧车门上，可以控制每个车窗电动机的通、断，它装有一个车窗锁开关，可以锁住全车车窗。这时，除驾驶人侧车窗外，其余车窗不能操纵。它有一个驾驶人侧车窗单独控制电路，控制驾驶人侧车窗玻璃的自动升降。

（2）电动车窗开关　电动车窗开关装在每个车门上，由主控开关控制。当车窗锁开关置于“LOCK”（锁）的位置时，各电动车窗开关都失去控制功能。

电动车窗开关有 5 个档位，1 个 0（零）档位、2 个关闭档位（1 个手动，1 个自动）、2 个打开档位（1 个手动，1 个自动）。关闭档位是向上拉。用力拉，越过手动挡，车窗自动关闭。打开档位与此相似。0 档位时，解除车窗玻璃控制功能。

（3）电动机　玻璃升降驱动常用的有永磁式和双绕组式直流电动机。通过电动机电流的方向，即可改变电动机的旋转方向，通过升降机构即可驱动车窗玻璃升高或降低。

当主控开关或车窗开关接通时，电流使电动机转动，从而带动车窗玻璃升降。车窗玻璃

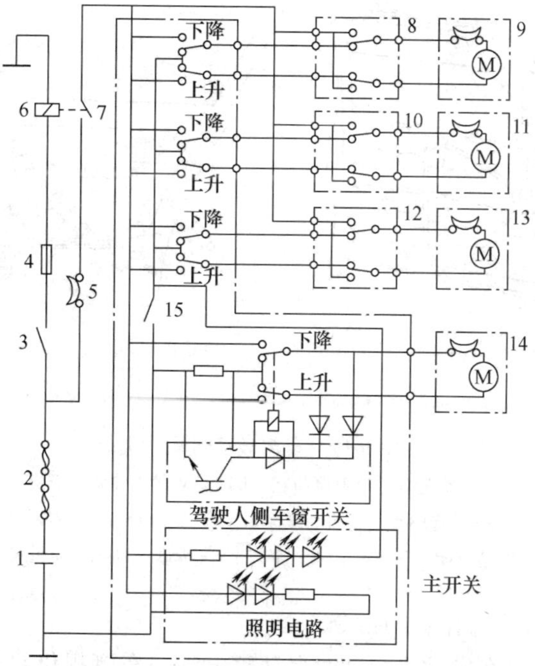

图 6-18 电动车窗的控制电路

1—蓄电池 2—易熔线 3—点火开关 4—仪表熔断器 5—电源断路器 6—主继电器 7—主控开关 8—左后门开关 9—左后门电动机 10—右后门开关 11—右后门电动机 12—前排乘员侧开关 13—前排乘员侧车窗电动机 14—驾驶人侧车窗电动机 15—车窗锁开关

每次运行的最长时间为10s，当车窗玻璃运行到上方的停止位置时，电动机会满负荷运行0. 5s，使车窗玻璃完全关闭到位。

（4）玻璃升降机构 玻璃升降机构常用的有绳轮式和交叉臂式两种，如图6-19所示。日本车系常用绳轮式玻璃升降机构，结构如图6-19a所示。当升降机构驱动电动机转动时，通过减速器、钢绳和滑轮，即可驱动玻璃升高或降低。德国大众车系常用交叉臂式玻璃升降机构，结构如图6-19b所示。当升降机构驱动电动机转动时，通过减速器、传动齿扇、调节支架和导轨，即可驱动玻璃升高或降低。

电动玻璃升降机构实质上是在手动玻璃升降系统的基础上，增设玻璃升降驱动电动机和减速器而构成。因此，在手动玻璃升降机构的基础上，增加驱动电动机、减速器和控制开关，即可改装成电动车窗系统。

（5）电源断路器 电源断路器对电动机起过热保护作用。当电动车窗电路中的电流过大时，自动切断电路。

（6）其他保护装置

1）电动机过热保护。电动机运行时间由车窗玻璃升降器中的计数器进行累加，然后根据环境温度对计数器的计算值进行分析、运算。如果运算结果电动机的工作温度超过了极限值，则电动车窗玻璃升降系统不再接受操作者的指令，电动机缓行或停止，待电动机冷却到

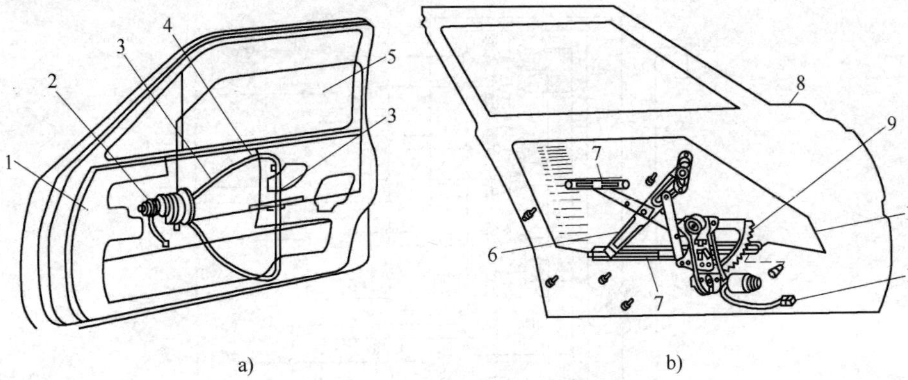

图 6-19　车窗玻璃机构的类型

a）绳轮式玻璃升降机构　b）交叉臂式玻璃升降机构

1—盖板　2—升降驱动电动机与减速器　3—导向套　4—钢绳　5、10—玻璃

6—调节支架　7—导轨　8—车门　9—齿扇　11—自动机线束插头

极限值以下时再重新接受操作者的指令。

2）负载保护。为了在发动机起动时保证蓄电池向车辆提供足够的电能，还设置了负载保护功能，使发动机起动时电动车窗控制系统不起作用。

3）电压过低保护。当蓄电池电压低于 9V 时，停止电动车窗控制系统运行。

4）平顺动作。电动车窗控制系统在运行时，能够做到运行平稳，起动和停止都无冲击现象。

5）障碍物监测。由霍尔效应式传感器信号对电动机输出转矩进行监测，如转矩超出标准值，则判断电动机或车窗玻璃出现卡滞故障，防夹功能被激活，使电动机停转。停转后向相反方向运转，自动返回约 22mm。

2. 电动车窗的工作原理

驾驶人侧面的总开关可以控制全部车门玻璃的升降，各车窗升降开关可以单独控制各自车门玻璃的升降。

当点火开关处于“ON”（接通）状态时，综合组件内的时间与开关回路控制车窗升降机构继电器线圈电流接通，产生电磁吸力将继电器触点吸闭，使控制组件和各开关的电源接通。此时根据各车窗玻璃升降需要，分别操纵总开关处的各个开关或操纵各车窗玻璃升降开关，就可以使升降电动机两端分别输入正向或反向电压，从而使电动机正向或反向旋转。升降电动机旋转时，就会通过联动机构使玻璃升高或降低。

当点火开关处于“OFF”（断开）状态时，只有在驾驶人侧的车门开关“ON”（接通）30s 后，玻璃升降机构才能进行升降动作实现车门玻璃升降。

二、防夹电动车窗

电动车窗防夹的基本思想可以概括为：在车窗自动上升过程中，传感器检测到障碍物的存在（包括已被夹或判断有障碍物存在上升途中）。当检测到有障碍物存在时，驱动电动机立即反转，使车窗下降一段距离，释放障碍物。目前，实现汽车防夹电动车窗的防夹功能的技术方法，主要有压力传感即“触觉”和红外检测即“视觉”两种。

1. “触觉”防夹电动车窗的组成及工作原理

所谓“触觉”，就是当电动车窗机构感触到有异物在玻璃上，会自动停止玻璃上升工作。“触觉”防夹电动车窗由电子控制单元、霍尔传感器、继电器、电动机等组成，其系统结构图如图 6-20 所示。

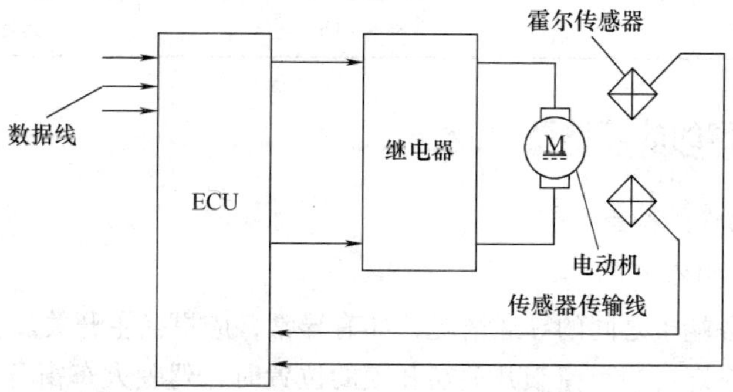

图 6-20 “触觉”防夹电动车窗的系统结构图

“触觉”防夹电动车窗的工作原理是：防夹电动车窗在关闭的过程中，驱动机构中有电子控制单元（ECU）及霍尔传感器检测电动机的转速，当霍尔传感器检测到转速有变化时就会向 ECU 报告信息，ECU 向继电器发出指令，使电动机停转或反转（下降），防夹电动车窗也就停止移动或下降。

当然，这种车窗玻璃移动过程中的阻力变化与车窗玻璃到达终端的阻力是不一样的，后者阻力远较前者阻力大得多，因此控制方式也不一样。当车窗玻璃到达关闭的终端时因阻力变大电动机过载电流也将变大，继电器有过载保护会自动切断电流。有的汽车在玻璃升降的终点装置限位开关，玻璃到达终端时压住限位开关，电流被切断电动机就停止运转了。

2. “视觉”防夹电动车窗的组成及工作原理

“视觉”防夹电动车窗是一套光学控制系统，主要元件是光学传感器，它由红外线发射器和接收器组成，安装在车窗的内饰件上。

“视觉”防夹电动车窗的工作原理是：“视觉”防夹电动车窗检测有无异物在电动车窗移动范围内，从而控制玻璃移动，无需异物直接接触到玻璃。这个光学控制系统能连续精确地扫描指定的区域。这个区域一般指车窗玻璃向上移动时，距离车窗开口框上边缘 4～200mm 范围内。一旦检测到有异物，传感器会迅速把信息反馈至 ECU，ECU 发出指令使电动机停止运转。由于这种装置小巧、装嵌隐蔽，并且通过 ECU 控制，所以称之为“智能无接触防夹玻璃”。

3. “触觉”与“视觉”防夹电动车窗的比较

“触觉”防夹电动车窗与“视觉”防夹电动车窗的比较见表 6-1。

表 6-1 “触觉”与“视觉”防夹电动车窗的比较

特性 \ 类型	“触觉”防夹电动车窗	“视觉”防夹电动车窗
传感器类型	压力型传感器	光学传感器
检测异物方式	霍尔传感器检测	红外线检测
异物接触方式	直接接触	无需直接接触
ECU 控制技术	较落后	较先进
适用车型	普通乘用车	具有一定档次的乘用车

三、电动车窗的故障诊断

1. 控制系统组件的检查

（1）主控开关的检查

1）检查开关各端子之间的导通情况，如有异常，应更换主开关。

2）检查照明系统。当车窗锁开关在开锁的位置时，驾驶人车窗开关和门锁控制开关灯应亮，乘客车窗开关灯应全部熄灭；当车窗锁开关在锁止位置时，全部照明灯应亮。如果不符合规定，应更换主控开关。

3）用电流表检查主控开关电路的电流。当车窗下降时，电流约为 7A；当车窗下降到最底停止时，电流约为 14.5A 或更大。如不符，应更换主控开关。

4）开关电路电压的检查。当点火开关在 ON 的位置，检查相应端子对搭铁电压和导通情况。

（2）各车窗开关的检查

1）检查各端子间的导通情况，如不正常，可更换开关。

2）检查开关电路。当点火开关在“ON”的位置，从各车门开关上拆下插头，检查相关端子的对搭铁电压和车窗玻璃上升、下降时的电压。

2. 电动车窗电动机的检查

1）检查电动机运转情况。将电源正、负极分别接电动机的相应端子，电动机应平稳运转，改变电源极性时，电动机应向相反方向运转。如不符，更换电动机。

2）驾驶人车窗电动机断路器的检查。拆下主控开关插头，电源正、负极分别连接相关的两个端子，车窗玻璃应上升；改变端子的极性，车窗玻璃应下降，同时断路器有动作声。如不符，更换断路器。

3. 机械部件的检查

车窗玻璃的升降是由钢丝带动的，并用滑轮导向。当车门玻璃升降发生卡滞故障时，应检查钢丝是否绞死，车窗玻璃座是否断裂，导向轮是否损坏。

有的高级轿车车门上装有安全气囊，检修时，需要断开点火开关。

第三节 电动座椅

汽车电动座椅系统又称为座椅位置（座位）调节系统，按控制方式不同，座位调节系统分为ECU调节系统和非ECU调节系统两大类。

1. 座椅位置非ECU调节系统

非ECU调节系统又称为不带存储功能的座位调节系统，通过操纵座位控制开关，可以调整座位的前后滑移、前垂直、后垂直位置，靠背和头枕的倾斜位置以及腰垫的位置。由于系统没有存储功能，因此，座椅位置不能存储和复位。

（1）座椅位置非ECU调节系统的组成　汽车座椅位置非ECU调节系统由控制电动机、控制机构和传动机构三部分组成。

1）控制电动机。丰田雷克萨斯LS300型轿车前排座椅控制电动机的安装位置如图6-21所示。驾驶人座位采用了座椅前后滑移（即滑动或前后位置调整）电动机，座椅前沿高低（前垂直位置）调整电动机，座椅后沿高低（后垂直位置）调整电动机和座椅靠背倾斜角度调整电动机4只电动机控制，前排乘员席座位采用了1只前后滑移电动机和1只倾斜电动机共两只电动机控制。

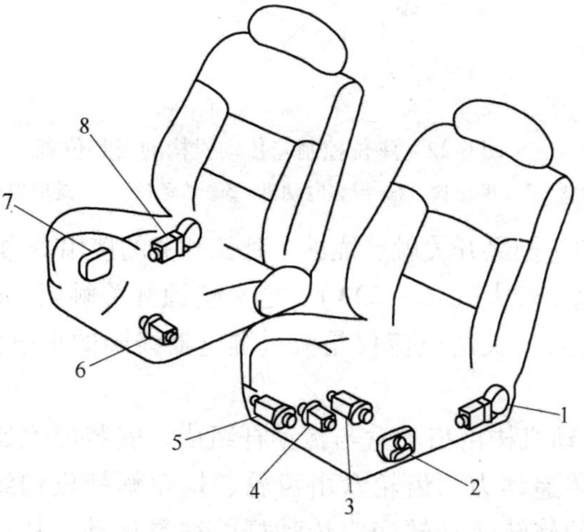

图6-21　丰田雷克萨斯LS300型轿车前排座位控制电动机位置

1—倾斜电动机　2—自动座椅开关　3—后沿高低电动机　4—前沿高低电动机

5—前后沿移电动机　6—前后滑移电动机　7—自动座椅开关　8—倾斜电动机

座椅位置电动机一般都采用微型永磁式直流电动机。电动机内部设有断路器，当电动机负荷过重、通过电流过大时，断路器自动跳开切断电流，防止电动机过热而烧坏；当热量散失、负荷减轻时，断路器触点在金属片作用下复位，电动机又可恢复运转。配装电动机的多少由座位调整要求决定。在非ECU调节系统中，驾驶人座椅位置一般用4~5只电动机控制，前排乘员席座椅位置一般用2~3只电动机控制，后排座椅位置一般也用2~3只电动机控制。

2）控制机构。座椅位置控制机构由控制开关和继电器组成，如图 6-22 所示。控制开关分为操作开关和限位开关两种。前排座位操纵开关一般设在座椅左右两侧；后排座位操纵开关设在后排车门上，为了便于驾驶人控制，在仪表盘左下方专门设有一个后排座位操纵开关。限位开关用来限制传动部件移动的极限位置，安装在传动机构终端。

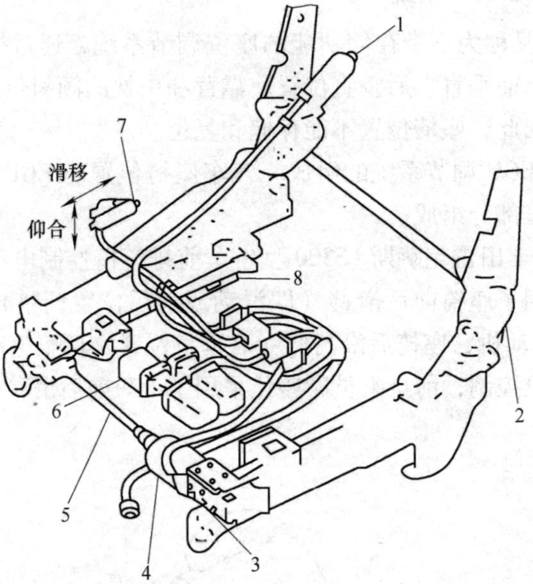

图 6-22　座位控制与传动机构的安装位置

1—仰合电动机　2—齿轮盒　3—齿轮盒　4—滑移电动机　5—传动杆　6—继电器　7—操作开关　8—限位开关

继电器的功能是防止操纵开关触点饶蚀，延长开关的使用寿命。座位控制电动机虽然工作时间很短，但工作电流较大（10 ~ 20A），容易烧蚀开关触点。配装继电器后，电动机电流流经继电器触点，流过开关的电流仅是流过继电器线圈的小电流，所以开关触点不易被烧蚀。

3）传动机构。传动机构由齿轮盒与传动杆组成，安装位置如图 6-22 所示。传动杆相当于连杆，其功能是传递动力。齿轮盒由齿轮、蜗轮蜗杆机构组成。其功能是传递电动机动力，并将电动机的旋转运动转变为传动杆的往复运动，从而实现对座椅不同位置的调整。

（2）座椅位置非 ECU 调节系统的工作原理　座椅前后滑移和靠背仰合控制电路如图 6-23所示。

1）座椅前后滑移控制原理。当需要座椅向前移动时，座椅（操作）开关接通“前”位置，上面一个滑动继电器线圈电路接通，其电路为：蓄电池正极→熔断器（70A）→熔断器（40A、15A）→上滑动继电器线圈→座椅开关“前”触点座椅开关→搭铁→蓄电池负极。

继电器线圈通电后，产生电磁吸力将上滑动继电器常开触点吸闭，使滑动电动机电路接通，其电路为：蓄电池正极→熔丝（70A）→熔丝（30A）→上滑动继电器触点→滑动电动

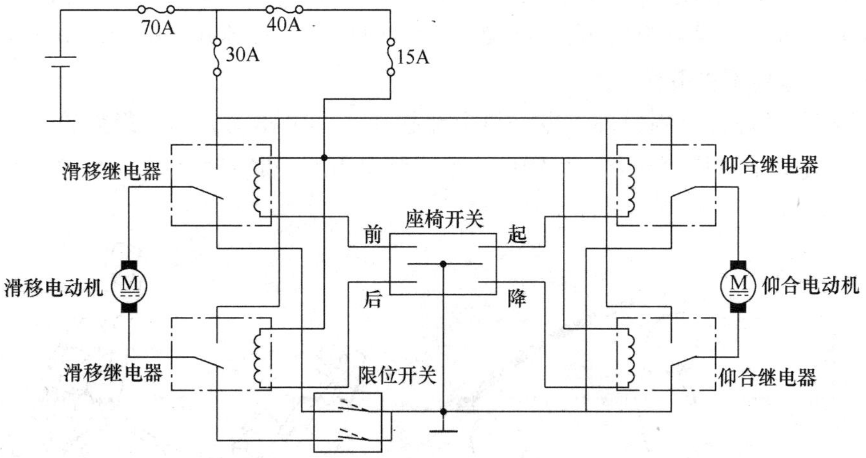

图 6-23 座椅前后移动和仰合控制电路

机→下滑动继电器常闭触点→限位开关→搭铁→蓄电池负极。

电动机电流接通时，其电枢便开始转动并输出力矩，经齿轮、蜗轮蜗杆和传动杆等传动机构传动，如图 6-24 所示，从而驱动座椅向前滑移。

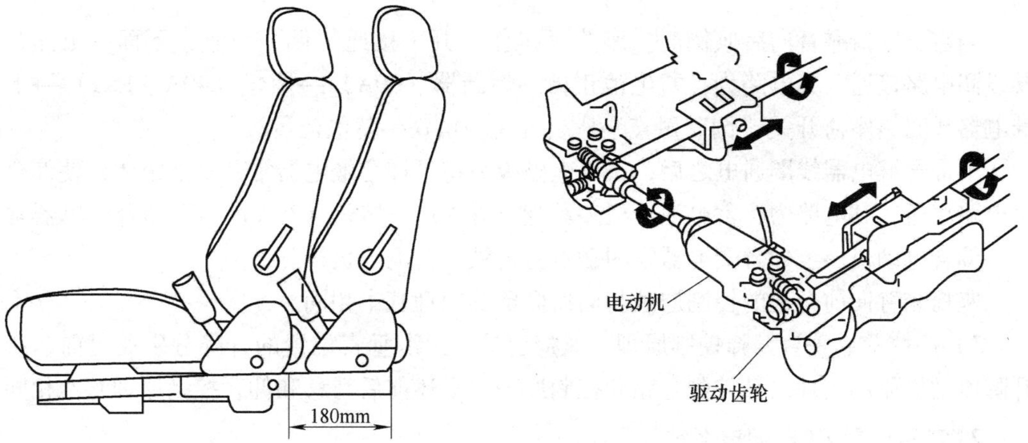

图 6-24 座椅前后移动及动力传递情况

当需要座椅向后移动时，座椅（操作）开关接通“后”位置，下面一个滑动继电器线圈电路接通，其电路为：蓄电池正极→熔断器（70A）→熔丝（40A、15A）→下滑动继电器线圈→座椅开关“后”移动触点→座椅开关→搭铁→蓄电池负极。

继电器线圈通电后，产生电磁吸力将下滑动继电器常开触点吸闭，使滑动电动机电路接通，其电路为：蓄电池正极→熔丝（70A）→熔丝（30A）→下滑动继电器常开触点→滑动电动机→上滑动继电器常闭触点→限位开关→搭铁→蓄电池负极。

由于电动机电流方向与座椅向前移动时电动机电流的方向相反，因此电动机转向反向，产生的力矩经齿轮、蜗轮蜗杆和传动杆传动后，驱动座椅向后滑移。座椅向后滑移的最大距离一般为180mm，当滑移距离达到最大距离时，限位开关被顶开，电动机电流电路被切断，电动机停转，座椅不再滑移。

2）座椅靠背仰合控制原理。电动机电流接通，产生驱动力矩，经齿轮和传动杆传动，如图6-25所示，驱动座椅靠背向后倾倒，最大倾斜角度一般为52°。

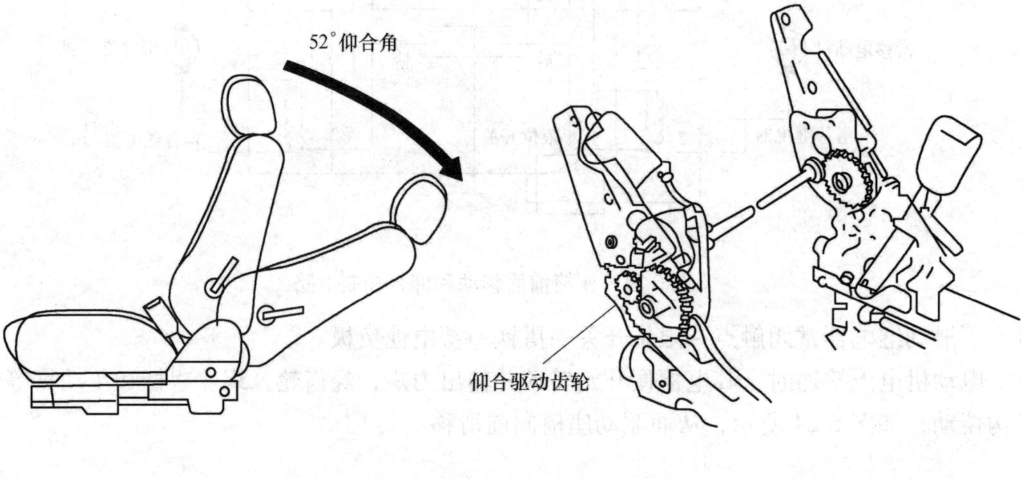

图6-25　座椅靠背仰合及动力传递情况

当需要座椅靠背向后倾倒时，座椅（操作）开关接通“倒”位置，下面一个仰合继电器线圈电路接通，其电路为：蓄电池正极→熔断器（70A）→熔丝（40A、15A）→下仰合继电器线圈→座椅开关“倒”触点→座椅开关→搭铁→蓄电池负极。

下仰合继电器线圈通电之后，产生电磁吸力将下仰合继电器常开触点吸闭，使仰合电动机电路接通，其电路为：蓄电池正极→熔丝（70A）→熔丝（30A）→下仰合继电器常开触点→仰合电动机→上仰合继电器常闭触点→搭铁→蓄电池负极。

座椅靠背向前合起的控制原理与向后倾倒的原理基本相同。

3）座椅前后垂直升降控制原理。座椅前沿、后沿垂直位置的升降分别通过前、后垂直升降电动机驱动实理。其控制电路和控制原理与上述前后滑移和仰合控制原理基本相同。

2. 座椅位置ECU调节系统

座椅位置ECU调节系统又称带存储功能的座位调节系统，其显著特点是通过操纵座位控制开关后，座位在ECU的控制下，将自动存储和复位。

目前，在大多数高档轿车上配装了座位ECU调节系统，其座椅位置的调整由座位控制ECU控制。下面以丰田雷克萨斯LS400型轿车座椅位置ECU调节系统为例说明其结构原理。

（1）座椅位置ECU调节系统的组成　座椅位置ECU调节系统是由电动机、控制机构和传动机构三部分组成，如图6-26所示。电动机和传动机构等执行器与非ECU调节系统基本相同，其不同之处在于控制机构。

座位ECU调节系统的控制机构由控制开关、位置传感器和ECU组成。

控制开关有操纵开关和限位开关：操纵（存储）开关一般采用触摸式或导电橡胶式开关。操作同一个开关，可向ECU顺序输入多个控制参数。限位开关用来限制传动部件移动的极限位置。

位置传感器的功能是监测并向座位ECU输入座椅不同位置的信号。

（2）控制部件的功能　电动座位开关的功能是：当接通该开关时，向座位ECU输入座椅前后滑移、前垂直、后垂直、靠背倾斜和头枕高低位置等信号。

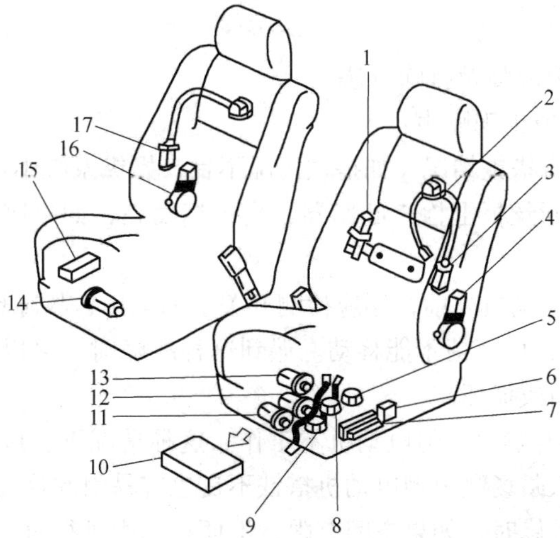

图6-26　丰田雷克萨斯LS400型轿车座位调节系统部件安装位置

1—腰垫电动机　2—头枕位置传感器　3—头枕电动机　4—倾斜电动机与位置传感器　5—后垂直位置传感器　6—腰垫开关　7—电动座椅开关　8—前垂直位置传感器　9—滑移位置传感器　10—电动座椅开关　11—滑移电动机　12—前垂直电动机　13—后垂直电动机　14—滑移电动机　15—座椅开关　16—倾斜电动机　17—头枕电动机

存储和复位开关的功能是：通过倾斜和伸缩ECU将记忆和复位信号输送到座位ECU的存储器中。

座位ECU的功能是：控制各电动机电流的接通与切断以及控制执行存储和复位动作。座位ECU接收到电动座位开关的输入信号后，ECU立即控制内部的继电器动作，接通或切断相应的控制电动机的电流，并通过动力传动机构驱动座椅移动。座椅位置的存储和复位由倾斜和伸缩ECU与电动座位ECU之间的相互通信联系进行控制。

腰垫开关的功能是：控制腰垫驱动电动机电流的接通、切断和电动机电流的流向（即控制电动机的旋转方向）。Z5接收到来门控熔断器DOOR CB的电源时，腰垫开关接通，腰垫驱动电动机电流接通，开关断开则电动机电流切断。

位置传感器的功能是：将每只电动机（包括滑动、前垂直、后垂直、倾斜和头枕电动机）的位置信号输送到座位ECU，再由座位ECU与倾斜和伸缩ECU控制存储和复位。

驱动电动机的功能是：提供动力，每只电动机内部都设有电路断路器。座椅前后滑动、前垂直、后垂直、倾斜和头枕电动机内电动座位ECU控制，腰垫驱动电动机由腰垫开关控制。

(3) 调节系统工作原理　电动座位 ECU 根据电动座位开关输入的座椅前后滑移、前垂直、后垂直靠背倾斜和头枕高低位置等信号，通过 ECU 内部的继电器分别控制各个驱动电动机动作，使座椅位置达到使用人员设定的要求。

位置传感器将每只电动机（包括滑动、前垂直、后垂直、倾斜和头枕电动机）的位置信号输送到座位 ECU，再由座位 ECU 与倾斜和伸缩 ECU 根据存储和复位开关信号控制座椅位置的存储和复位。

3. 电动座椅的检修

(1) 电动座椅的主要故障及排除方法

1）操纵系统不工作或出现噪声：

① 检查电磁阀与车身搭铁情况。如搭铁情况不良，操纵系统不可能工作。

② 使用测试灯在熔断丝板上检查断路器，指示灯发亮，如果座椅继电器有吸合声，故障可能出现在电动机上。

③ 在检测继电器和电动机之前，还应检测开关上的电压，故障也可能出现在开关上。

2）座椅电动机运转，但座椅不能移动。遇到这种故障时，可以检查电动机和变速器之间的橡胶万向节是否磨损或损坏。

3）座椅继电器有接合响声，但电动机不工作。这种情况下，应该检查电动机、电动机与继电器之间的电路。双磁场绕组型电动机搭铁不良也容易引起这类故障。

需要进行电动座椅维修时，如果空间有限，不便在车内进行时，可将电动座椅的某一部分卸下进行检修。

若使用电控单元控制的电动座椅，还应检查电控单元是否有故障，若有故障则应进行排除。

4）电动座椅无调整动作的可能原因：

① 开关故障。

② 电动机故障。

③ 搭铁连接不良。

④ 控制电路连接不良。

⑤ 电路断电器故障。

⑥ 传动机构故障。

5）电动座椅间歇性调整动作的可能原因：

① 开关故障。

② 电动机故障。

③ 搭铁连接不良。

④ 控制电路连接不良。

⑤ 连杆故障。

⑥ 电路断电器故障。

6）电动座椅调整动作慢的可能原因：

① 控制电路电阻值大。

② 电动机故障。

③ 搭铁连接不良。

④ 连杆故障。

⑤ 传动机构故障。

（2）电动座椅控制系统检查注意事项

1）在进行故障分析前，应先检查蓄电池电压是否充足、继电器上的熔断器是否完好。使驾驶人一侧车门保持打开状态，以便对具有存储功能的电动座椅进行检查。

2）座椅自动调节靠背倾度的极限为35°，若要求其有更大的靠背倾度，则需用操纵机械调节按键完成。

3）关上驾驶人一侧车门进行调出功能操作。该项操作须在关上车门后10min内进行。10min后，车门接触开关关闭自动调节功能。

4）关上驾驶人一侧车门30s后进行座椅功能调出操作。该项操作须一直按住所选位置键，直至座椅移到功能存储位置才可松开。

5）仅在更换调整电动机或反馈信号电位计时，才可以进行反馈信号电位计的调整，且只有拆掉驾驶人座椅后才能进行电位计的调整工作。

6）当变速杆不在驻车位置P位时，不要使用驾驶位置复位开关来进行调整。

7）在踩下制动踏板时，也不要使用复位开关。

（3）诊断实例　现以北京现代索纳塔轿车为例说明电动座椅的故障检查方法。

1）检查电动座椅电动机：

① 分离各电动机导线插接器。

② 把蓄电池电源连接在电动机导线插接器上，检查电动机转动状态。

③ 把蓄电池电源和插接器连接极性倒过来，检查电动机倒转状态。

④ 若电动机工作异常，则应更换电动机。

电动座椅电动机的导通状态见表6-2。

表6-2　电动座椅电动机的导通状态

开关位置 \ 端子号		1	2	3	4	5	6	7	8	9	10	11	12	13	14	15	16	17
后高度开关	上					○	─	─	─	─	─	─	─	─	─	─	─	○
							○	○										
	下					○	─	─	─	─	─	─	─	─	─	─	○	
							○	─	─	─	─	─	─	─	─	─	─	○
靠背开关	前								○	─	─	─	─	─	─	○		
															○	─	─	○
	后								○	─	─	─	─	─	○			
																○	─	○

2）检查电动座椅开关。操纵电动座椅开关，检查各端子之间的导通状态，见表6-3。导通状态如有异常，则应更换开关。

表 6-3　电动座椅开关导通状态

开关位置＼端子号		1	2	3	4	5	6	7	8	9	10	11	12	13	14	15	16	17
后高度开关	上					○	—	—	—	—	—	—	—	—	—	—	—	○
							○	○										
	下					○	—	—	—	—	—	—	—	—	—	—	○	
							○	—	—	—	—	—	—	—	—	—	—	○
靠背开关	前								○	—	—	—	—	—	—	○		
															○	—	—	○
	后								○	—	—	—	—	—	○			
																○	—	○

3）检查电动座椅限位开关。

① 分离限位开关，并操纵限位开关。检查端子之间导通状态，见表 6-4。

表 6-4　滑动电动机限位开关导通状态

位置＼端子	1	2	3
前	○	○	
后	○	—	○

开关导通状况如有异常，则更换开关。

② 在高度调节电动机上安装高度调节限位开关。电动机逆时针方向转动 1/2 圈后，检查电动机停止状态。

③ 电动机顺时针方向转动 1/2 圈后，检查电动机停止状态。

④ 若电动机工作异常，则更换电动机。

4）检查座椅加热器开关。

① 分离蓄电池负极（－）及导线插接器。

② 拆下地板控制台上盖上的座椅加热开关。

③ 检查开关导线插接器各端子。电动座椅加热器各端子之间的导通状态。

第四节　电动后视镜

一、传统电动后视镜

1. 后视镜的种类

（1）按安装位置分类　后视镜可分为内后视镜、外后视镜和下视镜 3 种。

（2）按后视镜的镜面形状分类　后视镜可分为平面镜、球面镜和双曲率镜面三大系列。

另外还有一种棱形镜。棱形镜的镜表面平坦，但其横截面为棱形，通常用作防眩目型的内后视镜。

（3）按制镜时涂用的反射膜材料分类 后视镜可分为铝镜、铬镜、银镜、蓝镜（TiO_2 涂层）等4种。

（4）按后视镜的调节方式分类 后视镜可以分为车外调节和车内调节两种。

车外调节式这种方式是在停车状态下，通过用手直接调节镜框或镜面的位置的方式来完成视角的调节，该方式费时费力，很难方便地一次性完成。并且驾驶人需在座位上用手伸出车窗外调节，在行车、雨天等情况下调节很不方便。一般的大型汽车、载货汽车和低档客车都采用车外调节方式，以降低成本。

车内调节式这种方式可为驾驶人在行驶过程中调节后视镜，观察后视野提供较为方便的条件。中、高档轿车大都采用车内调节方式。该方式又分为手动调节式（钢丝索传动调节或手柄调节）和电动调节式两种。

电动调节式后视镜为驾驶人提供了更便捷、更舒适的操作条件。它是目前中、高档轿车普遍采用的标准装备。

2. 电动后视镜的工作原理

现代轿车大多装备了电动后视镜，它一般由镜面玻璃、双永磁式电动机、连接件、控制开关、传动机构及其壳体等组成。其中，双永磁式电动机中有一个能使后视镜上下偏转的电动机和一个能使后视镜左右偏转的电动机。控制开关由旋转开关、摇动开关和线束等组成。桑塔纳2000系列轿车电动后视镜的结构如图6-27所示。

后视镜支撑在两支调整枢轴上，其直流电动机通过蜗轮蜗杆减速后驱动枢轴，枢轴把蜗轮的旋转运动转化为上下或左右运动，如图6-28所示。

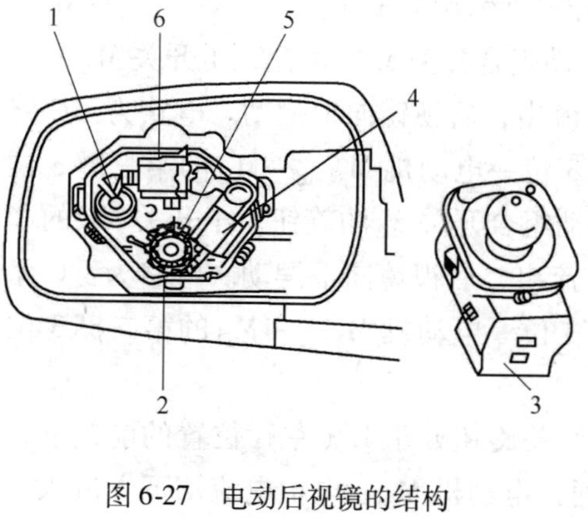

图6-27 电动后视镜的结构

1—枢轴 2—中枢驱动齿轮 3—控制开关

4—上下调整电动机 5—弹簧圈 6—左右调整电动机

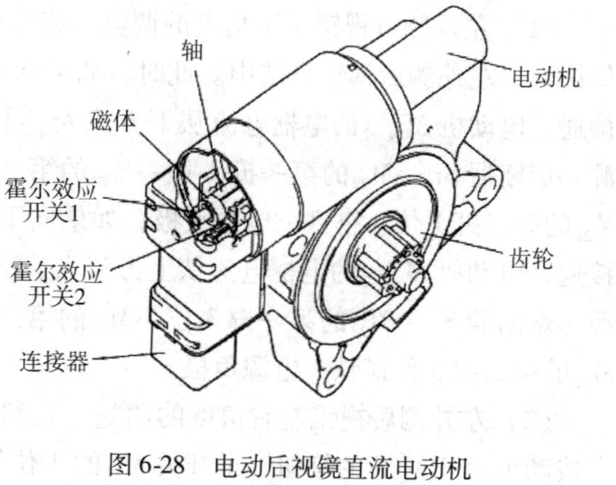

图6-28 电动后视镜直流电动机

桑塔纳2000系列轿车电动后视镜控制电路如图6-29所示。左右电动后视镜由设置在左前门内把手上端的调整开关控制。当点火开关处于“ON”位置，将此开关旋转，可选择需调整的后视镜，L为左侧，R为右侧，中间为停止操作。摇动开关可调整后视镜反射面的空间角度。

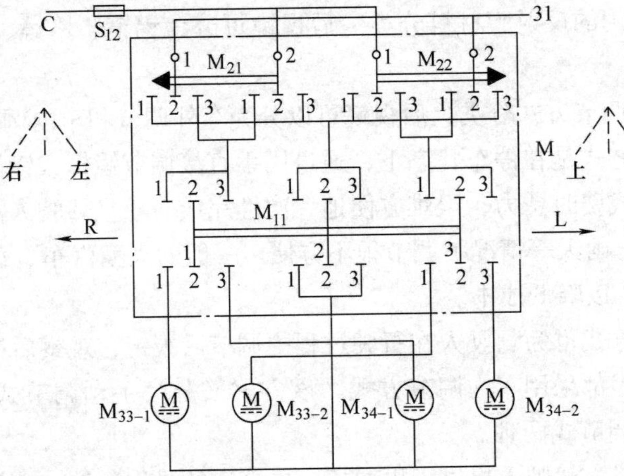

图 6-29 桑塔纳 2000 系列轿车电动后视镜的控制电路

M—电动后视镜开关 M_{33}—右侧电动后视镜电动机 M_{34}—左侧电动后视镜电动机

两侧电动后视镜各有两个永磁电动机，通过控制两个电动机的开关可获得二顺二逆 4 种电流，即可进行 4 种运动，使镜面产生 4 种不同方位的位置调整。C 是受点火开关控制的电源线，31 是搭铁线。电动机 M_{33-1}调整有外侧后视镜左右摇摆角度；M_{34-2}调整右外侧后视镜上下摇摆角度；M_{34-1}调整左外侧后视镜左右摇摆角度；M_{34-2}调整左外侧后视镜上下摇摆角度。所有电动机均由组合开关 M 控制，该开关既可旋转，又可上下、左右拨动。将组合开关 M 分为 3 个具有独立控制功能的子开关 M_{11}、M_{21}、M_{22}。接通点火开关后，即可根据需要通过操作组合开关 M 进行调整。调整方法如下：

（1）左外侧后视镜上下角度的调整　将组合开关旋钮旋向 L（左）位置，开关 M_{11}的 3 位接通，左外侧后视镜被选中。此时，如果向上拨动组合开关 M 的旋钮，子开关 M_{22}的 1 位接通，电动机 M_{34-2}的电枢电流从下方流入、上方流出，后视镜向上摆动。电路为：C 路电源→熔断器 S_{12}→M_{22}的第一掷 1 位→M_{22}的第二掷 3 位→电动机 M_{34-2}→M_{11}的第三掷 3 位→M_{22}的第二掷 1 位→搭铁→电源负极；如果向下拨动组合开关 M 的旋钮，子开关 M_{22}的 3 位接通，电动机 M_{34-2}的电枢电流从上方流入、下方流出，后视镜向下摆动。电路为：C 路电源→熔断器 S_{12}→M_{22}的第一掷 3 位→M_{11}的第三掷 3 位→电动机 M_{34-2}→M_{11}的第二掷 3 位→M_{22}的第二掷 3 位搭铁→电源负极。

（2）左外侧后视镜左右角度的调整　在组合开关旋钮处于 L（左）位置的前提下，向左拨动组合开关 M 的旋钮，子开关 M_{21}的 3 位接通，电动机 M_{34-1}电枢电流从下方流入、上方流出，电动机旋转带动左外侧后视镜向左摆动。电路为：C 路电源→熔断器 S_{12}→M_{21}的第二掷 3 位→M_{11}的第二掷 3 位→电动机 M_{34-1}→M_{11}的第一掷 3 位→M_{21}的第一掷 3 位→搭铁→电源负极；当向右拨动组合开关 M 的旋钮时，子开关 M_{21}的 1 位接通，电动机 M_{34-1}电枢电流从上方流入、下方流出，电动机旋转方向改变，从而带动左外侧后视镜向右摆动。电路为：C 路电源→熔断器 S_{12}→M_{21}的第二掷 1 位→M_{11}的第一掷 3 位→电动机 M_{34-1}→M_{11}的第二掷3位→M_{21}的第一掷1位→搭铁→电源负极。

3. 电动后视镜的功能

（1）记忆储存式后视镜　此类后视镜的镜面调节设计与驾驶人座椅、转向盘、内视镜构成一个调节系统，每个驾驶人可根据个人身高与驾驶习惯的不同，来调节后视镜的最佳视角、座椅、转向盘最佳舒适性，然后进行记忆储存。当其他人驾驶汽车后或被他人调整已记忆的视角，可以非常轻松地开启你的记忆储存，所有内在设施就可恢复到你最佳的设定状态。

（2）后视镜的加热除霜功能　当驾驶人在雾天或雨天行驶时，由于雾气造成的后视镜镜面的积雾、冬天积霜或雨水侵袭会造成驾驶人对侧后方的视线不清，影响行车安全，驾驶人需将手伸出车窗外进行清洁镜面表面，这样极不方便，又是暂时措施，雾气及雨水又会马上使之模糊不清，因此，为了功能上的完备，驾驶的安全性及操作的方便性，后视镜设计采用了加热除霜装置，例如采用电加热除霜镜片，当产生上述情况时，驾驶人就可方便地开启加热除霜按钮，从而解除了不必要的后顾之忧。

（3）后视镜自动折叠功能　当汽车进入较小区域，如弄堂、停车泊位时，由于后视镜镜框是车身最宽部位，这时为防擦伤及缩小停车泊位空间，保证在后视安全性上把损害程度降低到最小限度，就需将镜框折叠，通常做法是用手伸出窗外或人到车外将镜框折拢，这样在行车时就很不方便，因此，在折叠上设计了电动折叠功能，驾驶人在车内就可方便地调节，解决了许多操作上的不便。折叠机构的设计既要有保证缓冲及缩小车位的作用，又要保证后视功能的正常使用。

（4）带刮水器、洗涤器的后视镜　汽车在各种气候条件下工作，为了在各种情况下均能清晰地观察到汽车外部情况，有的外后视镜上增加了刮水器、洗涤器，能方便地刮去外后视镜上的雨、雪、泥浆及灰尘等。

（5）为提高视认性而装的测距和测高用后视镜　驾驶人通过这种特殊后视镜，能看清后面跟随而来车辆的距离，并估计出速度，保证汽车安全行驶。

二、电子防眩目后视镜

后视镜的作用是观察车后的车况，但如果在夜间行车时遇到后面车的前照灯照射，可能会产生强烈的反光，造成驾驶人眩目（晃眼），影响安全驾驶，因此，现代汽车在后视镜制作上采取了防眩目技术，以减弱后面照射灯光的反射强度，减低强光对驾驶人的刺激。目前，汽车所采用的防眩目技术主要有两种，中低档汽车多采用手动光学防眩目方式，中高档的汽车一般采用电子防眩目后视镜。

1. 电子防眩目后视镜的组成

电子防眩目后视镜（EC镜）是由一套能够根据车辆周围环境光线强度自动防眩目的装置，系统有前后两个光敏传感器，用于判断车辆的环境光线和后面车辆的眩目光强度。这种后视镜是在普通反射平面镜上面放置一块液晶屏，利用液晶通电改变透光率（变色），可以起到减低折射率的效果。

2. 电子防眩目后视镜的工作原理

电子防眩目后视镜工作原理是：当强光照在后视镜上时，镜上的传感器把光信号传送给微机，经过信号处理，控制电路会使镜面变色，以吸收强光，削减强光的反射。该系统的控制电路根据前后两个传感器检测到的光线强度，应用人机工程学的原理，自动调节后视镜的反射率，提供最适合驾驶人员的折射率，防止由于后来车辆刺眼的眩目光造成的交通事故，提高驾驶安全性。它还可以根据用户的集成电子罗盘、倒车雷达、温度、车门状态等功能增加一个与车辆行驶有关的信息显示窗口，在后视镜中用于显示车辆的行驶方向、倒车距离、汽车内外的温度和车门状态等信息。通过安装本产品能够有效地提高驾驶人员的驾驶舒适性和安全性。

三、电动后视镜的检修

当电动后视镜出现故障时，首先检查熔丝、电路连接和搭铁情况，若仍不能排除故障，则应检查开关和电动机是否良好。以北京现代索纳塔轿车电动后视镜为例，故障原因及解决方法见表6-5。

表 6-5　电动后视镜故障诊断表

故障现象	故障原因	故障排除方法
电动后视镜均不能动	熔断丝熔断 搭铁不良 后视镜开关损坏 后视镜电动机损坏	检查确认熔断后更换 修理 更换 更换
一侧电动后视镜不能动	后视镜开关损坏 电动机损坏 搭铁不良	更换 更换 修理
一侧电动后视镜上下方向不能动	上下调整电动机损坏 搭铁不良	更换 修理
一侧电动后视镜左右方向不能动	左右调整电动机损坏 搭铁不良	更换 修理

电动后视镜故障检测如下：

（1）电动后视镜开关的检查　电动后视镜的连接端子如图6-30所示，检查时从开关上拔下插接器，按着表6-6检查各个端子的导通情况，如不导通，要更换开关。

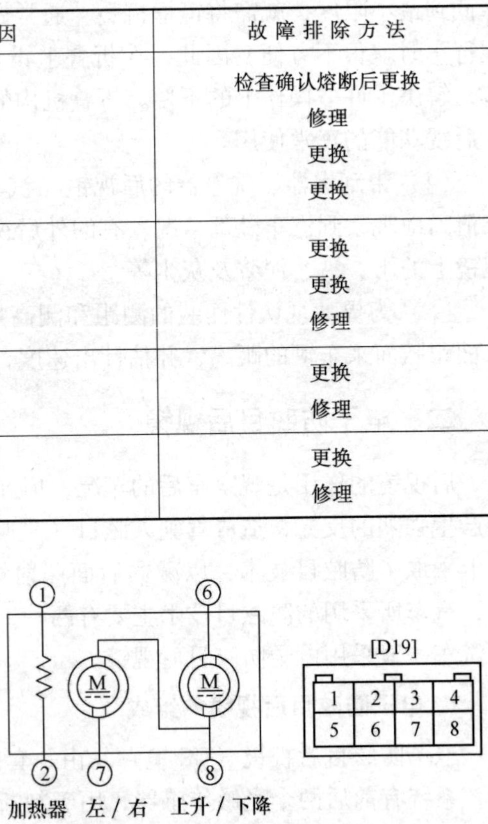

图6-30　电动机的插接器端子

（2）电动后视镜电动机的检查　电动后视镜检查的基本思路是把蓄电池的正、负极分别接至电动后视镜电动机插接器端子，端子如图6-31所示，检查时把蓄电池正负极分别接在各端子之间，检查电动机的工作情况。

表 6-6 电动后视镜开关总成的检查

后视镜	动作＼端子号	1	2	3	4	5	6	7	8
左	UP					○	○		
				○				○	○
	DOWN						○	○	○
				○		○			
	OFF			○		○		○	○
	LEFT					○	○	○	
				○					○
	RIGHT						○		○
				○		○		○	
右	UP					○	○		
		○		○	○				
	DOWN	○			○		○		
				○		○			
	OFF	○		○	○	○			
	LEFT	○				○	○		
				○	○				
	RIGHT				○		○		
		○		○		○			

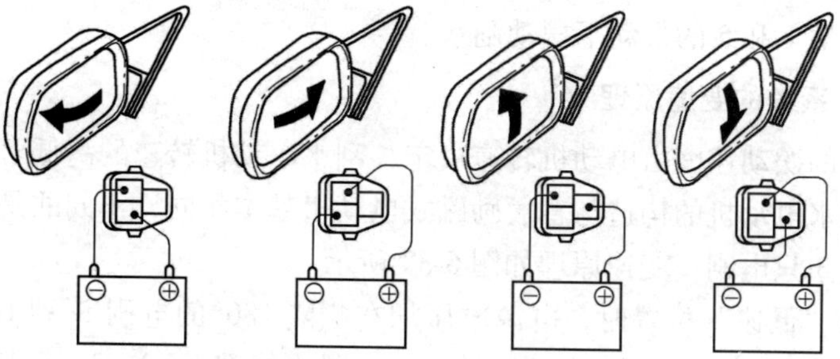

图 6-31 电动后视镜电动机的检查

第五节 电动刮水与洗涤系统

汽车风窗玻璃刮水系统的功用是：刮除风窗玻璃上的雨水、积雪、尘土和污物，为驾驶人提供良好的视野，确保行车安全。然而，在刮水系统刮除尘土或污物时，如果风窗玻璃上没有水分或洗涤液，尘土或污物就很难刮净，甚至还会刮伤玻璃。因此，汽车上配装有风窗玻璃洗涤系统。

汽车风窗玻璃刮水系统可分为电动式和气动式两种。汽车普遍采用电动式刮水系统。

1. 电动刮水系统的结构原理

电动刮水系统由刮水器和控制开关组成。刮水器由刮水电动机、传动机构、控制机构和刮水片组件四部分组成，结构如图 6-32 所示。

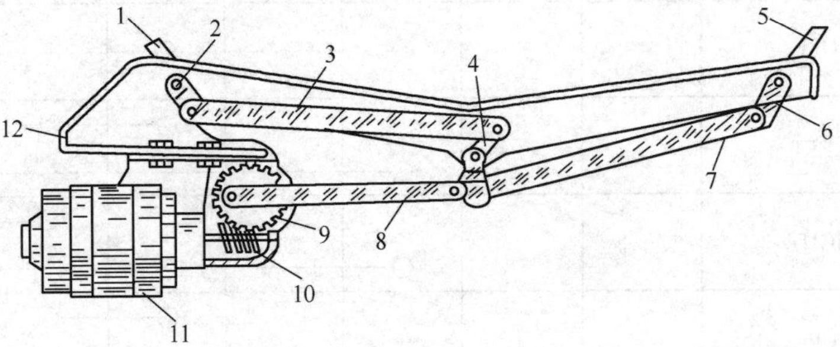

图 6-32　电动刮水器的组成

1、5—刮水片架　2、4、6—摆杆　3、7、8—连杆　9—蜗轮　10—蜗杆　11—刮水电动机　12—支架

刮水电动机 11 普遍采用结构简单的永磁式直流电动机。传动机构由蜗轮蜗杆机构和杠杆联动机构组成，蜗轮蜗杆机构由蜗轮 9 和蜗杆 10 组成，杠杆联动机构组成由连杆 3、7、8 和摆杆 2、4、6 组成。控制机构由刮水器开关、间歇刮水控制器和停车复位机构组成。刮水片组件由刮水片架 1、5 和橡胶刮水片（又称为橡胶刷）组成。

永磁式电动机因装在支架上，刮水片架连接在摆杆 2、6 上，刮水片架的上端连接橡胶刮水片。电动机的旋转运动由轴端的蜗杆 10 传给蜗轮 9 并转换为往复运动，蜗轮上的偏心销与连杆 8 铰接。蜗轮转动时，通过连杆 8、7、3 带动摆杆 4、6、2 摆动，风窗玻璃上的刮水片便在刮水片架 1 和 5 的带动下摆动刮水。

2. 电动刮水系统的变速原理

电动刮水片的摆动速度由电动机转速决定，刮水电动机转速的高低可通过永磁无刷电动机进行变换。刮水电动机的构造与普通励磁式电动机基本相同，不同的是磁场由永久磁铁产生，电动机上有 3 只电刷，变速原理如图 6-33 所示。

当开关拨向“低速”位置时，电源电压加在相隔 180°的电刷 B_1 和 B_2 之间，如图 6-33a 所示。在电刷 B_1 和 B_3 之间有两条并联支路，一条是由线圈 1、2、3、4 串联起来的支路；另一条是由线圈 5、6、7、8 串联起来的支路，每条支路各有 4 个线圈。两路线圈产生的全部反电动势与电源电压平衡后，电动机便稳定在某一转速旋转，此时转速较低。

当开关拨向“高速”位置时，电源电压加在偏置的电刷 B_3 和 B_3 之间，如图 6-33b 所示。在 B_3 和 B_3 之间也有两条支路，一条由线圈 5、6、7 共 3 个线圈串联而成，另一条由线圈 8、1、2、3、4 共 5 个线圈串联而成。其中线圈 8 的反电动势与线圈 1、2、3、4 的反电动势方向相反，因此电刷 B_2 和 B_3 之间的反电动势降低，电枢电流增大，驱动转矩增大，电动机转速升高，从而使刮水器的橡胶刷快速摆动。

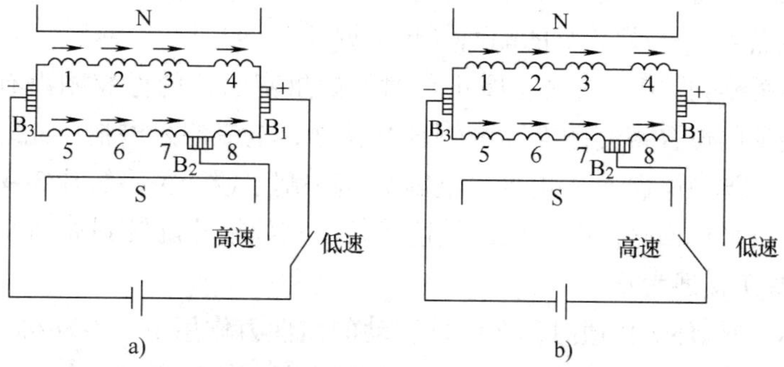

图 6-33 刮水器变速原理电路图

a）低速时电路 b）高速时电路

由此可见，永磁式三刷电动机的变速原理是当电刷偏置时，两电刷之间的反电动势降低，电枢电流增大，驱动转矩增大，所以电动机转速升高。

3. 电动刮水系统的控制过程

电动刮水器是由刮水器开关控制电动机电路变换实现变速刮水，变速控制电路如图 6-34 所示，控制过程如下：

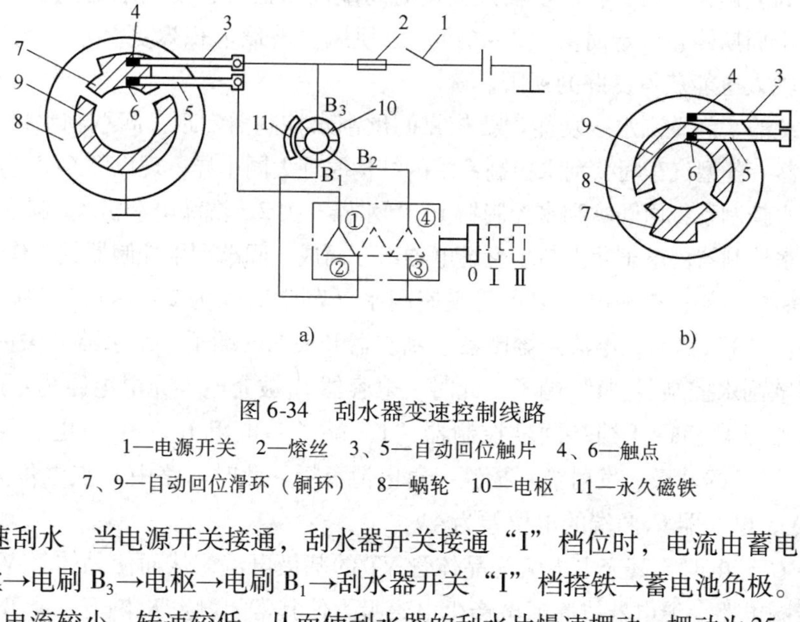

图 6-34 刮水器变速控制线路

1—电源开关 2—熔丝 3、5—自动回位触片 4、6—触点
7、9—自动回位滑环（铜环） 8—蜗轮 10—电枢 11—永久磁铁

（1）慢速刮水 当电源开关接通，刮水器开关接通“I”档位时，电流由蓄电池正极→电源开关→熔丝→电刷 B_3→电枢→电刷 B_1→刮水器开关“I”档搭铁→蓄电池负极。这时电枢反电动势较大，电流较小，转速较低，从而使刮水器的刮水片慢速摆动，摆动为 35 ~55 次/min。

（2）快速刮水 当刮水器开关接通“Ⅱ”档位时，电流由蓄电池正极→电源开关→熔丝→电刷 B_3→电枢→电刷 B_2→刮水器开关“Ⅱ”档搭铁→蓄电池负极。由于电刷 B_2 偏置一个角度，因此电动机高速转动，从而使刮水片快速摆动，摆动为 50 ~ 70 次/min（对于同一刮水系统，刮水片快速摆动次数与慢速摆动次数之差应当大于 10 次/min）。

（3）停机复位 电动机刮水器自动复位机构如图 6-34b 所示。在用尼龙制成的蜗轮 8 上嵌有铜环 7、9。铜环分成两部分，面积较大的铜环 9 与电动机外壳连接而搭铁。触片 3、5

用磷铜片或其他弹性材料制成，一端铆有触点 4 和 6。由于触片 3、5 具有弹性，因此在蜗轮 8 转动时，触点 4、6 与蜗轮 8 的端面（包括铜环 7、9）保持接触。

当刮水器开关推到“0”档位（停止）时，如果刮水器的橡胶刷没有停在风窗玻璃下沿，那么蜗轮转动的位置将使触点 6 与铜环 9 接通，电流流入电枢。此时电流从蓄电池正极→电源开关→熔丝→电刷 B_3→电枢→电刷负 B_1→刮水器开关→触片 5→触点 6→铜环 9→搭铁→蓄电池负极形成回路，电动机以低速运转，直到蜗轮旋转到如图 6-34a 所示位置时，触点 4、6 与铜环 7 接通为止。

当触点 4、6 与铜环 7 接通时，在电枢转动的惯性力作用下，电动机不能立即停转，而是以发电机运行形式而发电。因为电枢绕组产生的电动势的方向与外加电源电压的方向相反，所以电流从电刷 B_3→触片 3→触点 4→铜环 7→触点 6→触片 5→刮水器开关→电刷 B_1形成回路，并产生转矩（称为制动转矩）使电动机立即停止转动，此时橡胶刷恰好复位到风窗玻璃下沿。

4. 电动刮水系统间歇刮水原理

汽车在蒙蒙细雨或雾天气候条件下行驶时，如果刮水器按一般强度进行刮水，风窗玻璃上的微量水分和灰尘就会形成发黏的表面，不仅不能将风窗玻璃刮拭干净，而且还会留下污迹或斑点使玻璃模糊不清，影响驾驶人的视线。因此，大多数汽车都装备有间歇刮水电子控制器，在遇到上述天气时，将刮水器开关接通间歇刮水挡位，使刮水器刮水片摆动 1 ~ 2 次之后，按一定周期停止一定时间（3 ~ 6s），以便风窗玻璃上积聚更多水分而将灰尘刮除干净，同时驾驶人也能获得良好的视野。

刮水系统的“间歇刮水”功能主要依靠间歇刮水控制器实现，间歇刮水控制器又称为间歇刮水继电器。各型汽车间歇刮水控制系统的结构原理大同小异，现以图 6-35 为例进行说明。

间歇刮水控制系统由间歇刮水控制器 1、刮水器开关 2、洗涤电动机 3、刮水电动机 4 等组成。间歇刮水控制器由电子元件与小型继电器组合而成。间歇刮水控制器的工作情况如下：

1）电容器 C_1初次被充电，刮水器慢速刮水（刮洗时间为 2 ~ 4s）；当刮水器开关置于间歇刮水档位“I”档时，电流经熔断器、刮水器开关 53a 端子、刮水器开关内部“I”档导电片进入间歇刮水控制器“I”端子。此时，电容器 C_1被充电。充电电路为：电源正极→熔断器→刮水器开关 53a→I 档→间歇控制器“I” 端子→电阻 R_9→R_2→电容器 C_1→二极管 VD_2→晶体管 VT 的基极、发射极→搭铁→蓄电池负极。此时电路中 C 点电位为 1. 6V，B 点电位为 5. 6V，电容器 C_1两端的电位差为 4V。

电容器 C_1充电时，其充电电流为晶体管 VT 的基极电流，从而使晶体管 VT 导通，接通了继电器线圈电路。继电器线圈通电产生电磁吸力使其常闭触点 K_2断开、常开触点 K_1闭合。接通刮水电动机电路，其电路为电源正极→熔断器→间隙刮水控制器 15 端子→常开触点 K_1→控制器 53e 端子→刮水器开关 53e 端子→开关内“I”档导电片→刮水器开关 53 端子→刮水电动机电枢→搭铁→电源负极。刮水电动机电路接通并慢速旋转，刮水器刮水片慢速刮水，刮洗时间为 2 ~ 4s。

2）电容器 C_1放电，刮水器停止刮水（间歇时间为 4 ~ 6s）：当橡胶刮水片往返一次后回到风窗玻璃的最下沿位置时，刮水电动机也旋转至自动复位位置，此时停机复位机构的触

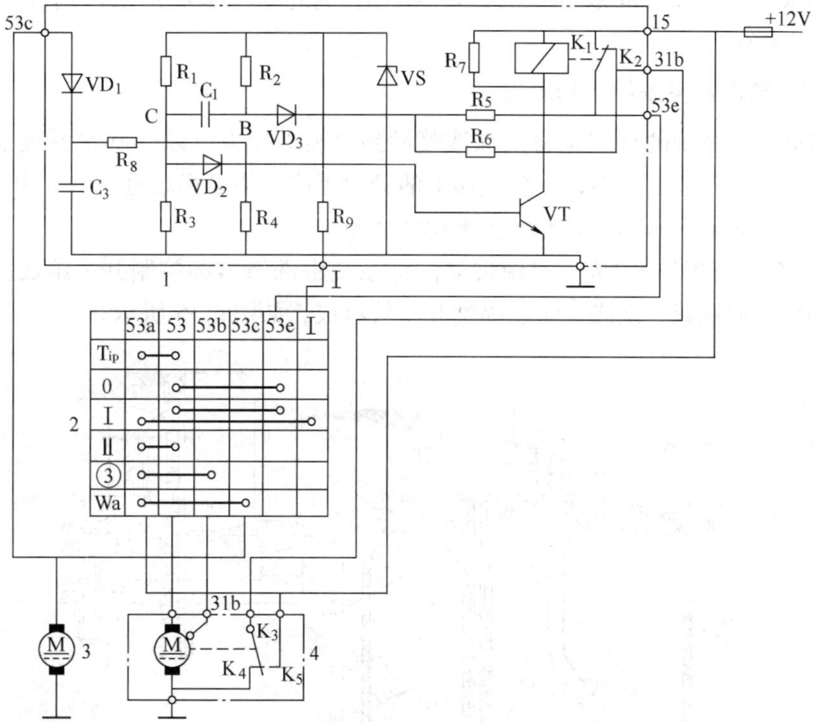

图 6-35　间歇刮水控制电路

1—间歇刮水控制器　2—刮水器开关　3—洗涤电动机　4—刮水电动机与停机复位机构　T_{ip}—点动刮水档位　0—停机档位　Ⅰ—间歇刮水档位　Ⅱ—慢速刮水档位　③—快速刮水档位　Wa—洗涤玻璃档位

点 K_3 与 K_4 接通，使 31b 端子搭铁，为电容器 C_2 提供放电回路。

电容器 C_1 的放电回路主要有两条电路：一路经电阻 R_2、R_1 构成放电回路，另一条放电回路是电容器 C_1 正极→二极管 VD_2→电阻 R_6→控制器 31b 端子→停机复位机构 31b 端子→自动复位触点 K_3、K_4→搭铁→稳压二极管 VS→电阻 R_1→电容器 C_1 负极。

在电容器 C_1 放电瞬间，电路中 B 点电位迅速降低到 2.8V。因为 C_1 两端放电前的电位差为 4V，所以放电瞬间将使 C 点电位降低为 -1.2V，因此晶体管 VT 基极电位降低而截止，切断继电器线圈电路，其常开触点 K_3 再次断开，常闭触点 K_2 再次闭合，恢复到控制器 31b 端子与 53e 端子接通时的初始状态，并使电阻 R_5、R_6 并联，加速 C_1 放电，为 C_1 再次充电做好准备。从电容器 C_1 开始放电到再次充电位晶体管 VT 再次导通所经历的时间，即为刮水器刮水片间歇（停止摆动）时间。因此，间歇时间长短取决于电容器 C_1 的放电时间常数。

3）电容器 C_1 再次充电，刮水器再次慢速刮水（刮洗时间为 2～4s）：电容器 C_1 放电到一定程度时将被再次充电。随着 C_1 充电时间增长，电路中 C 点电位将逐渐升高。当 C 点电位升高到接近 2V 时，晶体管 VT 再次导通，C_1 将再次充电，刮水电动机电路再次接通并慢速旋转，刮水器刮水片再次慢速摆动刮水（刮洗时间为 2～4s）。

由此可见，只要刮水器开关置于间歇档位置（即“I”档位置），在间歇刮水控制器的控制下，电容器 C_1 就会不间断地充电与放电，使晶体管 VT 循环导通与截止，继电器线圈循环通电与断电。刮水电动机电路循环接通与断开，从而控制刮水器刮水片处于间歇刮水状态，直到刮水器开关离开间歇刮水的“I”档位置为止。刮水器刮水片刮洗时间为 2～4s、间歇时间为 4～6s。

5. 风窗玻璃洗涤系统的结构原理

风窗玻璃洗涤系统的功用是将洗涤液喷洒到风窗玻璃上，以便刮水系统刮洗尘土或污物。在汽车行驶或停驶过程中，风窗玻璃上沾染尘土或污物是很难避免的。为使驾驶人具有良好的视野，大多数汽车都配装有风窗玻璃洗涤系统。

(1) 洗涤系统的结构组成　风窗玻璃洗涤系统由洗涤器和控制开关组成。洗涤器主要由洗涤电动机、储液罐、洗涤水泵、喷嘴和水管组成，如图 6-36 所示。

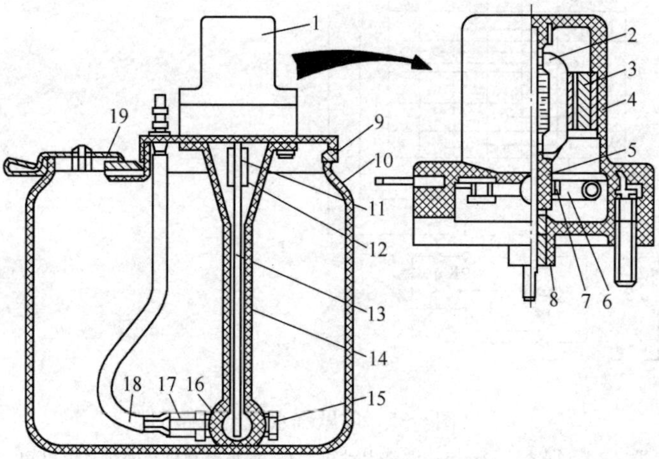

图 6-36　洗涤器组成

1—电动机　2—电枢　3—永久磁铁　4—电动机壳体　5—集电环　6—电刷架　7—电刷　8—法兰盘　9—水泵固定盘　10—储液罐　11—电动机轴　12—万向节　13—水泵轴　14—水泵壳　15—水泵转子　16—滤清器　17—接头　18—出水软管　19—储液罐盖

洗涤电动机一般都为微型永磁式高速电动机，空载转速高达 20000r/min。电动机是全封闭的，其工作制度为短时额定工作制。

洗涤水泵为离心式叶片泵，叶片转子固定在水泵轴上，水泵轴用万向节与洗涤电动机轴连接。出水软管用胶管分别与两个或四个喷嘴连接。喷嘴安装在风窗玻璃前方的发动机室盖上，左右各安装一个或两个喷嘴，分别将洗涤液喷洒到风窗玻璃上，以便刮水系统刮洗尘土或污物。

储液罐由塑料制成，内装洗涤液。洗涤液一般由水或水与适量的添加剂组成，添加剂有助于清洁或降低冰点。如在水中加入 5% 的氯化钠（食盐），则可提高洗涤液的清洁能力。在寒冷地区为了防止洗涤液冻冰，可在水中加入 50% 的乙二醇等。

(2) 洗涤系统工作原理　当接通洗涤电动机电流时，电枢绕组便在永久磁铁产生的磁场中受力旋转。电枢轴转动时，通过万向节驱动水泵轴和泵转子一同旋转，泵转子便将储液罐内的洗涤液泵入出水软管，并经风窗玻璃前方的喷嘴喷向风窗玻璃。与此同时，刮水器同步工作，刮水片同时摆动，从而将风窗玻璃上的尘土或污物刮洗干净。

刮洗风窗玻璃上的尘土或污物时，首先应当接通洗涤开关使洗涤泵旋转，并将洗涤液喷洒到风窗玻璃上，然后再接通刮水器开关使刮水片摆动进行刮洗。洗涤泵连续工作的时间不得大于5s，使用间歇时间不得少于10s。当储液罐内无洗涤液时，不要接通洗涤泵空转，以免损坏洗涤电动机。

6. 电动刮水与洗涤系统的检修

（1）电动刮水器的一般故障和排除方法　由于刮水器的机械系统中的零部件和电气控制系统中的元器件不能正常工作、有异常的振动或噪声等，导致影响擦拭效果、妨碍视线，使驾驶人感受焦躁不安或失去设计中的功能，甚至不能正常运行，这就是刮水器产生了故障。故障的性质可分为机械系统故障和电气系统故障。电动刮水器的结构、形式种类多样，不同制造厂生产的刮水器，在机械结构、电气电路、控制方式等方面均有不同程度的差异，因此各种刮水器故障产生的性质原因和排除方法各有所异。在使用中，电动刮水器常见的故障现象、产生的可能原因及其排除方法见表6-7。

表 6-7　电动刮水器常见故障及排除方法

故障现象	可能原因	排除方法	故障现象	可能原因	排除方法
刮水器不工作，电动机不转	熔丝烧断 导线松动或接触不良 刮水器开关损坏或接触不良 电动机内部故障 • 电刷磨损或卡住 • 电枢绕组烧坏 • 电枢绕组接线脱焊 • 机壳磁钢脱落 • 转子卡死	更换熔丝 修复 修复或更换开关 检修或更换电动机	刮水器动作迟缓	电动机轴承和减速器齿轮润滑不良 电刷接触不良或弹簧过软 电动机轴向调整不妥或扫膛	加注润滑脂 更换电刷或弹簧 检测电动机电流并调整电动机顶丝，更换零部件或电动机
电动机接通，刮水器不工作	传动杆脱落 • 连接处接头磨损 • 球碗破损 • 配合处设计考虑欠合理 传动杆卡住不能运动 减速器齿轮损坏	安装调整、或更换零件，改进设计 检查调整 更换齿轮	刮水器动作过快	工作电压偏高 电动机磁钢性能变低 电动机电枢绕组故障或电刷与换向器配合位置不当 刮片与玻璃分离	检查原因 对电动机进行整机充磁调整 检查、排除和调整 调整或更换刮片或胶条
刮水器工作有异常响声	连杆机构扭曲变形，运动发生干涉 齿轮磨损 齿轮与电机轴配合不当 • 电机轴变形 • 设计不合理 电动机噪声大 电压过低或开关接触不良 刮片和玻璃的接触面脏污	修复或更换 更换 更换调整（校直） 检修、更换 检修 清洁	变速刮水器不变速（无低速档、或无高速档）	开关接触不良 电刷接触不良或引线开焊	清洗修复或更换 更换或修复
			刮水器自动间歇控制失灵	自动控制开关损坏或接触不良	更换或修理

（续）

故障现象	可能原因	排除方法	故障现象	可能原因	排除方法
刮水器开关关闭，电动机仍不停转	开关或接线短路 自动停位控制器触点烧坏 自动停位控制器搭铁不良 停位器触点污染或接触不良	确定故障点，并排除，或更换开关 修正触点或更换 检查并修复 清洁检修	刮水器刮刷效果不良	刮片与玻璃分离 • 刮片胶条断面设计不合理 • 刮水器刮片与玻璃的曲率配合不当 • 摆轴在车身的位置不适	改善刮片胶条设计、更换胶条或刮水器
刮水器关闭，电动机停转雨刮不能自动回位	停位控制板位置不当 刮片胶条磨损或老化龟裂 风窗玻璃上有油垢 刮片对玻璃的压力不适或不均匀	调整 更换胶条 洗涤玻璃 调整压力		汽车高速行驶超过一限度时使刮片浮起	降低车速或更换刮水器

（2）电动刮水器的检修与调整　电动机刮水器的检修主要是对电动机的检修。目前，刮水器的驱动电动机多为永磁直流电动机，在使用中可能出现的故障多数是电动机换向恶化和运动性能的异常变化，所以要分析故障产生的原因，就必须仔细观察运行时出现的异常情况，根据电动机内部的基本规律和积累的经验作出判断，找出原因进行排除。

当刮水器电动机发生故障时，应首先对电动机的电源、线路、辅助装置和电动机所带的负载进行检查，看其是否正常。然后再检查电动机是否有机械故障以及由机械引起的电气故障。

1）刮水器电动机主要故障的检修

① 电刷与换向器表面接触不良。汽车上使用的永磁式直流电动机由于运动中振动较大，易遇到电刷和换向器不能保证良好的滑动接触而导致换向不良的故障。电刷和换向器接触不良的原因有：电刷架或电刷握有松动、电刷弹簧折断或压力不足、电刷在电刷握中卡住、电刷磨损严重、换向器表面油污，烧蚀，失圆、有片间云母的换向器因换向器表面磨损而使云母突起。

当有上述情况发生时应紧固刷架，更换或调整刷簧及电刷。电刷与刷盒间应留有适当的间隙，刷盒边和换向器表面的距离应适当，距离过大会使电刷振动增大与换向器接触不良。电刷与刷盒的配合应保持在一定压力下电刷在刷盒中能自由滑动，但又无过大的间隙；当电动机稍有振动，换向器表面稍有不平或不圆时，仍能保持电刷与换向器之间有良好的接触；更换电刷需要研磨时，用较细的玻璃砂纸包在换向器外圆上，将砂纸沿换向器的圆弧前后抽动研磨电刷，经研磨的电刷装机后应空载工作一段时间，再投入正常运行。换向器是直流电动机的关健部件，要求表面光洁圆整、没有局部变形，表面的污物可用酒精擦净。换向器表面出现不规则情况，应使电动机在旋转时，用玻璃砂纸研磨换向器，或精车换向器外圆。当换向器片间云母突出时，应先下刻云母，再研磨换向器外圆，方能使换向器表面光滑。

② 轴承或电枢轴的损坏。电枢轴是传递转矩、带动机械负载的主要部件，要有足够的强度与刚度传递电动机的功率，使电动机在运转时不发生振动或扫膛。刮水器电动机同样可能因机械上的原因不能正常运行。损坏的现象有轴承或电枢轴磨损、轴头弯曲变形等。维修

的方法是更换零件、修补等。汽车刮水器电动机的轴承广泛采用的是用粉末冶金法生产的一种滑动轴承——含油轴承，具有运行噪声小、成本低廉的特点，可更换。电枢轴的磨损，可在轴颈外镀铬后，再磨至需要的尺寸。

③ 定子机壳故障。刮水器电动机受到意外冲击与振动及其他环境因素影响或因制造不良，使定子磁钢破碎、脱落或磁性能降低，均会造成电动机运行异常。

刮水器电动机的定子磁钢目前多采用廉价的永磁铁氧体材料，用环氧树脂胶或更高性能的粘结剂固定于机壳内。当磁钢破碎或脱落时，将机壳内表面擦试干净，同时作好磁钢原来所在位置标记，粘结剂均匀涂在磁钢外表面，粘牢于机壳内，待粘结剂完全固化方可安装、运行，注意磁钢与电刷的相互位置要正确，否则将影响电动机的换向性能及运转速度等。

当磁钢性能降低时，可将整机置于充磁机上对磁钢进行反复充磁调整，或更换定子机壳或磁钢。

④ 电动机引线连接及电枢绕组故障。刮水器电动机的引出线因包装前运输不当或安装等原因可能造成连接处接触不良或脱焊，特殊情况造成搭铁事故，发现问题应及时补救和排除，确保电机正常运行。

刮水器电动机的电枢绕组是一种闭合绕组。常见的故障主要有断路或焊接不良以及短路、搭铁，罕见绕组错接，绕组的断路或焊接不良，发生于绕组元件断线和绕组接头与换向器的焊接不牢或脱焊，应查找故障点并修复。绕组的短路常有换向器片间短路和绕组元件匝间短路，受潮也能使线圈内产生局部短路。有短路现象时，电动机的空载和负载电流增大，电枢局部发热，甚至电枢冒烟，烧毁绕组。这种故障可以用测量片间电阻的方法检查。如果线圈因受潮引起局部短路，可将电枢干燥处理后再检查。对于片间短路应将换向器绝缘槽清理干净，并研磨换向器表面使其光洁圆整。若绝缘破损，可采用加强绝缘方法修复。若短路线圈较少，可采用应急的局部修理方法，常采用跳接法处理，即将短路线圈从电路中割离开来。对短路事故较严重而损坏转子绕组所造成绝缘击穿或搭铁时，应视具体情况采取局部或全部绕组甚至整个电枢部件更换的处理方案。

电枢绕组需要重绕修理时，在拆除旧绕组前应做好标记，标出一个线圈的上层边和下层边所在槽的位置以及线圈的引线头所连的换向片的相互位置。做好电枢标记，对于刷架不能移动的刮水器电动机很重要，因为它直接影响到电动机的换向、运转速度、输出转矩等性能。在拆除绕组过程中，注意记录绕组的旋向、每元件匝数、导线直径、绕组跨距、换向片节距等数据，必要时还应画出草图。拆除旧绕组后，应清除铁心槽中的废物，并修整换向器。刮水器电动机的绕组绕法采用叠绕法，绕制时若铁心槽内涂有环氧树脂层且无损坏，可免用绝缘衬纸，若需绝缘衬纸时，其尺寸视电枢铁心而定。绕制后需对电枢绕组整形、焊接、检测电枢部件有无搭铁、短路故障，并装入定子机壳，作通电试验，电动机应运转正常。重绕后的电枢绕组还应进行绝缘漆处理。

2）刮水器的检修与调整。对刮水器装车后的工作状况进行检验时，应注意预先将风窗玻璃喷湿，以免刮伤玻璃，损坏刮片或烧坏电动机。

刮水器的调整，是进行其停止位置的调整。有的自动复位装置的外壳上有调整盖，调整时只需拧松紧板螺钉，将盖顺时针转动，停止位置缩短；逆时针转动则停止位置延长。有的刮水器调整时，需打开减速器后盖，对停位控制板进行调整。

3）使用维修注意事项。刮水器在使用过程中，应经常做好维护工作，保持清洁，安装可靠，接触良好，以减少其故障的发生，确保安全运行和延长其使用寿命。在使用维修汽车窗玻璃洗涤设备和刮水器时应注意以下几点：

① 电动机接线应符合线路原理图，切勿接错。

② 紧固刮水器固定螺套时注意边调整边紧固，以电动机曲柄及连杆等各运动部件运转灵活为准（安装时最好在电源线路中串入电流表以观察电动机工作电流是否正常），若不加调整，螺母过紧，连杆不平行，造成各运动部件受力不均，影响刮水器使用寿命，或过早损坏零件，甚至破坏齿轮，烧毁电动机。

③ 洗涤风窗玻璃的尘土和泥垢时，应在喷水器喷液洗涤的同时使刮水器工作。注意先开液泵，后开动刮水器。

④ 洗涤设备连续工作时间不宜过长。因喷水器电动机是按短时工作设计的，每次连接时间一般不超过20s；若喷不出液体时更不宜强制接通，以免将电动机烧坏；洗涤液应保持清洁，以免堵塞喷嘴。

⑤ 若转动刮水器操作杆时，刮水器不动作，说明有故障，应即刻将操作杆转回关闭位置，以免损坏刮水器电动机。

思考题

1）应该如何诊断汽车电子仪表的故障?

2）电动后视镜不能工作，可能是什么原因导致的，为什么?

练习题

1. 填空题

1）磁电脉冲式电子里程表从安装在传动部分的__________取得转速信号，驱动脉冲电动机使__________工作来指示车速里程。

2）汽车上使用的显示装置主要有__________、荧光显示器（VFD）和__________等。

3）真空荧光显示器由真空玻璃盒、__________、栅极和__________组成。

4）真空荧光显示器显示图形有两种方式，即__________笔画段和__________笔画段，__________笔画段能显示全部字母和数字。

5）现代轿车大多装备了电动后视镜，它一般由__________、双永磁式电动机、__________、控制开关、传动机构及其壳体等组成。

6）车窗玻璃每次运行的最长时间为__________，当车窗玻璃运行到上方的停止位置时，电动机会满负荷运行__________，使车窗玻璃完全关闭到位。

7）电动车窗控制系统一般由电动车窗主控开关（在驾驶人侧车门上）、电动车窗主继电器、__________、__________、电源断路器、指示灯等组成。

8）真空荧光显示器阳极由不同的笔画段组成，在数字电路的开关控制下可显示不同__________和__________。

9）刮水器由__________、传动机构、控制机构和__________四部分组成。

10）洗涤器主要由洗涤电动机、__________、洗涤水泵、__________和水管组成

11）电动刮水片的摆动速度由__________转速决定，刮水电动机转速的高低可通过永磁无刷电动机进行变换。

12）洗涤液一般由水或水与__________组成。如在水中加入5%的__________，则可提高洗涤液的清洁能力。在寒冷地区为了防止洗涤液冻冰，可在水中加入50%的__________等。

2. 问答题

1）汽车上常使用的电子仪表有哪些?

2）真空荧光显示器的工作原理?

3）液晶显示与发光二极管、真空荧光显示的主要区别?

4）电动车窗系统的功用是什么？主要由哪些部件组成?

5）“触觉”防夹电动车窗的组成及工作原理?

6）“视觉”防夹电动车窗的组成及工作原理?

7）汽车座椅位置调节系统按控制方式分为哪两类？座椅位置调节系统由哪几部分组成?

8）在座椅位置非ECU调节系统中，驾驶席座椅位置一般用几只电动机控制？调节座椅位置的控制机构由哪些部件组成?

9）座椅位置的传动机构由哪些部件组成？座椅位置ECU调节系统的显著特点是什么?

10）电子防眩目后视镜的组成及工作原理?

11）洗涤系统的工作原理?

3. 论述题

1）汽车电子仪表显示系统的检修注意事项?

2）汽车电子仪表常用的检测方法?

3）汽车电子仪表常见故障的检测?

4）电动车窗电动机的检查?

5）电动刮水系统的变速原理?

6）电动刮水系统的间歇刮水原理?

第七章

通信与智能化控制系统

◎ **掌握技能**

- 汽车导航自诊断系统的使用
- 车载网络的故障诊断方法
- CAN 总线的故障自诊断方法

◎ **基本理论**

- 汽车导航系统的组成及工作原理
- 轿车导航系统的组成及工作原理
- 车载局域网的分类与标准
- 车载网络的通信协议

★ 案例导入

故障现象：一辆上海别克轿车，在车辆行驶过程中，时常出现转速表、里程表、燃油表和冷却液温度表指示为零的现象。

故障诊断：读取故障码存储器各个电控模块均没有当前故障码，而在历史故障码中出现多个故障码。其中：SDM（安全气囊控制模块）中出现 U1040—失去与 ABS 控制模块的对话、U1000—二级功能失效、U1064—失去多重对话、U1016—失去与 PCM 的对话、IPC（仪表控制模块）中出现 U1016—失去与 PCM 的对话、BCM（车身控制模块）中出现 U1000—二级功能失效。经过故障码的读取可以知道，该车的多路信息传输系统存在故障，因为 OBD-Ⅱ规定 U 字头的故障码为汽车多路信息传输系统的故障码。上海别克轿车的电源系统电路如图 7-1 所示，上面所提的电控模块共用一根电源线，并且通过前围板。由于故障码为间歇性的，可以断定是这根电源线发生了间歇断路故障。更换电源线，故障排除。

根据上述案例，请思考下列问题：

1）上海别克轿车车身控制系统的组成？

2）为什么出现如此多的故障码？

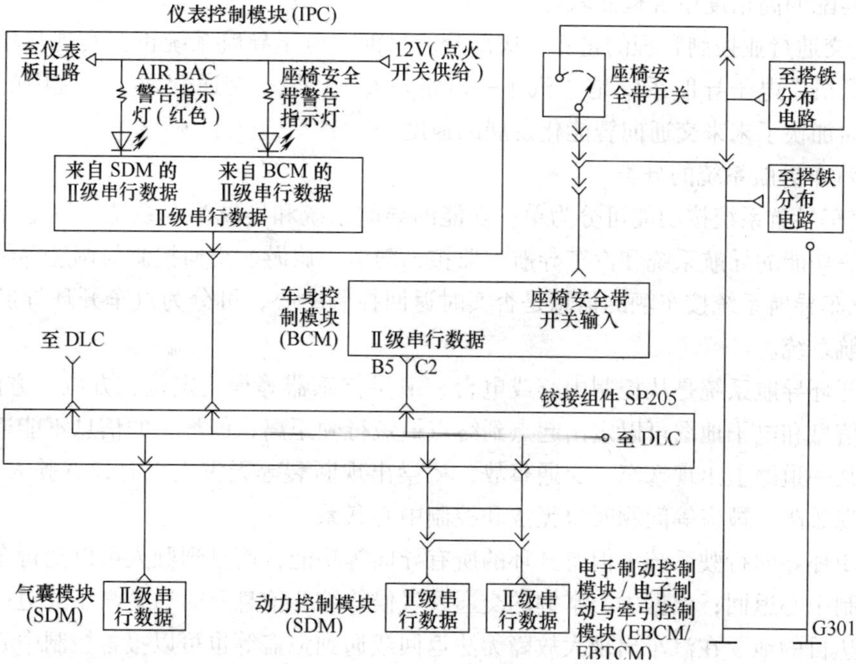

图 7-1　上海别克轿车的多路传输系统

第一节　汽车导航系统

一、汽车电子导航系统的工作原理

1. 汽车导航系统概述

随着科学技术的发展，汽车导航系统快速发展。从功能上看，最早的汽车导航系统概念是只具有简单的“示向”系统，即只能显示汽车航行的方向及到达目的地的距离，无任何“导向”功能，而随着技术的不断发展，目前已出现比较先进的具有汽车导航功能、防盗功能、调度功能、汽车主要工况的监测报警等功能的综合系统。从设备上看，汽车导航系统原先仅由汽车行驶方向及距离传感器、CPU、CRT 等组成，目前已发展成利用“3C 技术”，即计算机/通信及控制技术结合的全球卫星定位系统，建立了具有行车导航、控制等功能的综合大系统，而且民用精度已达到米级。

（1）汽车导航系统的特点

1）实现实时位置测定。由于导航系统采用了检测精度高、工作稳定性较好的角速度传感器（陀螺传感器），能实现实时位置测定。

2）具有自动检索与图像放大等功能。装备 CD-ROM 只读存储器，采用声控导航，使系统具有自动检索、图像放大等功能。

3）自动修正车辆位置。采用全球定位系统（Global Position System，GPS）及先进的检测手段和传播技术，在导航系统中引入了具有自动修正车辆位置的地图匹配技术，并开发出了与之相匹配的高精度位置检测软件。

4）是交通行业控制管理的重要组成部分。目前，电子导航系统正在实现与地面交通管理网络的联机，电子导航系统是“汽车—道路—人—环境—交通管理”系统中的重要组成部分，从而加快了未来交通向智能化发展的速度。

（2）汽车导航系统的分类

1）汽车导航系统按功能可分为单一功能的导航系统和导航综合系统。汽车导航综合系统包括单一功能的导航系统和汽车导航、监控、防盗、旅游、交通控制与调度等综合系统。

2）汽车导航系统按车辆的信息是否实时返回控制中心，可分为汽车开环导航系统和汽车闭环导航系统。

汽车开环导航系统是从控制中心或电台、卫星传感器等得到定位、方位、方向等信息，根据这些信息和电子地图可以定出起点到终点最短行驶距离，但汽车的信息不能返回控制中心。如果某一道路上出现塞车、交通事故，桥梁出现断裂等天灾人祸时，驾驶人不会知道，而汽车出现故障、被盗等问题时也无法和控制中心联系。

汽车闭环导向行驶系统不但有开环的所有导向等功能，而且驾驶人可以把行车实时信息不断向控制中心返回；根据中心掌握的交通及气候等综合信息及时通知汽车改道行驶，在最短时间到达目的地。在汽车出现大故障无法返回或遇到强盗等也可以报告控制中心，一方面告诉中心出现的问题，另一方面可随时报告自己的方位，以便营救。

3）按有无引导功能可分为有引导功能的导航系统和无引导功能的导航系统，如图 7-2 所示。

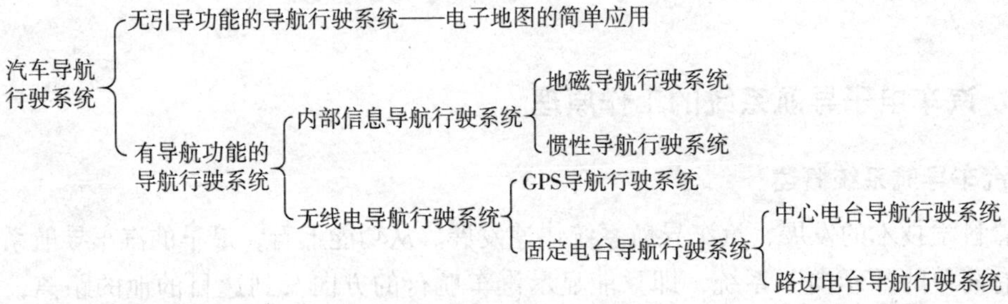

图 7-2　导航系统的分类

无引导功能的导航系统只是简单的电子地图。驾驶人可以从车上 CD-ROM 存储器中调出本国城镇的方位、主干道、高速公路、桥梁等交通信息，也可以通过键盘方便地找到要到达的目的地，以及要行驶路线的各种所需信息，帮助驾驶人选择行车路线，但无引导功能。

有引导功能的导航系统包括内部信息导航行驶系统和无线电导航系统。

内部信息导航行驶系统是利用电子陀螺或地磁等方向传感器（测出汽车行驶的方向）、距离传感器等制成的汽车导航系统。其分为地磁导航系统和惯性导航系统。

① 地磁导航系统（简称汽车导向行驶系统）：利用地磁传感器可随时测出汽车行驶方向，距离传感器测出距离，可以用微机计算出汽车的行驶轨迹，到达目的地的方向、剩余距离等。

② 惯性导航系统：该系统的方向传感器利用电子陀螺制成，其他设备及功能和地磁导

航系统一样。

无线电导航系统又称外部信息导航行驶系统。该系统又分为 GPS 导航系统和固定电台导航系统。

GPS 汽车导航行驶系统：它有一个较灵敏的 GPS 信息接收装置，可以接收到卫星发射自航信息，经过计算处理后，可以得到汽车行驶的方位、速度、到达目的地的直线距离和已经行驶的里程。

固定电台导向行驶系统又分中心电台导航系统和路边电台导航系统。

中心电台导航行驶系统一般是一个集导向、车辆监控、防盗、GPS 应用于一体的综合系统，并且具有闭环导航系统的所有功能，一般几十到几百千米为半径设一个中心站。除接收 GPS 信息外，该系统还收发各个车辆的导航、防盗等综合信息，可以把任一个车辆的实时轨迹显示在显示器上。

路边电台导航系统一般是交通控制和导航于一体的综合系统。在高速公路的路边，每隔几百米到几公里设一个小功率电台，汽车上的小功率收发机可通过无线电波和交通控制中心每到一个电台交换一次信息，从而达到交通控制与导航的目的。

（3）汽车导航系统的组成　汽车电子导航系统由 GPS 接收天线、GPS 接收机、计算机、液晶显示器、位置检测装置（绝对位置检测和相对位置检测）等组成，如图 7-3 所示。系统根据不同的位置进行分类检测，绝对位置的检测采用 GPS 全球定位系统，相对位置的检测采用方向传感器（如地磁传感器、光纤陀螺仪），并利用车轮转速传感器测量车辆行驶距离。

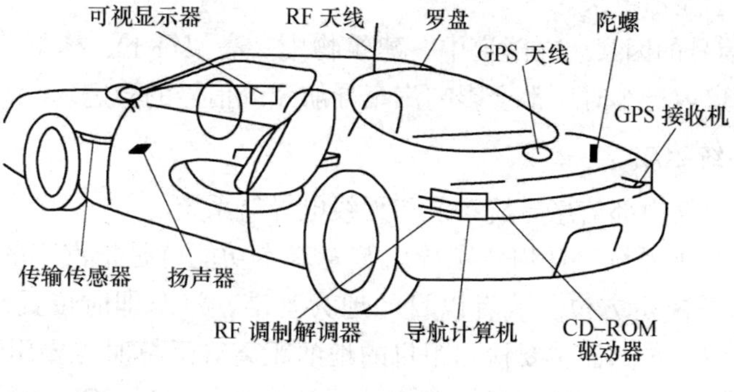

图 7-3　汽车导航系统的组成

（4）汽车导航系统的基本功能与附加功能

1）基本功能。

① 变换地图比例功能：在屏幕上，地图能以几种比例尺进行观察。图像缩小功能可以在较大范围内显示地图。图像放大功能可以更详细地显示地图。

② 街道视图和实际街道视图显示功能：街道视图显示详细的街道地图，实际街道视图可从驾驶人的视角来改变观察角度，包括空中俯视图、实际视图、三维视图。

③ 移动（手动模式/自动模式）功能：手动模式即按下光标键移动地图，在地图上显示想看的区域。光标可 8 个方向移动：前、后、向右、向左及 4 个斜角。当车辆停止时，地图仅在光标键压下时移动。作为安全措施，当车辆行驶时每次压下光标键，地图只移动规定

量。移动之后，屏幕回到正常地图视图模式。自动移动模式即屏幕为当前位置视图模式时，地图沿着车辆的运动方向自动移动。

④ 示图（北上/前上）功能：地图在屏幕上有 2 种显示方法：北—上，地图的上部指北，如同普通地图一样；前—上，地图的上部指车辆行驶方向。

⑤ 服务设施视图功能：这种视图在地图上使用容易看到的标志指示当前或移动位置的服务设施，如便利商店、家庭餐馆或加油站。

⑥ 交叉路口放大示图功能：在路线引导时，如果车辆接近交叉路口，这项功能将显示交叉路口附近的放大视图，手动放大视图能变为正常视图。

⑦ 语音引导功能：在路线引导过程中，当车辆接近转弯交叉路口、收费站或目的地时，这项功能通过语音引导给出转弯的距离和方向，语音引导信息还可以重播。

⑧ 自动路线搜索功能：汽车导航系统根据用户按照屏幕提示指定的目的地和通过点，来自动指示有效路线。

⑨ 设定目的地功能：设定目的地后，可利用各种搜索方法，以便尽快发现目的地。

2）附加功能。

① 语音识别系统功能：用户可通过语音识别系统用语音命令直接控制汽车导航系统，而不需要操作遥控器或显示器。

② 外部存储设备功能：外部存储设备（如存储卡），用来储存位置数据等导航系统中的信息。

③ 后监视器功能：当驾驶人将变速杆挂入倒档时，后面的摄像头摄下后视图像，并在汽车导航系统屏幕上显示出来。

3）影响导航信号的因素。在隧道中、建筑物中、高架桥下、林荫道路或森林中、高楼之间、悬崖下的隧道内行车时，都会影响汽车导航系统信号的稳定。

2. 电子导航系统组成

电子导航系统包括内部信息导航系统和无线电导航系统。

（1）内部信息导航系统　任何汽车导航装置基本功能就是把汽车的实时位置（一般用 X 及 Y 两个位置参数决定方位，或者以目的地为基准，汽车即时位置与目的地夹角表示）实时告诉驾驶人。汽车传感器主要检测距目的地的距离（运算时也要用到方向传感器），汽车要行驶的方向由方向传感器检测，这两个传感器的信号通过 ECU 的数据处理后显示在显示屏上，因此内部信息导航系统主要由距离传感器、方向传感器、显示屏等组成。

1）距离传感器。距离传感器种类很多，但目前用得最多的是将汽车后轮的转数（或转角）变成距离的光敏式或霍尔元件式汽车距离传感器。后轮通过机械连接（一般通过软轴）带动一光敏盘，光敏盘的外圆上有均匀分布的透光孔（缝隙），其光孔盘垂直的上下分别放置发光二极管和光敏管。汽车前进或后退时，软轴带动光孔盘转动，光孔盘的孔每转到发光管下面时，光线通过孔便照到光敏管上，光敏管导通孔转过去后，光线被盘片挡住，光敏管截止，通过电子电路便产生一个电脉冲。光孔盘转一圈就产生 n 个脉冲（光孔盘假设有 n 个孔），因为后车轮和光孔盘机械连接，有一定的转速比（例如转速比为 M），后车轮每转一周则会产生 $M \times n$ 个电脉冲。轮的周长是一定的，每个脉冲所代表的距离则为：车轮周长/$(M \times n)$，所以计算机通过计数器把距离脉冲数检测到，则可算出汽车所走的距离。

用舌簧管、霍尔元件、电磁线圈代替上述光敏传感器，即可构成霍尔、磁电式及舌簧管开关式汽车距离传感器。

2）方向传感器。内部信息导航行驶系统包括地磁导航系统和惯性导航系统，分别使用地磁方位传感器和惯性车辆方位传感器。

① 地磁方位传感器。地磁方位传感器是一种以地磁为基准检测车辆方向的装置，又称车辆方向传感器。因为地磁场很弱，容易受到外界磁场的干扰，因此克服干扰带来的误差是该类传感器的关键。按原理分为发电式车辆方位传感器和霍尔元件式方位传感器。现以发电式车辆方位传感器介绍其工作原理。

发电式车辆方位传感器。该传感器如图 7-4 所示，它是一个双线圈发电机型地磁矢量传感器。由于上、下线圈相位相反，故垂直方向的磁感应电动势互相抵消。若用电动机转动线圈和铁心，地磁的水平分量使铁心中的磁通密度产生变化，从而建立起磁场，如图 7-5 所示。在图 7-5a 位置，磁场方向朝内；在 7-5b 位置，磁场强度为零；在 7-5c 位置，磁场方向朝外。因此，在地磁检测线圈中，产生一个正弦交变电压，其相位内地磁场的方位决定。另一方面由光敏断续器发出相位固定的脉冲信号，根据这两个输出信号的相位差，可以检测出地磁的方向。

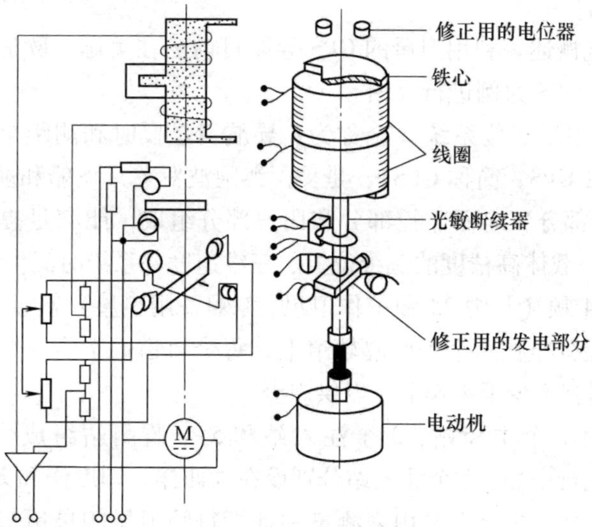

图 7-4　发电式方位传感器

② 惯性车辆方位传感器。惯性车辆方位传感器实际上是一个电子陀螺，这种陀螺与目前世界上现有的 100 多种陀螺比较有如下优点：可靠性与寿命比一般陀螺高 1 ~ 2 个数量级；响应时间短，约为 50 ~ 90ms；过载能力强。

它的工作原理是利用氮气的惯性检测方向，而不是利用地磁。密封在容器内的氮气在压电振子循环泵的作用下，在容器内循环。当汽车直线行驶时，氮气使两根热线均匀冷却，故固定在汽车上的检测器的两热线冷却程度不等，结果产生温度差，并以电位差的形式表现出来。

（2）无线电导航系统

1）电子地图。电子地图是现代汽车导航系统中的最基本的也是最重要的部件之一。以导航和监控为目的的数据地图系统是建立在计算机基础上的一种新型地图，它通过计算机进行信息管理和图形操作，在计算机屏幕上以地理表面物体为背景，显示车辆实时位置（轨迹），为驾驶人提供导航和决策服务。各种比例尺的地图显示和车辆定位是电子地图的关键技术。

早在20世纪80年代，由于计算机软、硬件的快速发展，尤其是大容量的存储设备、图形图像技术的发展，美国等先进国家就开始了应用于车辆导航、管理和安全保卫等领域的数字地图（简称DRM）的研制。经过20多年的努力，目前已发展成应用比较成熟、多学科结合的DRM应用系统。

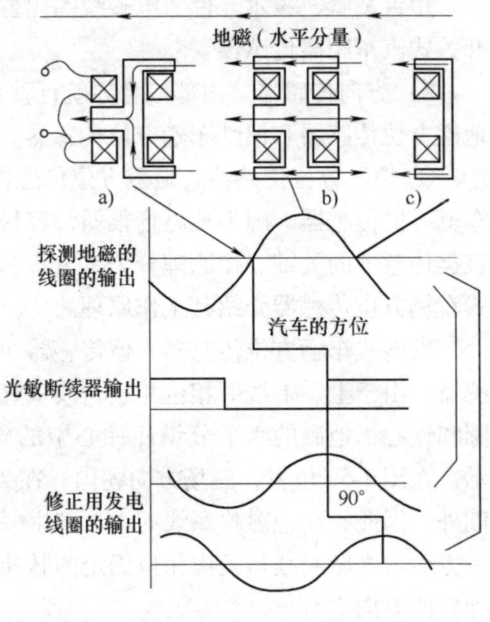

图7-5　发电式方位传感器原理图

2）无线电导航。

① GPS导航系统概述。利用卫星的GPS导航目前已在美国、欧洲及俄罗斯等国家先后建成使用，现以美国GPS为例进行介绍。

GPS中文为全球卫星定位系统（全称为：导航卫星授时和测距全球卫星定位系统，英文缩写为NAVASTAR GPS，简称GPS），是美国继阿波罗登月飞船和航天飞机之后第二大航天工程。GPS由空间部分、地面监控部分和用户部分组成，能满足提供全球范围从地面到9000km高空之间任一载体高精度的三维位置、三维速度和系统时间信息的要求。

空间部分使用24颗（其中23颗工作卫星，1颗备用卫星）高度约20000 km的卫星组成卫星座，24颗卫星分布在六个等间隔轨道上，每个轨道面上有4颗卫星，可以保证全球任何地区、任何时刻有不少于4颗卫星以供观测。

地面控制部分由1个主控站、3个注入站和5个监测站组成。主控站位于Colorado Springs的联合空间执行中心，3个注入站分别设在大西洋、印度洋和太平洋的三个美国军事基地内，GPS的地面控制部分主要用来测量和计算每颗卫星的星历，编辑成电文发送给卫星，即卫星所提供的广播星历。

用户部分主要是GPS接收机，它接收卫星发射的信号（导航电文），根据导航电文提供卫星位置和钟差改正信息计算用户的位置。用户接收机按使用环境可分为低动态用户接收机和高动态接收机，按所要求的精度可分为C/A接收机和双频精码（P码）接收机。

② GPS信号接收机。GPS卫星发送的导航定位信号是一种可供无数用户共享的信息资源，但需要一种能够接收、跟踪、变换和测量GPS信号的卫星接收设备，称为GPS信号接收机。随着使用目的的不同，GPS信号接收机也各有差异。根据定位过程中接收机天线是处于固定位置还是运动状态，定位方法可分为静态定位和动态定位。

静态定位：用户天线在跟踪GPS卫星的过程中固定不变，接收机高精度地测量GPS信号的传播时间，联同GPS卫星在轨道的已知位置，从而算得固定不动的用户天线三维坐标。

动态定位：所谓“动态定位”，就是载体上的用户天线跟踪 GPS 卫星的过程中相对地球而运动，接收机用 GPS 信号实时地测得运动载体的状态参数。它是用 GPS 信号接收机测定一个物体的运动轨迹。GPS 信号接收机所位于的运动物体叫做载体，它包括陆地车辆、河海船舰、空中飞机、空中飞行器等。按照这些载体运行速度的快慢，又将动态定位分成秒速为几米至几十米的低动态，秒速为一百米至几百米的中等动态和秒速为几千米的高动态等三种形式。动态定位的特点是逐点测定运动载体的状态参数，多余观测量少，精度较低。从目前动态定位的精度来看，可以分为 20m 左右的低精度、5m 左右的中等精度和 0.5m 左右的高精度。

GPS 信号接收机的种类较多，但从仪器结构分析，则可概括为天线单元和接收单元两大部分。对于测地型接收机而言，一般将图示的两个单元分别装成两个独立的部件，以便天线单元安设在监测站之上，接收单元置于测站附近的适当地方，使用长达 10～100m 的电缆将两者连接成一个整机。

天线单元。天线单元由接收天线和前置放大器两个部件组成，天线单元也称为接收前端。GPS 信号接收机一般采用全向振子天线、小型螺旋天线和微带天线。

接收单元。图 7-6 所示为接收单元的主要部件。

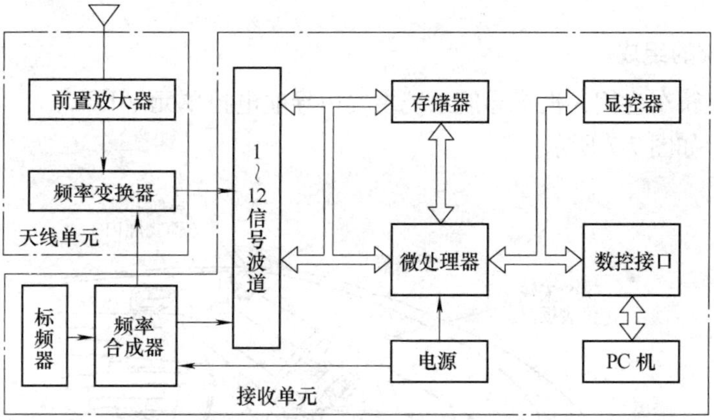

图 7-6 GPS 信号接收机的基本结构

信号波道。信号波道是接收单元的核心部分，它不是一种简单的信号通道，而是一种软硬件相结合的有机体，故称“波道”。随着接收机的类型不同，它所具有的波道数目从 1～12 个不等。

存储器。为了差分导航和相对定位的检测后数据，许多接收机能够将定位现场所采集的距离、载波相位测量和人工测量的数据，以及所解译的 GPS 卫星星历，都储存在机内存储器里面。

显控器。显控器通常包括一个视屏显示窗和一个控制键盘，它们均安装在接收单元的面板上。在作业过程中，使用者通过键盘按键的控制，可以从显示窗上读取所要求的数据和信息。这些数据和信息是由微处理机及其相应软件提供的。接收机内的处理软件是实现 GPS 定位数据采集和波道自校检测自动化的重要组成部分，它主要用作信号捕获、环路跟踪和点位计算。在机内软件的协同下，微处理机主要完成下述计算和处理：当接收机接通电源后，立即指令各个波道进行自检，适时地在视屏显示窗内展示各自的自检结果，并测定、校正和储存各个波道的时延值。根据跟踪环路所输出的数据码，解译出 GPS 卫星星历，联同所测得的 GPS 信号到达接收天线的传播时间，计算出测试站的三维位置，并按照预置的位置数据更新率，不断更新（计算）点位坐标。

电源。GPS 信号接收一般用蓄电池作电源，采用机内和机外两种直流电源，采用 12V 机内镉镍电池，或者 12V 外接蓄电池。设置机内电池的目的是，使在更换外接电池时不中断连续观测。当机外电池下降到 11.5V 时，便自动接通机内电池，后者的容量为 6.7Ah，可供 3～4h 的观测之用；当机内电池低于 10 V 时，若没有连接上新的机外电池，接收机便自动关机，停止工作，以免缩短使用寿命。在用机外电池的观测过程中，机内电池能够自动地被充电。

综上所述，接收机的主要任务是：当 GPS 卫星在用户视界升起时，接收机能够捕获到按一定卫星高度截止角所选择的待测卫星，并能够跟踪这些卫星的运行；对所接收到的 GPS 信号，具有变换、放大和处理的功能，以便测量出 GPS 信号从卫星到接收天线的传播时间，解译出 GPS 卫星所发送的导航电文，实时地计算出测站的三维位置，甚至三维速度和时间。

二、天籁轿车导航系统

1. 导航系统的组成

以日产天籁轿车为例，汽车导航系统主要由导航电控单元（ECU）、显示器、GPS 天线和遥控器组成，如图 7-7 所示。

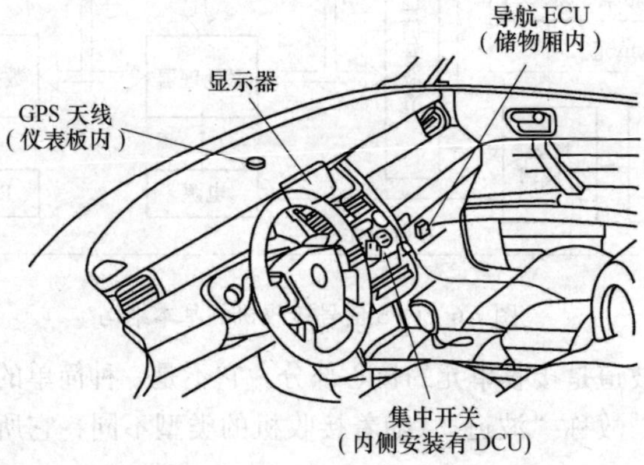

图 7-7　汽车导航系统组成

显示器面板包括导航电控单元、操作开关和屏幕，它们构成了汽车导航系统中心。汽车导航系统还包括 VICS（天线）和音频单元等装置，这些装置通过专用网或车载局域网交换信息。DCU 是显示控制单元，对导航画面之外的音响画面等进行控制。

2. 汽车导航系统原理

导航系统原理如图 7-8 所示。

1）车辆位置计算：导航电控单元根据陀螺传感器的方向变化信号和车速传感器的行驶距离信号，计算车辆位置（方向和当前位置），导航电控单元收集车辆位置数据绘制车辆行驶轨迹。

2）在地图上处理车辆位置数据：导航电控单元处理车辆位置、轨迹和地图光盘上的地图数据，在地图上显示出车辆的位置和轨迹。

3）地图匹配：导航电控单元比较地图光盘上的地图数据与车辆的位置和轨迹，将车辆位置与最近的路线相连。

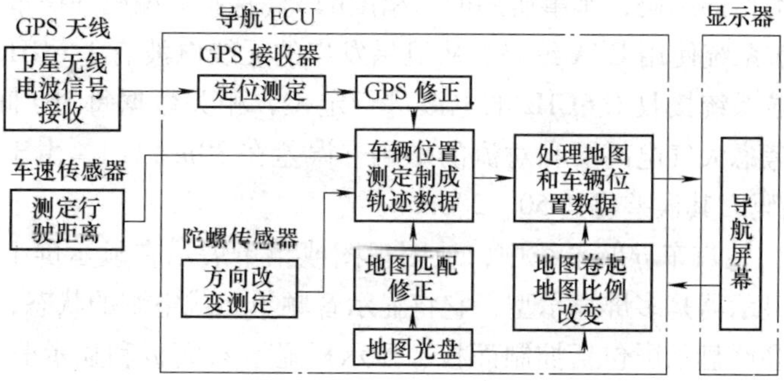

图 7-8 导航系统原理

4）GPS 修正：导航电控单元将车辆位置与 GPS 测定的位置相连，并将 GPS 的测定位置与车辆位置及轨迹的数据进行比较，出现重大偏差时修正测定位置与之相符。

5）距离修正：对从车速传感器的行驶距离信号与轮胎和地面之间的滑移，轮胎的磨损等造成的误差进行距离修正。导航电控单元为减少行驶距离信号与地图距离数据之间的差异，对行驶距离信号的修正值进行自动更新。

3. 主要部件结构功能

（1）电控单元　导航电控单元由电路主板、DVD（或 CD）驱动器和 GPS 接收器组成。电路主板包含一个微机和一个陀螺传感器；DVD（或 CD）驱动器用来读取地图光盘上的数据；GPS 接收器接收来自 GPS 卫星的信号，并与 GPS 天线一起使用。

（2）陀螺传感器　陀螺仪包含一个传感器，对车辆前进方向的变化产生的转角速度进行测定。目前有以下几种陀螺传感器类型：振动传感器、光纤传感器和气体传感器。天籁轿车导航系统使用的是振动传感器。陀螺传感器安装在电控单元体内，由振动器和贴付在其上的压电陶瓷片组成，如图 7-9 所示。

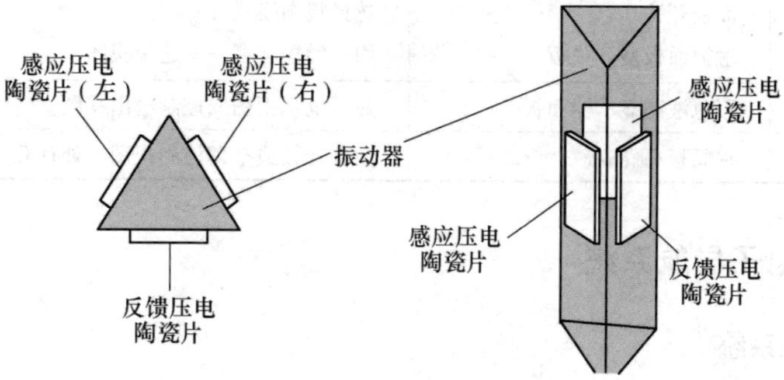

图 7-9 陀螺传感器

振动器是由于对其通以交流电而振动，振动器的振动使压电陶瓷片产生交流电。车辆在直行状态时，左右压电陶瓷片产生的电压相等；当车辆转弯时，左右压电陶瓷片所输出的电压有差异，根据这个差异测定偏转的方位和角度。陀螺传感器安装在导航系统电控单元内，因此导航系统电控单元要水平安装，否则陀螺传感器无法正确测定方位。

(3) GPS（全球定位系统）接收器　GPS 卫星是美国国防部为了军事目的而发射的卫星。它发射两种类型的编码，军事所用的高精度的 P（保护）编码和民事所用的低精度的 C/A 编码。汽车导航系统使用 C/A 编码。从卫星发出的无线电波有 1.6GHz 和 1.2GHz 两种电波类型，汽车导航系统接收 1.6GHz 的电波进行定位，相关数据每 30s 间隔传送一次。GPS 卫星定位精度、考虑大气电离层和对流的影响，误差在 30m 以内，由于汽车导航使用的是低精度的 C/A 编码，其误差可达 50～200m。

(4) 显示器　在汽车导航系统中，地图视图或菜单展示在显示屏上，以便操作或进行路线导航。如果显示器是多屏显示型，它将显示音频单元或空调的状态，以便用户操作。

多功能显示多屏显示屏包括控制面板、显示板显示器面板和显示驱动器，如图 7-10 所示，元件功能见表 7-1。

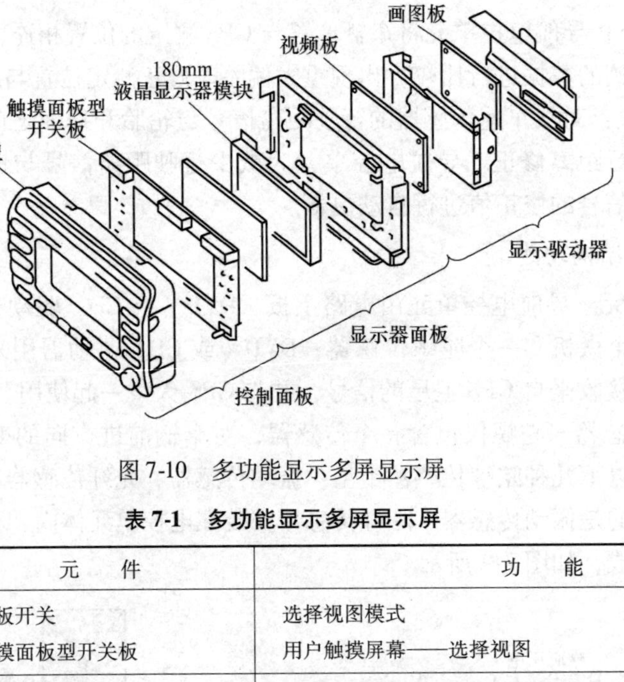

图 7-10　多功能显示多屏显示屏

表 7-1　多功能显示多屏显示屏

	元　件	功　能
控制面板	面板开关 触摸面板型开关板	选择视图模式 用户触摸屏幕——选择视图
显示器面板	彩色液晶显示器面板	显示电视视图或控制输出视图
显示驱动器	视频板/画图板	图画音频或空调控制视图，处理开关选择及处理图形

三、新型电子导航系统

1. 自主导航系统

汽车自主导航系统根据 GPS 接收器提供的车辆当前位置和用户输入的车辆目的地，参照电子地图计算行驶路线，并在行驶中将信息提供给驾驶人。自主导航的主要特征是每套车载导航设备都自带电子地图，定位和导航功能全部由车载设备完成。它的工作过程主要有以下步骤：

（1）输入数据信息　出发前，车主将目的地输入到导航设备中，在系统显示的电子地图上直接点击选取地点，或者是借助某种输入方法，将目的地名称输入到系统中。根据输入设备的不同，可以有不同的地名输入方法，依靠按键或触摸屏可以实现几乎所有的操纵功能。为了便利，目前人们也在开发语音识别技术的产品。

（2）显示电子地图　汽车导航系统中至关重要的一部分是存储在光盘或内置存储器（如硬盘）中的电子地图，电子地图中存储了一定范围内的地理、道路和交通管制信息，与地点对应存储了相关的经纬度信息。汽车导航主机从 GPS 接收机得到经过计算确定的当前点经纬度，通过与电子地图数据的对比，就可以随时确定车辆当前所在的地点。

一般汽车导航系统将车辆当前位置默认为出发点，在用户输入了目的地之后，导航系统根据电子地图上存储的地图信息，就可以自动计算出一条最合适的推荐路线。在有的系统中，用户还可以指定途中希望经过的途径点，或者指定一定的路线选择规则（如不允许经过高速公路、按照行驶路线最短的原则等）。推荐的路线将以醒目的方式显示在屏幕上的地图中，同时，屏幕上也时刻显示出车辆的当前位置，以提供参考。如果行驶过程中车辆偏离了推荐的路线，系统会自动删除原有路线并以车辆当前点为出发点重新计算路线，并将修正后的路线作为新的推荐路线。

2. 带有 AV 的导航系统

在带有 AV 的导航系统中，添加了多项新功能，大大增强了使用的便利性。在兼容蓝牙技术的手机里还采用了免提功能。

（1）富士通天的 AV 导航系统

富士通天公司研发出的 AVN5533 汽车导航系统是 DVD/CDAV 内藏式 DVD 导航产品，集音响、观赏视觉和导航功能为一体，内存 DVD 解码器。除了实现 DVD 导航功能外还可以播放 DVD 影像，即使用导航的同时还可以欣赏音乐 CD。它的操作十分简单，直接触摸画面就可以完成。这款产品的导航功能较为完备。在导航精度上，由于采用了全时方式，能够将从 GPS、陀螺及车速脉冲获得的汽车位置数据和导航软件的地图数据正确组合。在采用了汽车位置综合检测系统后，即使在复杂的路段行驶，也能准确无误地显示汽车的位置，进一步提高了地图选配的可靠性。在索引功能上，只需用拼音、电话号码、地址、邮政编码、存储地点以及目的地存储等检索方式的简单输入，就能顺利找到目的地。搜索信息可以瞬时完成，并且一次可搜索 5 条路线，偏离引导路线时还可瞬时显示新的路线。AV 导航系统还采用了丰富多彩的语音介绍功能，介绍路线时，接近拐弯地点还可以用语音唤起驾驶人的注意，确保安全行驶。

（2）蓝牙车载免提系统　蓝牙（Bluetooth）是一种短距离的高速无线数据通信系统。驾驶人可以在双手不离开转向盘的情况下使用移动电话外拨或接听。通过接触导航和收音机总成上显示的图标可以对蓝牙免提系统进行操作。

1）模块介绍。蓝牙车载免提系统一般由以下模块组成：蓝牙免提控制器、蓝牙手机、蓝牙无线耳麦、显示屏，如图 7-11 所示。

2）功能介绍。蓝牙车载免提系统是专为行车安全和舒适性而设计的。一般可完成以下功能：自动辨识移动电话，不需要电缆或电话托架便可与手机联机；使用者不需要触碰手机

（双手保持在转向盘上）便可控制手机，用语音指令控制接听或拨打电话；使用者可以通过车上的音响或蓝牙无线耳麦进行通话。若选择通过车上的音响进行通话，当有来电或拨打电话时，车上音响会自动静音，通过音响的扬声器/传声器以进行话音传输。若选择蓝牙无线耳麦进行通话，只要耳麦处于开机状态，当有来电时按下接听按钮就可以实现通话。蓝牙车载免提系统在高速行车时可以保证良好的通话效果，并能支持任何厂家生产的内置蓝牙模块和蓝牙免提 Profile 的手机。

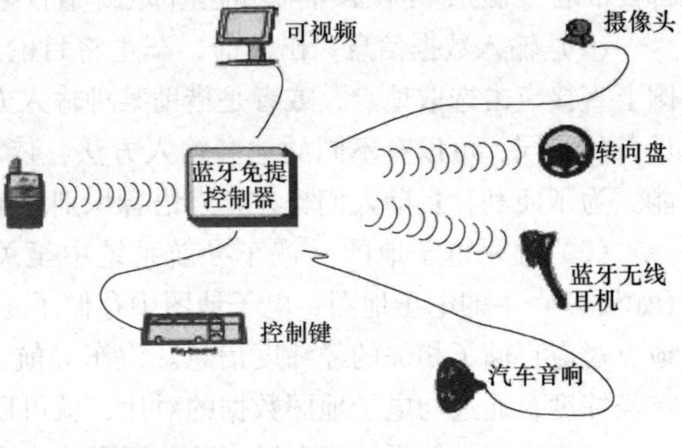

图 7-11　蓝牙车载免提系统

四、导航系统的检修

1. 电控单元故障诊断功能

导航系统由硬件（设备）和软件（程序）组成。导航系统出现故障时不一定是由导航电控单元引起，可能由软件程序引起。例如，当无法设定目的地或操作中断时，可能是地图光盘被刮伤，不能正确读取数据造成的。

NAVI 电控单元故障诊断功能有维修检查模式、显示检查模式和导航检查模式。维修检查模式显示导航系统中每个设备及其之间通信的显示诊断结果；显示检查模式为显示功能检查结果；导航检查模式显示导航功能检查结果。导航电控单元诊断项目见表 7-2。

表 7-2　导航电控单元诊断项目

模式（诊断菜单）		说　明
维修检查		可以检查显示器的屏幕色彩
显示检查	颜色条检查	可以检查显示器上的触摸开关操作状态
	触点检查	可以检查显示器侧的触摸开关操作状态
	面板开关检查	可以检查显示器侧的触摸开关操作状态
	汽车信号检查	可以检查显示器上的汽车信号值输入
导航检查	GPS 信息	显示 GPS 信息
	零部件信息	显示 NAVI 电控单元和地图 DVD-ROM 的版本信息
	汽车传感器	可以检查 NAVI 电控单元的汽车信号值输入
	颜色条检查	可以检查 NAVI 电控单元的显示屏幕的色彩
	记忆复制/粘贴	这项功能仅用于工程模式，请勿使用

2. 导航电控单元自诊断

当导航电控单元、显示器、GPS 天线、地图 DVD-ROM、导航电控单元和显示器之间的信号，或显示器和显示电控单元之间的信号出现故障时，导航电控单元可以诊断出这些故障。当自诊断没有启动或者屏幕没有显示时，检查其他诊断图以判断是否出现故障，然后维修有故障的零部件。

（1）提取故障码

1）在诊断检查屏幕上触摸“MENU”即会出现诊断菜单屏幕，然后触摸“SERVICE CHECK”。当在诊断检查屏幕上显示“GPS NG”时，为GPS有故障。

2）在维修检查模式屏幕上读取诊断结果。当DISP和NAVI同时显示“OK”时，转至步骤3)；当显示“EXCH”或多功能显示多屏显示屏结构图“CHEK”时，转至步骤5)；当显示“NCON”或“NRES”时，转至步骤7)。

3）在维修检查模式屏幕上触摸“LAN Mon”可以读取诊断结果。如果DISP和NAVI同时显示“OK”，触摸“MENU”返回到维修检查模式屏幕后，转至步骤4)；当显示“CHEK”时，转至步骤6)；当显示“NCON”或“NRES”时，转至步骤7)。

4）在维修检查模式屏幕上触摸“UART Mon”，显示“UART”监视器屏幕，读取UART故障码，然后用故障码表中的UART故障码清单进行诊断。如果没有显示UART故障码，则诊断结果正常，诊断结束。

5）在维修检查模式屏幕上触摸“EXCH”或“CHEK”即显示单元检查模式屏幕，读取故障码，然后用故障码清单进行诊断。

6）在维修检查模式屏幕上触摸“CHECK”即显示详细屏幕，读取故障码，然后用故障码清单执行诊断。

7）检查适合设备的电源和搭铁电路，导航电控单元和显示器之间的通信信号导通性，然后维修有故障的零部件。如果正常，清除记录并再次执行自诊断；如果自诊断结果没有改变，更换合适的设备。

（2）故障码的含义　天籁轿车导航系统故障码含义见表7-3。

表7-3　天籁轿车导航系统故障码

<table>
<tr><th>单元代码</th><th>故障码</th><th>诊断项目</th><th>说　明</th><th>解决措施</th></tr>
<tr><td>01</td><td>21</td><td>ROM故障</td><td>检测到ROM故障</td><td rowspan="2">更换显示器</td></tr>
<tr><td>01</td><td>22</td><td>RAM故障</td><td>检测到RAM故障</td></tr>
<tr><td>01</td><td>D5</td><td>未登记的设备</td><td>故障码所显示的设备没有连接，或者在点火开关起动之前没有连接。起动发动机时，故障码所显示的设备没有通信</td><td rowspan="6">①检查故障码所显示设备的电源和搭铁电路。②检查导航电控单元和显示器之间的通讯信号。③上述检查后如果没有发现任何故障，更换导航电控单元或显示器，然后启动导航电控单元自诊断来清除故障码。④清除故障码后，重新启动导航电控单元自诊断。如果没有检测到相同的诊断代码，则诊断结束。如果检测到相同的故障码，则更换其他设备</td></tr>
<tr><td>01</td><td>D8</td><td>连接检查没有响应</td><td>起动发动机后，故障码所显示的设备没有连接或以前没有连接</td></tr>
<tr><td>01</td><td>D9</td><td>上一模式故障</td><td>发动机停止以前所运行的设备没有连接或者在点火开关起动前没有连接</td></tr>
<tr><td>01</td><td>DB</td><td>模式状态故障</td><td>检测到模式状态故障</td></tr>
<tr><td>01</td><td>DC</td><td>传输故障</td><td>至次代码所显示的设备的传输以前没有工作过</td></tr>
<tr><td>01</td><td>DE</td><td>辅设备重置（短暂开启）</td><td>起动发动机后，辅设备以前已被断开连接</td></tr>
</table>

（续）

单元代码	故障码	诊断项目	说　明	解决措施
01	E4	多路结构失效	在线路上有多路结构传输	即便正常也会记录这些代码。不需要特殊的措施
34	10	图像电路故障	图像电路电源故障（异常电压）	更换显示器
34	11	背景灯光故障（没有电流）	检测到背景灯光变换器电路输出品质差	
34	12	背景灯光故障（过电流）	检测到背景灯光变换器电路过量输出	

注：①如果没有检测到故障，由于蓄电池状况或发动机起动时蓄电池电压低可能会记录故障码。②发动机起动后，在故障码所显示设备电源关闭180s后，记录此故障码。③如果在发动机起动后60s，点火开关再次旋转到START位置上，则该故障码可能被记录。④如果在发动机起动后，点火开关再次旋转到START位置上，则该故障码可能被记录。

第二节　车载局域网

在现代轿车的设计中，车载局域网（Controller Area Nentwork，简称CAN）已经成为必须采用的装置，奔驰、宝马、大众、沃尔沃及雷诺汽车都将CAN作为电子控制器联网的手段。

一、CAN总线概述

1. CAN总线的形成

（1）汽车常规布线法的缺陷　随着现代科技的飞速发展，汽车装备日趋完善，车用电气设备越来越多，从发动机控制到传动系统控制，从行驶、制动、转向系统控制到安全保证系统及仪表报警系统，从电源管理到为提高舒适性而作的各种努力，使汽车电气系统形成一个复杂的大系统，并且都集中在驾驶室控制。如果按照常规点到点间的布线法，则整个汽车的布线将十分复杂，显得很凌乱。尤其是在高档客车中，传统布线不仅增加了布线的复杂程度，而且布线所需的铜线也将成倍增加。

据统计，一辆采用传统布线方法的高档汽车中，其电线长度可达2km，电气节点高达1500个。而且，该数字大约每10年增长1倍，从而加剧了粗大的线束与汽车有限的可用空间之间的矛盾。

（2）数据总线技术的产生　所谓数据总线，就是指在一条数据线上传递的信号可以被多个系统共享，从而最大限度地提高系统整体效率，充分利用有限的资源。例如，常见的计算机键盘有104位键，可以发出多种不同的指令，但键盘与主机之间的数据连接线却只有7根，键盘正是依靠这7根数据连接线上不同的电平组合（编码信号）来传递信号的。如果把这种方式应用在汽车电气系统上，就可以大大简化目前的汽车电路。通过不同的编码信号来表示不同的开关动作、信号解码后，根据指令接通或断开对应的用电设备（前照灯、刮水器、电动座椅等）。这样，就能将过去一线一用的专线制改为一线多用制，从而大大减少了汽车上电线的数量，缩小了线束的直径。当然，数据总线还将使计算机技术融入整个汽车系统之中，加速汽车智能化的发展。

20 世纪 90 年代以来，汽车上的电控装置越来越多，例如电子燃油喷射装置、防抱死制动装置（ABS）、安全气囊装置、电动门窗装置、主动悬架等。随着集成电路和单片机在汽车上的广泛应用，汽车上的电子控制器的数量越来越多。因此，一种新的概念——汽车上电子控制区域网络 CAN 也就应运而生。为使不同厂家生产的部件能在同一辆汽车上协调工作，必须制定一个标准。按照 ISO 有关标准，CAN 的拓扑结构为总线式，因此称为 CAN 总线。

正如公路运输需要交通规则来维持正常的动作一样，数据总线也需要信号传递规范。其中一种基本的规则是分时，在这种规则下，数据总线在每一时刻只能被两个部件占用，在两个部件之间传递信号。由于电信号传播的速度极快，因此数据总线完全可以满足许多部件进行分时信号传递的需要。

2. CAN 总线的分类

目前汽车上的网络连接方式主要采用两根 CAN 总线，一根是用于驱动系统的高速 CAN 总线，速率达到 500kbit/s，另一根是用于车身系统的低速 CAN 总线，速率是 100kbit/s。

驱动系统用 CAN 总线主要连接对象是发动机 ECU、ASR 及 ABS ECU、SRS ECU、组合仪表等。它们的基本特征相同，都是控制与汽车行驶直接相关的系统。

车身系统用 CAN 总线主要连接对象是 4 门以上的集控锁、电动门窗、后视镜和厢内照明灯等。有些先进的轿车除了上述两根 CAN 总线外，还有第 3 根 CAN 总线，它主要负责卫星导航智能通信系统。

目前，驱动系统用 CAN 总线和车身系统用 CAN 总线这两根总线之间是独立的，彼此之间没有关系。今后工程技术人员将逐步克服技术障碍，设置“网关”，在各根 CAN 总线之间搭桥实现资源共享，将各个数据总线上的信号反馈到仪表板总成上的显示屏上。驾驶人通过显示屏，就可以知道各个电控装置是否正常工作。

二、车载局域网的分类与标准

1. 车载局域网（LAN）的构成

汽车车载局域网（LAN）的构成如图 7-12 所示。汽车电子控制器局域网（CAN）等通

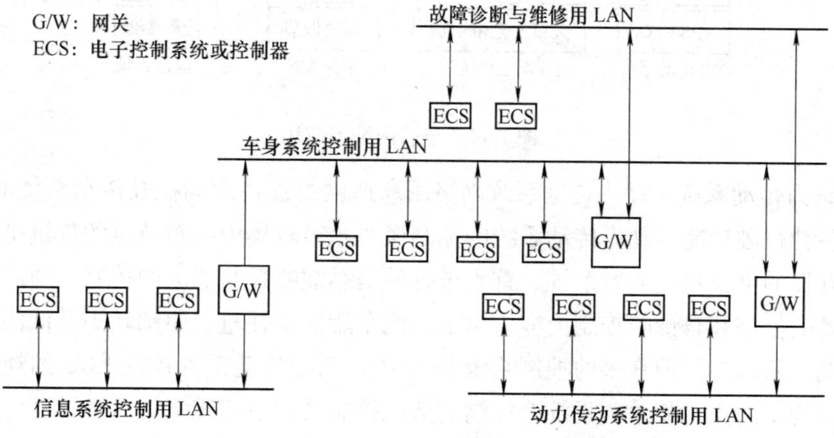

图 7-12　汽车车载局域网（LAN）的构成简图

信协议的开发，使多个车载局域网（LAN）通过网关进行数据通信成为现实。

2. 车载局域网的分类

汽车车载局域网（LAN）仍然处于研究发展阶段，尚无统一的分类方法。按用途不同，目前应用的车载局域网大致可分为动力传动系统局域网、车身系统局域网、安全系统局域网和信息系统局域网四大类，其通信速率、基本组成和通信协议如图 7-13 所示，车载网络的应用如图 7-14 所示。

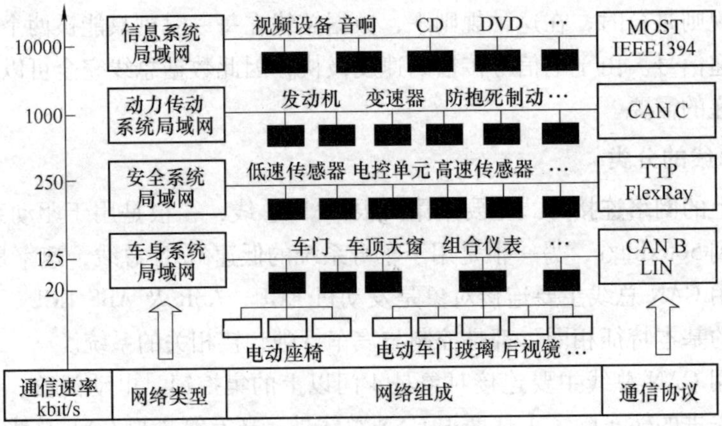

图 7-13　车载局域网（LAN）的分类简图

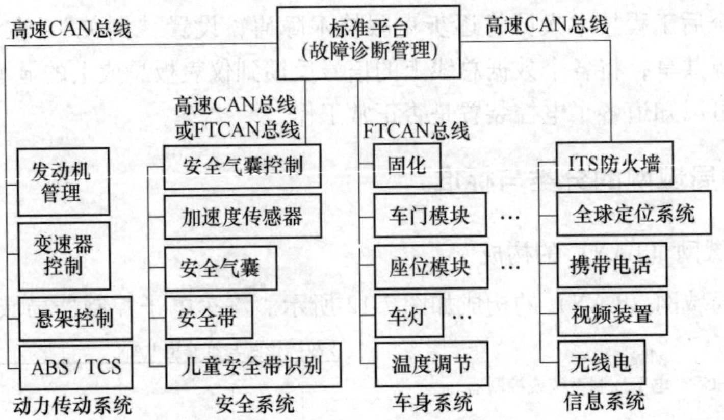

图 7-14　车载网络的应用

（1）动力传动系统　动力传动系统网络用高速网络连接发动机及传动系统的控制模块，实现汽车各种行驶功能。动力传动系统的控制模块相对较集中，对节点的数量是限制的。

最早开发的电控汽油喷射系统，首先进行的是燃油喷射与点火的控制，随后又加入了满足环保法规的控制和自诊断控制内容。由于对汽车燃油消耗量、驱动转矩及低污染排放要进行精确控制，所以在目前众多的控制系统 ECU 中，动力传动系统控制 ECU 的规模最大，而且最重要。为了防止对相关项目综合控制而造成控制装置过于庞大，开发了动力系统控制的专用微机。

动力传动系统 CPU 与相关模块组合的微机，在 80MHz 频率工作的 32 位 CPU 主板上安装了单精度浮点运算组件（FPU），以提高控制性能。LMB 的大容量存储器、多功能定时器和多通道 A-D 转换器，实现了对大型动力传动系统进行综合控制的功能。其数字检验接口的最高传输速度为 16Mbit/s。

（2）车身系统　车身系统的控制模块相对分散，网络线束长，信息传输容易受到干扰，防干扰的措施是尽可能降低通信速度。车身系统中因有人机接口作用的模块和较多节点，所以，与通信速度相比，更重要的是降低成本，因此通常采用直连总线及辅助总线。

（3）安全系统　安全系统指根据碰撞传感器等信息控制安全气囊充气膨胀产生被动安全保护，故节点数急剧增加。网络系统要求是通信速度快，通信可靠性高，尽量低的成本。安全气囊与电动助力转向控制用微机内设有两套控制三相电动机的定时器，且可以自动形成滞后时间。

（4）信息娱乐系统　仪表盘控制微机选择 16 位 CPU，其耗电少且速度高。CPU 内有可直接驱动仪表指示部分的驱动器与液晶显示（LCD）控制器，根据系统规模 64KB 存储器或 256KB 存储器。网络系统要求是容量大和通信速度非常高，线束可在光纤和铜线间做出选择。

面向 21 世纪的控制系统，高速车身系统及主干网络等需要不同的网络并存，且相互容易挂接或断开。即插即用型是将各个局域网与总线相连，根据汽车平台选择并建立所需要的网络。

3. 车载局域网（LAN）标准与网络产品

作为网络必须按照规定的协议进行通信才能实现网络预期的功能。因此，通信协议（或通信标准）是构成汽车车载局域网的重要内容。

目前，各公司推出的汽车局域网种类很多，不同网络侧重的功能各有不同。为了方便网络研究与设计应用，美国汽车工程师协会（SAE）的车辆网络委员会将汽车数据传输网划分为 A、B、C 三类：

A 类网络：面向传感器与执行器控制的低速网络，数据传输速率一般为 10～100Kbit/s，主要用于电动门窗、座椅调节、灯光照明灯等控制。

B 类网络：面向独立模块间信息共享的中速网络，数据传输速率一般为 10～100Kbit/s，主要用于车辆信息系统、故障诊断、仪表显示等控制。

C 类网络：面向高速、实时控制的多路传输网，最高数据传输速率可达 1Mbit/s，主要用于发动机控制、防抱死控制、牵引力控制、悬架控制等，以进一步减少车身线束。

三、车载局域网及其通信协议的特点

汽车车载局域网（LAN）种类很多，目前应用最多的主要有控制器局域网（CAN）、车身控制系统局部互联网（LIN）和多媒体定向系统传输网（MOST）3 种。

1. 控制器局域网（CAN）与 CAN 协议的特点

（1）控制器局域网（CAN）的构成　汽车控制器局域网（CAN）是指分布在汽车上的多个控制器（即电控单元 ECU）在物理上相互连接，并按照网络协议相互进行通信，以共享硬件、软件和信息等资源为目的的控制器系统。

控制器局域网（CAN）又称为控制器通信网，目前已经广泛应用于汽车、船舶、机器人、机械制造、医疗器械以及工业自动化等领域。

汽车控制器局域网（CAN）是由中央控制电子组件（CEM）、控制器局域网总线（CAN总线）和若干电子控制器（ECU）构成，其中CEM由微处理器、CAN控制器和CAN收发器构成。图7-15所示为动力传动系统和车身系统部分电控单元组成的控制器局域网（CAN）示意图。

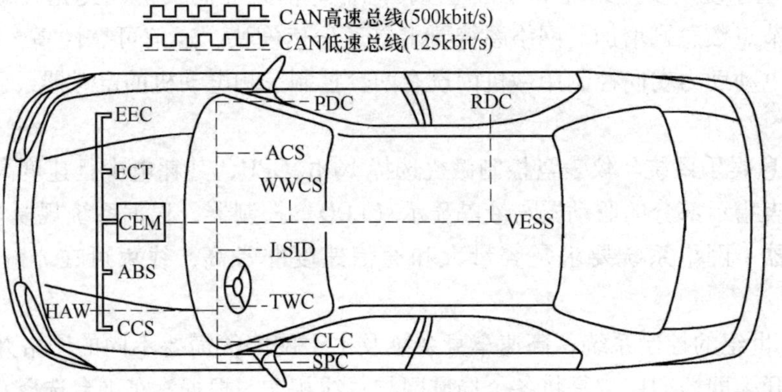

图7-15　控制器局域网（CAN）的基本结构

EEC—发动机电子控制系统电控单元　ECT—电子控制自动变速器控制单元　CEM—中央控制电子组件
ABS—防抱死制动电控单元　CCS—巡航控制电控单元　SPC—座椅位置调节电控单元
CLC—中央门锁电控单元　HAW—前照灯控制单元　TWC—车顶天窗控制电控单元
LSID—维修周期显示系统　WWCS—刮水器控制电控单元　ACS—自动空调电控单元
PDC—乘员门锁控制电控单元　RDC—后门控制电控单元　VESS—车辆保安电控单元

（2）控制器局域网（CAN）总线的结构特点　控制器局域网（CAN）总线通常简称为CAN总线。随着电子控制系统控制功能和监测功能的广泛应用，必然要求系统连接或分布更多的传感器和控制信号。因此，简化物理布线（电器线路分布）、提高数据传输速率就成为电子控制系统设计研究的关键。简化电器线路的方案有许多种，其中采用“CAN总线”是比较理想的一种，目前已经广泛应用于汽车领域。

CAN总线由物理层和数据链路层构成。其中，数据链路层定义了不同的信息类型、总线访问的仲裁规则、错误检测与处理的方式。所有的错误检测与处理、信息的传输与接收等都是通过CAN控制器硬件完成的，因此仅需极少的软件开发。CAN总线具有以下特点：

1）CAN总线是一种共享信息的通信总线，即总线上所有的节点都可发送和接收传输的信息。

2）CAN总线采用2线差分传输数据，支持的通信速率高达2Mbit/s。在1Mbit/s速率下，CAN总线通信距离接近30m；在10Kbit/s速率下，CAN总线通信距离可达6000m。因此，CAN总线既可用于动力及传动系统网络的连接，也可用于车身控制系统网络的连接。

（3）控制器局域网（CAN）的连接　CAN总线与CPU之间的接口电路通常包括CAN

控制器和 CAN 收发器，连接关系如图 7-16 所示。动力与传动系统的控制器采用 C 类高速 CAN 总线连接，数据传输速率 500Kbit/s，以便实现高速实时控制。车身控制系统的控制器采用低数据传输速率的 B 类 CAN 总线连接，数据传输速率为 125Kbit/s。各电控单元之间依据 CAN 通信协议相互进行通信，从而完成各种数据的交换。在中央控制电子组件（CEM）中，CAN 控制器具有双通道（CRX0、CTX0 通道，CRX1、CTX1 通道）的 CAN 接口。经过 CAN 总线与 CAN 收发器分别与高速（500Kbit/s）CAN 总线和低速（125Kbit/ s）CAN 总线连接。各电控单元通过 CAN 总线与 CAN 收发器相连而相互交换数据。

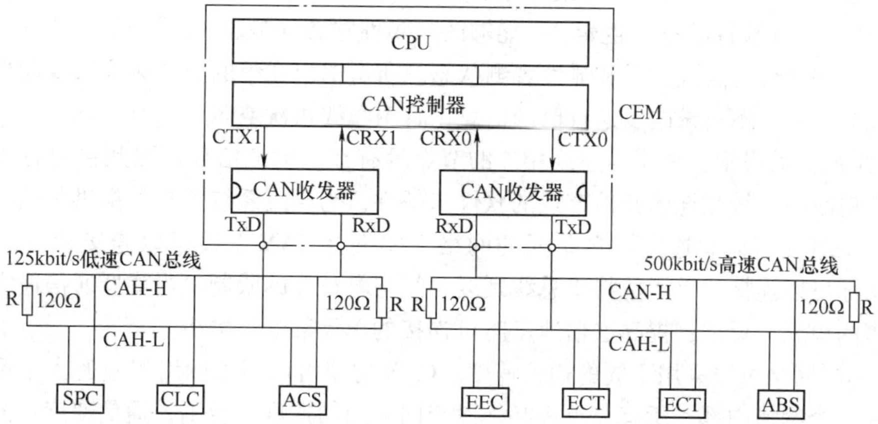

图 7-16 控制器局域网（CAN）的连接关系

在汽车内部网络中，CAN 总线是由两根线：CAN-H 或 CAN-L 构成。在某些高档轿车的控制器局域网中设有第 3 条 CAN 总线，用于卫星导航系统和智能通信系统。

CAN 控制器根据两根总线的电位差判定总线的电平。总线电平分为显性电平与隐性电平两种。与总线相连的所有节点都可以发送信息，发送信息的节点通过改变所连总线的电平就可将信息发送到接收节点。在两个以上节点同时开始发送信息的情况下具有优先顺序最高信息的节点获得发送权，其他所有节点转为信息接收状态。

（4）控制器局域网协议的特点　控制器局域网（CAN）具有以下特点：

1）多主发送信息，即当总线空闲时，所有节点都可发送信息。CAN 通信协议规定：所有信息应以规定的格式发出。在总线空闲时，与总线相连的所有节点都可以发出新的信息。

2）总线仲裁决定发出信息的优先顺序。在两个以上节点试图同时发出信息的情况下，利用标志符（以下简称 ID）决定优先顺序，以比特（bit）为单位对各信息的 ID 进行仲裁，仲裁获胜（被判断为最有优先顺序）的节点继续发送信息，仲裁失败的节点立即停止发送并转为接受状态。

CAN 总线采用非归零（NRZ）编码，所有节点以“线与”方式连接于总线，即如果有一个节点向总线传输逻辑 0，此时无论有多少个节点在发送逻辑 1，总线都将呈现逻辑 0 状态。CAN 网络的所有节点可能试图同时发送信息，但其简单的仲裁规则能确保仅有一个节点控制总线并发送信息。CAN 收发器能够监测自身的输出。逻辑高状态由上拉电阻驱动，因此低有效输出状态（0）对总线仲裁起着决定性的作用。

为了近似于实时处理，必须快速传输数据，这就不仅需要高达 1Mbit/s 的数据传输物理总线，而且需要快速的总线分配能力，以满足多个节点试图同时传输信息的要求。通过网络交换信息而采取实时处理的紧急状况是有差别的，快速变化的变量（如发动机转速、负荷等）与变化相对缓慢的变量（如发动机温度）相比，必然要求频繁、快速地发送数据。信息标志符可以规定优先级，最紧急的信息可以优先传输。在系统设计期间，设定信息的优先级以二进制数表示，但不允许动态更改。二进制数较小的标志符具有较高的优先级，使信息可近似于实时传输。

解决总线访问冲突是通过仲裁每个标识位，即每个节点都逐位监测总线电平。按照“线与”机制，即显性状态（逻辑 0）能够改写隐性状态（逻辑 1）。当某个节点失去总线分配竞争时，则表现为隐性发送和显性观测状态。所有退出竞争的节点成为那些最高优先级信息的接收器，并且不再试图发送自己的信息，直至总线再次空闲。

3）系统扩展灵活。由于与总线相连的节点没有节点地址信息，因此在向总线追加节点时，无需更改与总线相连的其他节点的软件与硬件，为网络系统的扩展提供了条件。

CAN 总线可以同时连接许多单元的网络。理论上 CAN 总线可以连接的节点数是无限的，但实际可以连接的单元数将受总线延迟时间与电负荷的限制。当降低通信速度时，可以连接较多的单元。反之，提高通信速度时可连接的单元数量将减少。

4）不同网络可以采用不同的通信速度。CAN 协议可以根据网络规模的大小设定通信速度。但在一个网络内部，所有节点都必须设定同一通信速度。否则，通信速度不同的节点连到一起时，节点就会出错而阻碍通信。在不同的网络上，可以采用不同的通信速度。

5）具有错误检测、通告和还原功能。所有的节点都可以检测出错误（即错误检测功能）。当检测出错误时，该节点立即向其他节点发送出错的通知（即错误通行功能）；当发送信息的节点检测出错误时，其发送状态将强制结束。被强制发信结束的节点会再反复传送信息，直至其信息可以正常传达为止（即错误还原功能）。

6）错误的界定与处理。CAN 总线上出现的错误分为：总线上的数据临时产生的错误（来自外部的干扰等）与总线上的数据连续产生的错误（节点内部错误、驱动产生故障以及总线断路、搭铁等引起的故障等）。CAN 控制器具备判别错误种类的功能，当总线上的数据连续产生错误时，会将产生错误的节点从总线上切除。

CAN 控制器内设有出错计数器，根据出错是本地的还是全局的，计数器决定加 1 还是加 8。每当收到信息时，出错计数器就会增加或减少。如果每次收到的信息是正确的，则计数器减 1；如果信息出现本地错误，则计数器加 8；如果信息出现整个网络错误，则计数器加 1。因此，通过查询出错计数器值就可知道网络通信质量。

2. 车身控制局部互联网 LIN 与 LIN 的协议特点

车载局部互联网 LIN 协议是为了降低车载局域网的成本，由欧洲汽车制造商与半导体厂商组成的协会（称为 LIN 协会）于 1999 年提出的串行通信协议。LIN 为单线总线，2003 年开始投入使用，主要用于开关与操作系统，如图 7-17 所示。

（1）LIN 总线与 CAN 总线的关系　虽然 CAN 总线作为控制局域网的标准总线已经成为主流，但是低速 CAN 总线用于车身控制网络成本太高，这是因为车身控制网络底层设备多为低速电动机和开关器件，对实时性控制要求不高，但节点数目多且布置分散，对成本比较

图 7-17　车载局部互联网 LIN 的应用

敏感，所以低速 CAN 总线未能在车身控制网络中得到广泛应用。

LIN 总线是一种新型的低成本汽车车身总线，可以弥补低速 CAN 总线成本高的不足。LIN 总线的目标定位是作为 CAN 的辅助总线，用于车身控制网络的低端场合，实现汽车车身网络的层次化，以降低汽车网络的复杂程度，保持最低成本。

LIN 总线主要应用于汽车车身中的联合控制单元，如车门模块、座椅模块、空调模块、组合仪表盘模块、车灯模块等。每个模块内部各节点间通过 LIN 总线构成一个低端通信网，完成对外围设备的控制，如图 7-18 所示。各个模块又作为一个节点，通过网关（智能服务器）连接到低速 CAN 总线上，构成上层主干网，使整个车身电子系统构成一个基于 LIN 总线的层次化网络，实现分布式多路传输，使网络连接的优点得到充分发挥。由于目前尚未建立汽车车身低端多路通信的汽车标准，因此 LIN 正试图发展成为低成本低端串行通信网络的行业标准。

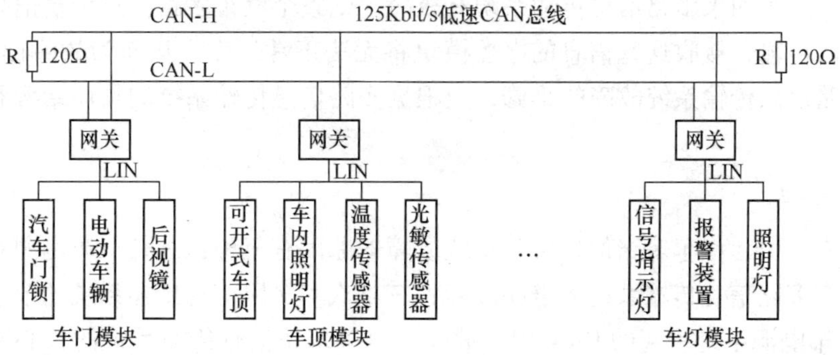

图 7-18　基于车载互联网 LIN 总线的车身网络框图

（2）LIN 协议的特点　局部互联网 LIN 协议作为车身低端网络协议具有以下两个显著优点：

1）节约材料、降低成本。与低速 CAN 协议相比，数据传输线从两根减少到 1 根，可节省大量导线。副节点的振荡器由石英或陶瓷振荡器改为电阻式振荡器；收发器由差动放大式改为比较式；通信软件减少，网络成本大幅度降低，仅为采用低速 CAN 总线网络的一半。

2）网络扩展方便。在 LIN 中，无需改变任何副节点的软件或硬件就可直接添加节点。

3. 多媒体定向系统传输网 MOST 与 MOST 协议的特点

多媒体定向系统传输网（MOST）是将音响装置、车载电视、全球定位系统及车载电话等设备相互连接组成的局域网。在宝马 7 系轿车上设置了 70 多个电控单元，利用了 8 种网络分别按这些电控单元的作用连接起来，其中连接多媒体装置的网络就选用了 MOST。

MOST 协议是采用塑料光缆通信的网络协议。在 MOST 协议中，不仅对通信协议给出了定义，而且提出了分散系统的构筑入法、遥控操作与集中管理方案等。采用 MOST 协议进行通信，不仅可以实现各种设备的集中控制，而且可以减轻系统开发人员的负担、减轻连接各部件线束的质量和降低噪声。MOST 协议具有以下特点：

1）可以传输三种数据，MOST 协议利用一个低价的光纤网络，可以传输以下三种数据：同步数据——实时传送音频信号、视频信号等流动型数据；非同步数据——传送访问网络及访问数据库等的数据包；控制数据——传送控制信息以及控制整个网络的数据。

2）抗干扰能力强。MOST 协议采用光纤传输信息，因此网络不会受到电磁辐射干扰和搭铁的影响。

3）连接多媒体设备多。MOST 协议采用一根光纤传输信息，最多可以同时传送 15 个频道 CD 质量的非压缩音频数据。在一个局域网上，最多可以连接 64 个节点（装置）。

MOST 协议是 21 世纪车载多媒体设备不可缺少的高速网络协议。除宝马 7 系轿车和 Daimier Chrysle 公司的 E 系列轿车已采用 MOST 协议之外，奥迪公司的 A8、沃尔沃公司的 XC90 轿车也将采用 MOST 协议。

四、汽车数据总线的故障诊断

装有 CAN-BUS 多路信息传输系统的车辆出现故障时，应首先检测汽车多路信息传输系统是否正常。因为如果多路信息传输系统有故障，则整个汽车多路信息传输信息系统中的有些信息将无法传输，接收这些信息的电控模块将无法正常工作，从而为故障诊断带来困难。对于汽车多路信息传输系统故障的维修，应根据多路信息传输系统的具体结构和控制线路具体分析。

1. 故障类型

一般说来，引起汽车多路信息传输系统故障的原因有三种：一是汽车电源系统引起的故障；二是汽车多路信息传输系统的链路故障；三是汽车多路信息传输系统的节点故障。

（1）汽车电源系统引起的 CAN-BUS 故障　汽车多路信息传输系统的核心部分是含有通信 IC 芯片的电控模块 ECM，电控模块 ECM 的正常工作电压在 10.5 ~ 15.0V 的范围内。如果汽车电源系统提供的工作电压低于该值，会造成一些对工作电压的电控 ECM 出现短暂的停止工作，从而使整个汽车多路信息传输系统出现短暂的无法通信。这种现象就如同用微机故障诊断仪在未起动发动机时就已经设定好要检测的传感界面，当发动机起动时，微机故障诊断仪又回到初始界面。

（2）节点故障　节点是汽车多路信息传输系统中的电控模块，因此节点故障就是电控模块 ECM 的故障。它包括软件故障即传输协议或软件程序有缺陷或冲突，从而使汽车多路信息传输系统通信出现混乱或无法工作，这种故障一般成批出现，且无法维修。硬件故障一般由于通信芯片或集成电路故障，造成汽车多路信息传输系统无法正常工作。对于采用低版本信息传输协议，即点到点信息传输协议的汽车多路信息传输系统，如果有节点故障，将出现整个汽车多路信息传输系统无法工作。

（3）链路故障　当汽车多路信息传输系统的链路（或通信电路）出现故障时，如：通信电路的短路、断路以及电路物理性质引起的通信信号衰减或失真，都会引起多个电控单元无法工作或电控系统错误动作使多路信息传输系统无法工作。

判断是否为链路故障时，一般采用示波器或汽车专用光纤诊断仪观察通信数据信号是否与标准通信数据信号相符。

2. 故障诊断步骤

对于多路信息传输系统的故障诊断，一般采用以下步骤进行。

1）了解该车型多路信息传输系统的特点，包括：

① 传输介质：如双绞线、同轴电缆、光纤。

② 区域网形式：如 CAN 网、LAN 网。

③ 网络通信协议的类型：如 CAN 协议、ABUS 协议、VAN 协议、PALMENT 协议、CCD 协议等。

2）了解汽车多路信息传输系统的各种功能。如有无唤醒功能、休眠功能等。

3）检测汽车电源系统是否存在故障。如交流发电机的输出波形是否正常（若不正常将导致信号干扰等故障）等。

4）检查汽车多路信息传输系统的链路是否存在故障，采用替换法或采用跨线法进行检测。

5）检查节点。如果是节点故障，只能采用替换法进行检测。

3. CAN 总线的检测方法

（1）CAN 总线用在国产轿车的车型　CAN 双线式数据总线系统是一个有两条线的总线系统，通过这两条数据总线，数据便可以按顺序传到与系统相连的控制单元。这些控制单元就是通过 CAN 总线彼此相通的（即通过 CAN 总线传递数据）。CAN 双线式系统目前已经广泛应用在电控汽车上，国产一汽宝来（BORA）、一汽奥迪 A6、上海帕萨特 B5 和波罗（POLO）轿车上均不同程度地采用了 CAN 双线式数据总线系统。

（2）检测控制单元的功能故障　在检查数据总线系统前，必须保证所有与数据总路线相连的控制单元无功能故障。功能故障指示不会直接影响数据总线系统，但会影响某一系统的功能流程故障。例如：传感器损坏，其结果就是传感器信号不能通过数据总线传递。这种功能故障对数据总线系统有间接影响，会影响需要该传感器信号的控制单元的通信。如存在功能故障，应先排除该故障，记下该故障并消除所有控制单元的故障码。

（3）检测 CAN 总线的故障

1）两个控制单元组成的双线式数据总线系统的检测。检测时，关闭点火开关，断开两个控制单元，如图 7-19 所示。检查数据总线是否断路、短路或对正极/地短路。如果数据总线无故障，更换较易拆下的一个控制单元试一试。如果数据总线系统仍不能正常工作，更换另一个控制单元。

2）三个或更多控制单元组成的双线式数据总线系统的检测。检测时，先读出控制单元内的故障码，如图 7-20 所示。如果控制单元 1 与控制单元 2 和控制单元 3 之间无通信。关闭点火开关，断开与总线相连的控制单元，检查数据总线是否断路。如果总线无故障，更换控制单元 1，如果所有控制单元均不能发送和接收信号（存储器“硬件故障”），则关闭点火开关，断开与数据总线相连的控制单元，检测数据总线是否短路，是否对正极/地短路。

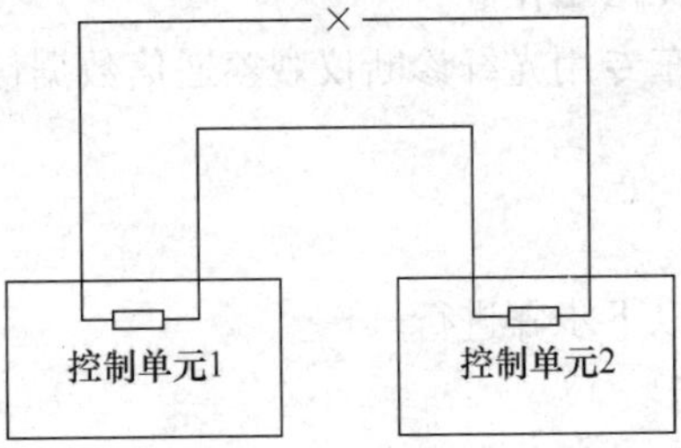

图 7-19　两个控制单元的双线式数据总线系统

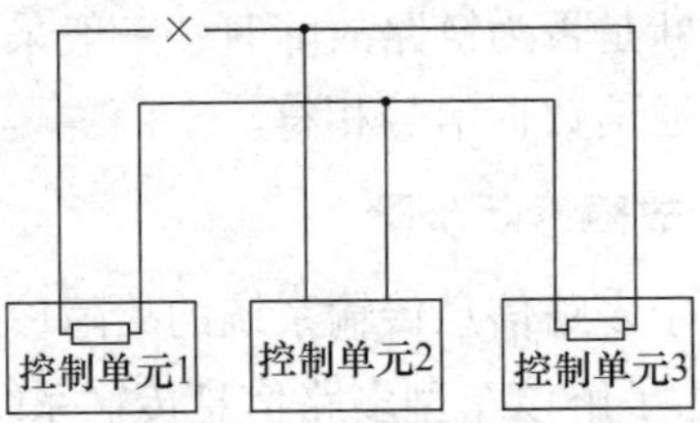

图 7-20　三个控制单元的双线式数据总线系统

对于大众车系，其检查方法是：断开所有通过 CAN 数据总线传递数据的控制单元，关闭点火开关，接上其中一个控制单元，连接 V. A. G1551 或 V. A. G1552，打开点火开关，清除控制单元的故障码。用功能 06 结束输出，关闭后再打开点火开关，打开点火开关 10s 后用故障诊断仪阅读控制单元故障存储器内的内容。如显示“硬件损坏”，则更换接上的控制单元；如未显示“硬件损坏”，连接下一个控制单元，重复上述过程。

思考题

1）应该如何诊断汽车电子导航系统的故障?

2）若是 CAN 总线有节点出现故障，汽车能否运行，为什么?

练习题

1. 填空题

1）汽车电子导航系统由________、________、计算机、液晶显示器、位置检测装置（绝对位置检测和相对位置检测）等组成。

2）汽车电子导航系统根据不同的位置进行分类检测，绝对位置的检测采用________，相对位置的检测采用________（如地磁传感器、光纤陀螺仪），并利用车轮转速传感器测量车辆行驶距离。

3）内部信息导航系统主要由________、________、显示屏等组成。

4）内部信息导航行驶系统是利用等方向传感器、距离传感器等制成的汽车导航系统。

5）________是一种以地磁为基准检测车辆方向的装置，又叫车辆方向传感器。

6）GPS 全球卫星定位系统全称为：________。

7）蓝牙车载免提系统一般由蓝牙免提控制器、________、________、显示屏组成。

8）GPS 卫星发射 2 种类型的编码，军事所用的高精度的________编码和民事所用的低精度的________编码。

9）所谓数据总线，就是指在________数据线上传递的信号可以被________系统共享，从而最大限度地提高系统整体效率，充分利用有限的资源。

10）按照 ISO 有关标准，CAN 的拓扑结构为________，因此称为 CAN 总线。

11）目前汽车上的网络连接方式主要采用两根 CAN 总线，一根是用于________的高速 CAN 总线，速率达到 500Kbit/s，另一根是用于________的低速 CAN 总线，速率是 100Kbit/s。

12）驱动系统用 CAN 总线主要连接对象是________、ASR 及 ABS ECU、________、组合仪表等。它们的基本特征相同，都是控制与汽车行驶直接相关的系统。

13）车身系统用 CAN 总线主要连接对象是 4 门以上的________、电动门窗、后视镜和________等。

14）汽车控制器局域网（CAN）是由________、控制器局域网总线（CAN 总线）和________构成。

2. 问答题

1）汽车电子导航系统的分类包括哪些？

2）汽车电子导航系统的基本功能有哪些？

3）发电式车辆方位传感器如何检测地磁的方向？

4）汽车导航系统的工作原理是什么？

5）陀螺传感器的工作原理是什么？

6）蓝牙车载免提系统的功能是什么？

7）汽车电子导航系统的电控单元故障诊断功能是什么？

8）车载局域网的分类有哪些？

9）车载局域网（LAN）的标准是什么？

3. 论述题

1）简述车载局域网的分类。

2）简述车载局域网及其通信协议的特点。

3）简述车身控制局部互联网 LIN 与 LIN 的协议特点。

4）简述多媒体定向系统传输网 MOST 与 MOST 协议的特点。

5）简述 CAN 总线的检测方法。

第八章

其他车身控制新技术

◎ 掌握技能

➢ 汽车倒车雷达系统的故障诊断

➢ 汽车音响锁死的解码方法

◎ 基本理论

➢ 汽车“黑匣子”的组成及工作原理

➢ 倒车雷达与影像系统的工作原理

➢ 智能灯光控制系统的工作原理

➢ 蓝牙技术在汽车上的应用

★ 案例导入

故障现象：一辆上海通用别克陆尊3.0L多功能车，据用户反映，即使外界光线非常好，该车的自动前照灯也会常亮。如果手动关闭前照灯，多功能驾驶人信息中心DIC上会显示“建议打开前照灯”。

故障诊断：陆尊的自动前照灯没有单独的灯光控制单元，而是由车身控制单元BCM控制，而且可以通过前照灯开关实现手动关闭。光照强度传感器安装于前风窗玻璃下方，仪表台前方，通过感知外界光线强弱来控制自动前照灯的点亮。

使用故障诊断仪Tech—2进入车身控制单元，查看到光照强度传感器的数据为4.78V，遮挡或使用手电光照射传感器时，数据基本没有变化。拆下仪表板前方的装饰板，检查光照强度传感器，与此传感器并排安装在一起的还有防盗指示灯（LED）和自动空调光照传感器。断开前照灯的光照强度传感器线束插头，测量两线之间的电压为5V。再观察自动空调光照传感器，该传感器与前照灯的光照强度传感器的区别是颜色不同，空调的光照传感器是黑色的，两者的形状基本相同，线束插头也相同，如果互换位置也可以安装。由此怀疑该车的两个光照传感器安装错误。

调换两个传感器的插头后再通过Tech—2查看数据，光线强时，自动前照灯的光照传感器的数据为1.0V，光线暗时为4.8V；光线强时，自动空调光照传感器数据为100%，光照弱时为25%。将两个光照传感器的插头正确装复后，故障排除。

根据上述案例，请思考下列问题：

1）什么是自动前照灯系统？

2）光照强度传感器有什么作用？

第一节 汽车“黑匣子”

汽车“黑匣子”，又称汽车工作信息记录仪、汽车综合信息记录仪。它能完整、准确地记录汽车行驶状态下的有关情况，并通过专用软件在计算机上再现；它能客观地记录汽车发生车祸前驾驶人的操作过程，从而有效地提供驾驶人在事故发生前作出的各种反应。由于这一装置的工作原理与飞机上的“黑匣子”相似，所以也称其为汽车“黑匣子”。

1. 汽车“黑匣子”概述

20世纪80年代后期，欧洲率先推出了机电模拟式汽车驾驶记录仪。20世纪90年代初，美国和德国又开发了数字式汽车事故记录仪，用以监督驾驶人的超速驾驶行为。由于汽车“黑匣子”能真实记录事故过程中驾驶人的操作和汽车运行情况，因而它既可作为事故分析依据，同时也是考核驾驶人违规操作的重要监督手段。这种“监督”、“见证”的功能，大大提高了驾驶人的安全责任感，从而大幅度降低事故率。国外使用汽车“黑匣子”前后事故率统计情况表明，事故率比没装黑匣子前降低了34%～63%。

新一代汽车“黑匣子”在功能、体积等方面已取得了较大的突破。一般来说，其体积只有香烟盒大小。它除了具有传统“黑匣子”所拥有的事故分析功能外，还能在汽车驾驶人超速行驶时发出超速报警声，以提醒驾驶人减速行驶；详细记录车辆每次的起动时间、行驶里程、行驶时间、最高车速以及每次最高车速的持续时间，方便交通管理部门对车辆进行有效的管理；还可以设置反劫防盗功能，装上该装置后，其他人即使有了车钥匙也无法起动汽车，即使拆除“黑匣子”也仍然无法起动汽车。

目前，汽车“黑匣子”主要由记录器、显示器、数据采集处理卡、处理软件和系统传感器组成。记录器能在汽车行驶中客观、精确地记录多种工作状态，如前进、后退减速、加速、转弯、爬坡、上下桥、怠速时的参数。当遇到不测或被切断电源后，原先记录下的数据能被完好地保留，一般可保存10年。显示器位于仪表板上，能及时显示出汽车行驶时的动态数据，供驾驶人掌握车况之用。数据采集处理卡是便携式数据采集、存储、显示、存档、报警、受话的磁卡，该磁卡插入记录器后，能记录下该车的牌号、驾驶证号、采集的时间及各种状态下的工作数据；也可以把采集到的若干数据送计算机存档，进行图像处理和事故分析。磁卡还可作为汽车遭劫、被盗、报警时受话及解除警报之用。处理软件系统可以直接采集设置记录器中的汽车参数、时间、限速范围，还能以图线形式再现发生事故时的汽车行驶轨迹。传感器能够向记录器提供汽车行驶时的速度、信号及方向。

2. 汽车“黑匣子”的功能

（1）性能比较　用“黑匣子”记录下的汽车行驶参数，对同一种车型或同一类同等级汽车的性能指标逐项比较，综合评价其性能的优劣，为汽车性能的改进和提高提供原始资料。

（2）状态监视　由于汽车“黑匣子”常与安全警告连在一起使用，这样就可以以报警方式提醒驾驶人，起到防止超速行驶、高速转弯、发动机温升超限、电器短路等事故的发生。

（3）事故分析　可以根据汽车碰撞、翻车、坠毁前由“黑匣子”记录下的车速、行驶方向、过载、发动机功率/转速等信息，以及车内人员对话、驾驶人与调试室通信联络。进行事故的原因分析，还可把“黑匣子”所记录的信息，经过处理后送入电子模拟器，重现事故的经过情况，形象地分析肇事原因。

（4）视情维护　国外对汽车和发动机已采取了视情维护制度。被“黑匣子”记录下的异常数据为开展视情维护提供了重要的信息，即汽车上哪个系统、哪个零部件不正常就修理哪里，从而作到有的放矢。

（5）行驶试验　由于“黑匣子”能记录下全部试验数据，例如用应变计、加速度计和速度传感器把测得的数据记录在磁带上，然后进行频谱和功率谱分析，以便日后对该型汽车的某一部分的结构作惯性、刚度、外形气动、减振等方面的修改。又如，对汽车环境振动数据的记录和分析，不仅对疲劳寿命研究十分有用，而且还能为车载仪表装置和其他系统的设计、改进提供依据。

由此可见，汽车“黑匣子”不仅用于事故分析，而且具有多种用途。从某种意义上讲，它是汽车活的“档案袋”。

3. 汽车“黑匣子”的组成

目前，汽车使用的“黑匣子”通常由记录器、显示器、数据采集处理卡、PC 机处理软件系统和传感器 5 部分组成。

（1）记录器　它能在汽车行驶过程中客观、精确地记录多种工作状况，如：前进、加减速、匀速、转弯、倒车、爬坡、怠速、超速时的参数，并具有防水、抗震、防火、抗燃烧等功能，工作状态稳定，性能可靠，具有极高的抗电子干扰能力，工作温度适用范围较宽。

作为汽车“黑匣子”的主体部分，当遇到不测或被切断电源后，原先记录下的数据仍会被保留下来，并可保存 10 年以上，时钟运行可持续 1 个月。这些记录对分析汽车故障、汽车事故非常有用。

（2）显示器　显示器位于仪表板上，它能及时反映汽车行驶时的动态数据，供驾驶人了解车况并修正和控制车辆运行。当汽车发生超速时还会立即报警，具体的显示内容包括时间（月、日、时、分）、行驶中的瞬时车速、本次里程等。其中，瞬时速度可以反映出停车前 1～10min 内 2 个行程的最高车速。

（3）数据采集处理卡　它是便携式数据采集、存储、显示、存档和报警电话的磁卡，将其插入记录器便显示并记录下该汽车的牌号、驾驶证号、采集的时间及各种状态和工作数据，也可把采集到的若干数据送至 PC 计算机存档，进行图像处理、事故再现分析等。此外，该磁卡还可作为汽车遭劫、被盗报警、受话及解警用（其编码的电子钥匙和锁配套使用能在 10min 内自动断电、断油、阻止非法使用）。

（4）PC 处理软件系统　它可以直接采集、设置记录器中的汽车参数时间、限速范围和一切能改写的参数，也可采集从采集处理器中得到的数据，供事故分析和存档。该系统还可以以图像形式再现发生事故的汽车行驶轨迹。

（5）传感器　它能够向记录器提供汽车行驶的速度信号、方向角信号等。

汽车用“黑匣子”主机通常用螺栓联接安装在发动机室盖内侧，经符合国际标准的接口与传感器连接，在各种汽车上布置、升级和增设均为方便。

4. JZH-B 型汽车“黑匣子”

现以国产 JZH-B 型汽车“黑匣子”作简要介绍。

（1）组成与功用　汽车行驶过程中的各种状态信号、速度信号及相关的状态开关由专用速度传感器经光敏耦合后输入到主单片机，时钟信号由专用时钟芯片送入主单片机，将采集的信号进行数据处理。处理后的数据在断电后即送至存储器中，并以 4 次/s 速度发送至显示器。显示器通信接口为双向接口，通过该接口，专用的数据采集处理器能采集打印“黑匣子”内部存储的全部汽车行驶状态信息数据，采集处理器还可对“黑匣子”内部的各种参数进行设置，以适应各种汽车电器的连接。

（2）主要技术参数

1）工作电压：DC12V/24V。

2）工作电流：<200mA。

3）工作温度：-25 ~ 650℃。

4）显示、记录车速：0 ~ 245km/h；显示、记录本次里程：0 ~ 9999km；显示、记录停车前 1min、10min 的最高车速；显示日期、时、分。

5）记录的数据：

记录两次行车中的数据：车速、方向角度、最高车速、本次里程、停车时间（月、日、时）。记录状态参数：转向灯—开/关；前照灯—开/关；制动灯—开/关；鸣号—鸣/未鸣；气压—欠压/正常。制动—是/否；方向—左/右；断电—断/通；倒车—正/倒；超速报警—无/有；天气—雨/晴。

10 组行驶记录：起止时间、最高车速、里程。

10 组高速行驶记录：起止时间、最高车速、里程。

2 组方向、速度曲线：0 ~ 10s、10 ~ 60s。

6）具有防盗、报警系统功能：具有编码的电子钥匙和锁及磁卡；1 ~ 10min 自动断电、断油；接收距离为 100m 的无线电发射报警；车主、交警直接接受语言报警。

第二节　倒车雷达系统

倒车雷达是汽车泊车或者倒车时的安全辅助装置，能以声音或者更为直观地显示告知驾驶人周围障碍物的情况，解除驾驶人泊车、倒车和起动车辆时前后左右探视所引起的困扰，并帮助驾驶人扫除视野死角和视线模糊的缺陷，提高驾驶的安全性。

1. 倒车雷达系统概述

经过五年的发展，倒车雷达系统已经过了六代的技术改良，这六代产品都各有特点，使用较多的是数码显示、荧屏显示和魔幻镜倒车雷达三种。

1）第一代倒车喇叭提醒。“倒车请注意！”是倒车雷达的第一代产品，现在只有小部分商用车还在使用。只要驾驶人挂上倒档，它就会响起，提醒周围的人注意。从某种意义上说，它对驾驶人并没有直接的帮助，仅为提醒车后行人注意躲避，因此不是真正的倒车雷达。

2）第二代轰鸣器提示。第二代轰鸣器提示是倒车雷达系统的真正开始。倒车时，如果车后1.5 ~1.8m处有障碍物，轰鸣器就会开始工作。轰鸣声越急，表示车辆离障碍物越近。

3）第三代数码波段显示。第三代数码波段显示可以显示车后障碍物离车体的距离。如果是物体，在1.8m开始显示；如果是人，在0.9m左右的距离开始显示。

这一代产品有两种显示方式，数码显示产品显示距离数字，而波段显示产品由三种颜色来区别：绿色代表安全距离，表示障碍物离车体距离有0.8m以上；黄色代表警告距离，表示离障碍物的距离只有0.6~0.8m；红色代表危险距离，表示离障碍物只有不到0.6m的距离，必须停止倒车。

4）第四代液晶屏幕显示。屏幕显示开始出现动态显示系统，色彩清晰漂亮，外表美观，可以直接粘贴在仪表盘上，安装很方便。不用挂倒档，只要发动汽车，显示器上就会出现汽车图案以及车辆周围障碍物的距离。

5）第五代魔幻镜倒车雷达。采用最新仿生超声雷达技术，配以高速微机控制，可全天候准确地测知车后2m以内的障碍物，并以不同等级的声音提示和直观地显示提醒驾驶人。

魔幻镜倒车雷达把后视镜、倒车雷达、免提电话、温度显示和车内空气污染显示等多项功能整合在一起，并设计了语音功能，是目前最先进的倒车雷达系统。

6）第六代无线倒车雷达。为全新无线液晶倒车雷达，融无线连接、倒车雷达、彩色液晶显示、BP警示音于一体。更可在大巴车、载货汽车等车身长的车上使用，安装更容易。

2. 倒车雷达系统的组成

驾驶人位于驾驶席内的视角是很有限的，通过车内和外侧的反光镜可以大幅度提高驾驶人的视野范围，但位于车正后方的障碍物，以及高度不足以通过反光镜看到的或者距离车身过近的障碍物都可能处于驾驶人的视野死角或者视野模糊区中，如图8-1所示。这样，对驾驶人的泊车、倒车都带来不便。

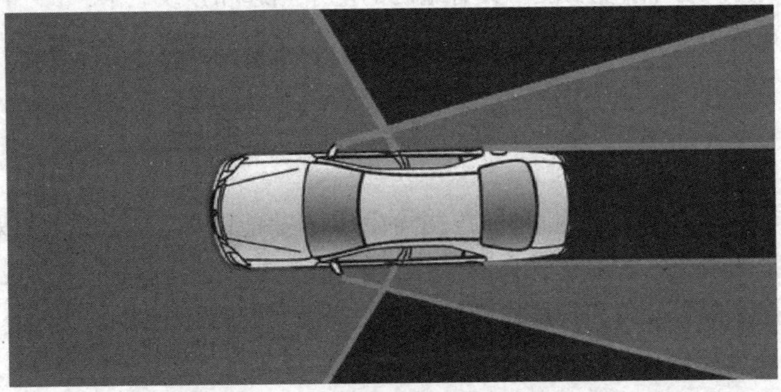

图8-1　驾驶人的视野死角

而倒车雷达能够在这些视野的死角处，通过声音、数据、图像等形式为驾驶人提供信息和警示，使驾驶人能够更清楚地了解周围障碍物的情况，对驾驶人的起步、泊车、倒车等环节起到帮助，提高驾车的安全性。

通常后方倒车雷达采用超声波传感器，这类倒车雷达一般由传感器、控制器、反馈器三个部分组成。而倒车雷达与影像系统在此基础上还增添了液晶显示屏等影像系统。

3. 倒车雷达系统的工作原理

（1）探测原理　倒车雷达相当于超声波探头，从整体上来说超声波探头可以分为两大类：一种是用电气方式产生超声波，另一种是用机械方式产生超声波。目前较为常用的是压电式超声波发生器，它有两个电晶片和一个共振板，当两极外加脉冲信号，它的频率等于压电晶片的固有振荡频率时，压力晶片将会发生共振，并带动共振板振动，将机械能转为电信号的这一过程就成为超声波探头的工作原理。

为了更好地研究利用超声波，目前已经设计和制造出了超声波探头运用在汽车倒车雷达上。这种原理用在一种非接触检测技术上，用于测距来说其计算简单、方便迅速、易于做到实时控制。倒车雷达用于测距上，在某一时刻发出超声波信号，倒车雷达接收到其遇到被测物体后的射回信号波，通过用在超声波信号从发射到接收回波信号这一个时间而计算出在介质中的传播速度，从而计算出探头与被探测物体的距离。

（2）工作原理　倒车雷达系统（PDC）的工作原理通常是在车的后保险杠或前后保险杠设置雷达侦测器，用以侦测前后方的障碍物，帮助驾驶人“看到”前后方的障碍物，或停车时与它车的距离，此装置除了方便停车外更可以保护车身不受剐蹭。

PDC 是以超音波感应器侦测出离车最近的障碍物距离，并发出警笛声警告驾驶人，而警笛声音的控制通常分为两个阶段。当车辆的距离达到某一开始侦测的距离时，警笛声音开始以某一高频的警笛声鸣叫，而当车行至更近的某一距离时，则警笛声改为以连续的警笛声来告知驾驶人。PDC 的优点在于驾驶人可以用听觉获得有关障碍物的信息，或它车的距离。PDC 系统主要协助停车，所以当达到或超过某一车速时系统功能将会关闭。

现在的新车已经开始使用数字无盲区可视倒车雷达系统，采用倒车影像设计，做到无盲区探测、倒车显示屏显示。在汽车处于倒档状态时，倒车雷达开始工作，由传感器发射超声波信号，一旦车后方出现障碍物，超声波被障碍物反射，传感器会接收到反射波信号，通过控制器对反射波信号进行处理来判断障碍物所处位置以及和车身的距离，最后由反馈器通过声音（蜂鸣器）、数据（距离显示）、图像（显示屏模拟）等方式将信息反馈给驾驶人。当距离障碍物 1.5m 时，报警系统就会发出“嘀嘀”声，随着障碍物地靠近，“嘀嘀”声的频率增加，当汽车与障碍物间距小于 0.3m 时，“嘀嘀声”将转变成连续音。液晶显示屏在汽车上的大量应用对倒车雷达起了很重要的作用，通过监视器将车后方的情况以动态影像的形式表现在液晶屏幕上，这就是可视化倒车雷达。

4. 倒车雷达安装方式

倒车雷达系统主要有两种安装方式。

（1）粘附式安装　粘附式安装仅限于具有粘贴性探头的报警器，这种方法无需在车体上开孔，只需将报警器粘贴在适当位置即可。这种报警器一般安装在尾灯附近或行李箱门边，如图 8-2 所示。具体的安装方法是：

1）将附带橡胶圈套在感应器（探头）上，引线向下并与地面垂直。

2）确定感应器（探头）安装位置。

3）将感应器（探头）沿垂直方向贴合。

4）用电吹风将双面贴加热，然后撕去面纸，贴到确定部位。

5）将报警器的闪光指示灯安装在易被驾驶人视线捕捉的仪表台上。

6）将控制盒安装在不热、不潮和无水的行李箱侧面。

图 8-2　倒车雷达系统

7）将蜂鸣器安装在后风窗玻璃前的平台上。

8）将感应器（探头）屏蔽线隐蔽铺设，以防压扁、刺穿，并起到美观的效果。

（2）开孔式安装　开孔式安装适用于具有开孔式探头的报警器，探头安装在汽车尾部或保险杠上，其他部件的安装方式与粘附式安装相同。

5. 注意事项

1）安装高度：一般离地：50 ~ 65cm。

2）经常清洗探头，防止积土。

3）不要用坚硬的东西将探头表面遮住，会产生误报或测距不准，如泥浆把探头表面覆盖。

4）冬天避免结冰。

5）6/8 探头倒车雷达前后探头不可随意对调，可能会引起常鸣问题。

6）注意探头安装朝向，要按“UP”朝上安装。

7）探头不建议安装在金属板材上，因为金属板材振动时会引起探头共振，产生误报。

6. 常见故障及维修方法

（1）系统不工作

故障现象：在进入汽车倒车工作状态下，蜂鸣器无提示声响，显示器无任何显示，倒车灯也不亮。

维修方法：

1）如倒车灯开关失灵，则更换倒车灯开关。

2）如倒车灯工作正常，则检查倒车雷达控制器侧插接器的 12V 电源是否送入控制器。该路电源如供给正常，更换倒车雷达的控制器。

（2）系统蜂鸣器不工作

故障现象：在汽车进入倒车工作状态时，显示器有工作显示，蜂鸣器无任何的响声。

维修方法：

1）检查控制器侧插接器的相应端子间有无 12V 电源输出（检查时应让系统处于探测障碍物状态）。

2）若信号正常，则检查位于仪表盘后面的倒车雷达插接器相应端子之间有无12V电源，如电源供给正常，则更换组合仪表。

（3）系统显示器不工作

故障现象：在汽车进入倒车工作状态下，蜂鸣器有提示响声，显示器无任何显示。

维修方法：

1）检查控制器侧插接器的相应端子与组合仪表之间的连接是否正常。

2）若信号正常更换组合仪表。

（4）传感器不工作或内部接触不良

故障现象：在汽车进入倒车状态下，有固定的某个传感器始终探测不到障碍物，或仪表盘内的显示器指示灯乱跳。

维修方法：

1）在汽车进入倒车工作状态下，用耳朵贴近传感器表面，听是否有轻微的滴答声（可与正常的比较）。

2）如果响声正常，说明传感器的电源正常，检查传感器和控制器之间的信号连接是否正常。

(5) 传感器能力弱

故障现象：在汽车进入倒车工作状态下，有固定的某个传感器始终探测能力差。

维修方法：清除传感器表面异物或更换失灵传感器。

第三节　智能灯光控制系统

车辆使用的灯光按用途分类，可用于照明、信号或指示。例如，前照灯用于夜间照明，转向信号灯用于向其他车辆和行人发出信号，尾灯则指示自己车辆的存在和位置。除了一般的灯光系统功能，现在车系还发展了各种灯光控制系统，以满足不同的功能要求。

一、前照灯灯光自动控制系统

1. 前照灯自动变光系统

（1）前照灯自动变光系统的组成　汽车在夜间会车时，驾驶人通过变光开关将远光灯变成近光灯，防止造成对方驾驶人眩目。若驾驶人忘记了变光或变光不及时，会造成对方驾驶人眩目，给行车安全构成了很大的威胁。为此，有些轿车为了防止类似情况的出现，减小安全隐患，提高轿车的安全性能，在前照灯电路中采用了自动变光系统。该系统主要由以下部件组成：光敏管及放大器单元（感光器）、灵敏度调节器、远/近光继电器、变光开关、前照灯闪光超车继电器。

1）光敏管及放大器单元。光敏管及放大器单元一般装在后视镜支架上，也有的安装在前中网与散热器之间，用来感应对面汽车的光线。

2）灵敏度调节器。灵敏度调节器装在灯光开关上，或装在灯光开关附近，驾驶人通过旋转灵敏度调节器便能调节前照灯自动变光系统的灵敏度。如果灵敏度调节得高，前照灯便较早（迎面汽车离得较远）由远光变近光。如果灵敏度调节得低，需要延时到迎面汽车离得很近时前照灯才能由远光变成近光。一般在灵敏度调节器上还设有手动变光档位，当置于此档位时，自动变光系统则回到普通的手动变光开关操作，实现远光与近光的变换。

3）远/近光继电器。远/近光继电器用来实现变光，由一只单臂双位继电器构成。

4）变光开关。变光开关一般都设有闪光超车开关，如果接通（抬起或压下）闪光超车开关，远光灯将亮。不论灯光开关是否在前照灯档，也不论灯光开关是否在远光或近光档，驾驶人都可以直接操作闪光超车开关，接通远光灯，进行超车。

（2）福特轿车前照灯自动变光系统　美国福特轿车前照灯自动变光系统的电路如图 8-3 所示。当变光开关置于自动档时，远/近光继电器的磁化线圈通过光敏管及放大器单元搭铁，此时远/近光继电器控制远光灯的触点闭合，远光灯亮。当对面来车时，光敏管和放大器（感光器）内的电阻发生变化，使得远/近光继电器的磁化线圈电路截止（不能搭铁）。这样，远/近光继电器的触点臂在弹簧的作用下，远光触点断开，近光触点闭合，前照灯电路由远光照明变成了近光照明。当会车结束时，光敏管及放大器单元使远/近光继电器的磁化线圈再次搭铁，远/近光继电器的近光触点断开，远光触点闭合，前照灯电路由近光照明又回到远光照明。

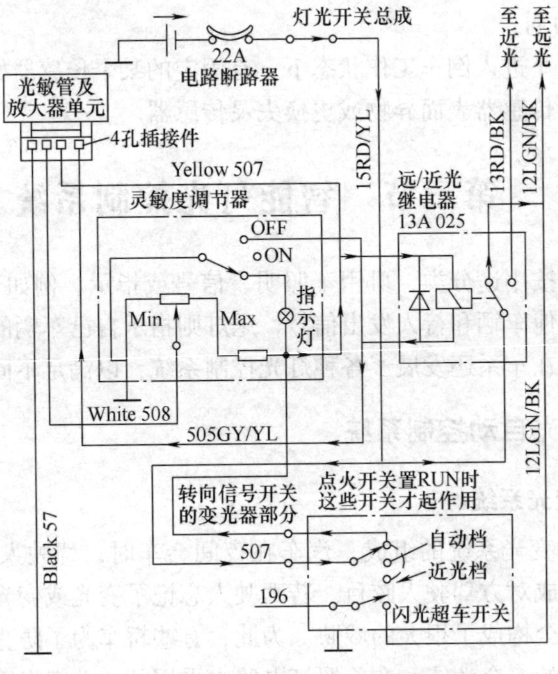

图 8-3　福特轿车前照灯自动变光系统电路

2. 前照灯自动开灯/延时关灯系统

前照灯自动开灯/延时关灯系统（或称为黄昏守卫系统）有两种功能：

① 当环境亮度暗到预定程度时，自动点亮前照灯。

② 当轿车停车熄火后，使前照灯能保持亮一段时间，为驾驶人离开黑暗的停车场提供照明。

前照灯自动开灯/延时关灯系统由光敏管及放大器单元、功率继电器和延时调节器（延时继电器）等组成。光敏管及放大器（感光器）用来感受外界光线的亮度，一般装在仪表里面。福特轿车前照灯自动开灯/延时关灯系统的电路如图8-4所示。

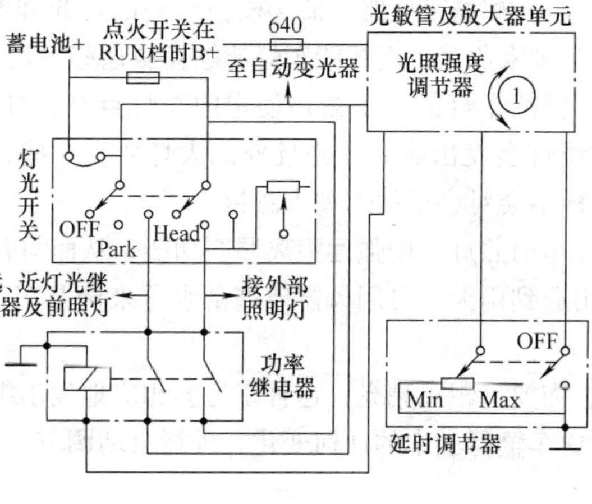

图8-4 福特轿车前照灯自动开灯/延时关灯系统电路

（1）自动开灯模式 一般来说，灯光开关要在OFF档，点火开关要在“RUN”档。当环境亮度降低时，光敏管内的电阻增大，当光敏管电阻增大到预定值时，光敏管及放大器单元使功率继电器的磁化线圈通电，功率继电器的常开触点闭合，从而点亮前照灯和外部照明灯。

（2）延时关灯模式 延时调节器是一个电位计，利用电位计发信号给光敏管及放大器单元，驾驶人离开轿车前可以用延时调节器设定前照灯继续照明时间的长短。延时调节器多数安装在车灯开关上，也有的装在仪表板上。

当断开点火开关后，由点火开关到光敏管及放大器的火线便断开。这时，通过延时调节器的闭合，启动了光敏管及放大器内部的定时电路，由灯光开关到光敏管及放大器单元的火线通过光敏管及放大器单元内的定时电路，继续给功率继电器供电，使功率继电器的触点继续闭合，前照灯或外部照明灯继续亮。当预定的时间一到，光敏管及放大器单元便停止给功率继电器供电，功率继电器的触点断开，前照灯便熄灭。

二、自适应前照灯系统（AFS）

自适应前照灯系统（AFS）的使用可以保证驾驶人的广泛视野，行人、动物、障碍等能够被及早发现，进而使驾驶人有充分的时间进行避让。

最初，AFS是指通过搭载在车辆上的传感器识别行驶环境（如弯道行驶、市内行驶、高速路行驶、雨天行驶等）而自动变换配光方式的新一代前照灯系统的统称，特别是作为帮助驾驶人在夜间及恶劣天气时的行驶、长途驾驶以及在道路照明设施不完善的地区行驶的安全系统。2003年欧洲法规的修改对象只限于AFS其中一种，即在弯道行驶时，根据汽车转向使前照灯左右转动、照射前进方向的可转向车灯。此后，E模式（高速公路）配光、V模式（市区）、W模式（雨天）等所有AFS于2007年全部得到了批准。

1. 系统的功能

智能车灯系统能够适应不同环境下的光亮情况：

1）在城市光亮充足时，如城市道路、商场橱窗明亮的灯光和汽车的前照灯，会刺激驾驶人的眼睛，同样给行车带来危害，而智能车灯能够克服这些不足。

2）在汽车转弯时，智能车灯的显示器将使定向车灯点亮，灯光随着汽车转弯而转弯，同样转向盘转动时，曲线灯会发出亮光。并且外侧大灯要亮一些，使驾驶人看清楚弯道情况，而内侧要暗些，这样不会对会车的驾驶人眩目。

3）当车辆加速时，车前照灯会增强远距离照明功能，从而与转速表保持同步。

4）如果驾驶人外出遇到雨天，可用风窗玻璃刮水器来调节车灯的亮度，以适应气候的变化。

5）在高速公路上，需要远距离亮光，这种车灯会相应地发出细细的光束。

智能车灯会充分考虑车辆行驶中的任何变化，进行自动调节，从而确保在任何条件下的行车安全。

2. 系统构成

图 8-5 所示为 AFS 系统的结构示意图。AFS 的 ECU 从每个传感器获得行驶信息，以决定前照灯的转向角度，并驱动搭载在前照灯上的电动机转动。AFS 的 ECU 除了具有转向控制功能外，根据车辆侧倾程度，还具有使前照灯上下转动的自动水平调节功能。将这两种控制相组合，就可以实现在各种行驶条件下提供最佳的前照灯配光功能。

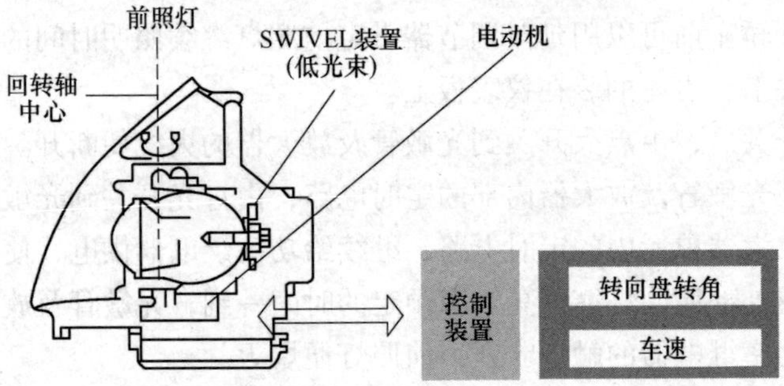

图 8-5　AFS 系统的结构

3. 系统控制概述

AFS 系统在原有高度控制传感器、车轮转速传感器等自动稳定系统的基础上，追加安装了转向角度传感器、前照灯转向执行器以及取消转向控制的 AFS 取消开关。驾驶人座位附近安装有 AFS 取消开关，驾驶人可以在护栏、雪墙等反射前照灯灯光从而会妨碍驾驶的情况下取消 AFS 转向控制。

（1）最大转向角　为了保证搭载了转向前照灯的车辆不会对相向方向行驶的车辆造成干扰，对最大转向角作了如下规定：

车辆前方（交错用前照灯下端距地面高度的 100 倍以上）位置的拐点与车辆中心的行驶轨迹不可交叉。拐点即前照灯光左右交叉点，也就是前照灯光轴的中心点。因此，从几何学的角度分析，可以计算出符合以上法规规定的最大转向角 ω_{max}，如图 8-6 所示。

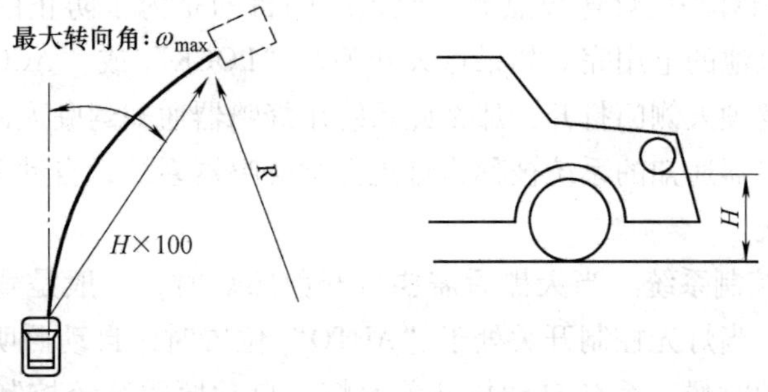

图 8-6 最大转向角

（2）转向方式 AFS 是将左右的前照灯向行进方向转动，这种光轴的转动方式分为双转向方式和单转向方式两种。

双转向方式是前照灯左右两灯同时转向，用左右两个灯同时照射行进方向。路面照明度很高，效果很明显。但是如果在 S 形转弯路行驶，驾驶人在操作转向盘之前视线会注意下一个转弯，也就是和灯光照射相反的方向，这种情况下会导致路面可视性还不如普通前照灯。

单转向方式是左右两个前照灯中只转动弯道内侧的灯，外侧的灯不动，在 S 形弯道行驶时可以保证和以前同样的可视性，如果发生灯体故障，由于一侧的灯是照向前方的，仍可以保证路面的基本照明。

电装生产的 AFS ECU 能根据车速切换使用这两种转向方式，从而提高可视性。也就是说，在路口等旋转半径小的低速弯道使用单转向方式扩大视野，在旋转半径大的中、高速弯道使用双转向方式提高远方可视性。另外，针对在 S 形弯道的反应延迟现象，已经改换为可检测转向盘转动快慢并迅速反应的装置。

（3）初始设定控制 发动机发动时，AFS ECU 驱动前照灯水平执行器，将前照灯反光镜移至最下位置，然后使其回位至适当的位置。最后 AFS ECU 评估大灯位置并以此作为参考控制。

（4）故障诊断 如果 AFS ECU 检测到自动前照灯光束水平控制系统中存在故障，AFS ECU 使 AFS OFF 指示灯闪烁。同时，将故障码存储在存储器中。可以使用智能测试仪Ⅱ读取故障码。

三、灯光照明与警告灯系统

（1）车后灯故障警告系统 尾灯、制动灯等的灯泡烧坏时驾驶人在车内无法看到。而车后灯故障警告系统可通过组合仪表中警告指示灯，通知驾驶人诸如尾灯和制动灯灯泡损害。该系统由灯光故障传感器控制，次传感器一般装在行李箱中。灯光故障继电器可通过比较灯光正常时和电路断开时的电压检测灯泡是否烧掉。

（2）DRL 白天行车灯光控制 在此系统中，发动机运转过程中，前照灯或者尾灯自动点亮（即使在白天也这样），使其他车辆可以看到。某些国家为了安全起见，通过法律使它强制性地规定为车辆的必备系统。如果白天运行，若用夜间同样的亮度连续点亮，灯泡的寿命就会缩短。为了防止这一情况，次线路的设置使 DRL 系统白天运行时，灯光亮度降低。

（3）灯光提醒与自动关闭系统　当灯光控制开关在“ON”位置时，即点火开关在“LOCK”位置，前照灯和尾灯连续点亮。此系统的目的是为了防止由于驾驶人忘记关掉前照灯和尾灯而把蓄电池的电用完。如果点火开关在“LOCK”或“ACC”位置或点火钥匙不在点火锁芯中，而驾驶人侧门打开，那么此系统用蜂鸣器通知驾驶人此灯仍然亮着，或者自动关闭灯光。用蜂鸣器通知的系统被称为灯光提醒蜂鸣器系统，自动关闭前照灯的系统统称为灯光自动关闭系统。

（4）自动灯光控制系统　当天黑后需要打开前照灯时，一般是驾驶人操作灯光的控制开关。在此系统中，当灯光控制开关处于“AUTO”位置时，自动照明系统传感器检测环境的照明水平。当暗的时候，系统自动打开前照灯。自动照明系统控制传感器位于仪表盘的上部。

（5）前照灯光束水平控制系统　在车辆中乘客数目变化、乘客相对集中，或者当车辆中的行李物品增加时，车辆会发生一定的倾斜，同时车辆前照灯光束方向也会发生改变，这给车辆的驾驶带来了一定的难度，前照灯光束水平控制系统就是针对此情况而设计的。在此系统中，操作前照灯光束水平控制开关，调整前照灯的垂直角度。

（6）氙气前照灯系统　氙气前照灯的灯泡使灯泡内的氙气放电，能发射白光。与卤素灯相比，其光的分布更宽、感觉更亮。氙气灯系统的特点之一是灯泡的寿命较长。

（7）进车照明系统　夜里因为车内较暗，很难看见点火开关和足部区域。此系统在车门关闭后，将点火开关照明灯及车内灯点亮一定时间，使驾驶员能将点火钥匙插入锁芯，或者看清足部区域。

（8）车内灯提醒系统　当车内灯开着而驾驶人离开车辆时，可能使蓄电池的电放完。为了防止这一情况，在门虚掩或开着的时候，点火开关在“LOCK”位置或点火钥匙没有插入点火锁芯的情况下，此系统在经过一段的时间后会自动关掉车内灯。

第四节　汽车音响防盗系统

1. 汽车音响防盗系统原理

（1）音响防盗的基本原理　现代轿车大都装有高档音响，而大约有80%的音响系统属于原装防盗音响。

音响防盗的基本原理是车主通过音响面板上的按键给汽车音响输入设定的密码，使音响处于防盗状态。一旦音响系统由于某种原因锁死（如窃贼将音响偷去），除非由车主输入正确的密码，否则音响仅能闪烁“CODE”或“SEC”等字样，而不能使用，这样就起到了防盗的作用。

（2）音响防盗功能的识别　当在说明书、主机、电路原理图、音响面板或后车门三角窗等处发现如下标志：ANTI-THEFT、CODE、SECU-RITY、ANTI-THEFT-SYSTEM，则说明该车音响具有防盗功能。

2. 音响锁死的解码方法

（1）防盗音响锁死的原因　轿车在使用和维修过程中，如果发生以下情况，防盗音响就会锁死。

1）拆下蓄电池的电缆线，主机断电后未能及时提供存储保持电源。

2）蓄电池严重亏电，电压低于音响的存储保持电压。

3）音响电源熔断器熔断或拔下音响熔断器。

4）音响电源线断路或人为拔下音响电源插头（例如偷窃音响）。

（2）防止音响锁死的措施

1）进行维修时，若不知音响密码，不要断开蓄电池的电源线。

2）更换蓄电池时，必须先并接一新的蓄电池后，再拆旧蓄电池。

3）不要误拔音响熔断器。例如本田轿车的音响和发动机 ECU 故障码清除共用一个熔断器，因此不要随意断开该熔断器。

4）锁车时应断开所有的用电器，以防止蓄电池因过度放电导致音响自动锁死。

5）一般而言，音响断电后，由于在其内部有一个容量较大的存储电容，因此需要一定的时间使这个大容量电容放完电后，才会使音响出现锁死（如道奇子弹头面包车上的音响断电 1h 以后才会被锁死）。

（3）防盗音响密码的获取　当音响锁死以后，要想再使用音响就必须按正确的步骤输入正确的密码。如果多次输入错误密码，将会导致音响被永久锁死。音响密码的获取主要有以下两种方法：

1）在原车上查找：

① 音响使用手册中的密码卡。

② 音响机壳的某一部位。

③ 点烟器盒背的某一地方。

④ 杂物箱内或其背面的某一位置。

⑤ 驾驶人侧的车门上的某一部位。

⑥ 行李箱 CD 机的机壳上的某一位置。

⑦ 发动机 ECU 的背面某一部位。

2）用读码器读取。汽车音响防盗密码存储集成电路一般采用 EEPROM（电力擦除可编程只读存储器），并以串行形式连接在电路中，其中以 24C、93C 系列应用较多。如果丢失了密码，必须使用数据编程器读出音响里面原来的密码数据，加以换算，得到正确的密码。

（4）音响锁死的解码方法

1）已知密码的解码方法。在已知密码的情况下，按正确的方式输入即可解码，其输入方式有两种：顺序输入和逐位输入。

① 顺序输入：如果密码为 3456，则按音响面板上的 3、4、5、6 键（通常为选台预置键）就可以。该方法适用于宝马、奥迪 A6、本田等系列车型。

② 逐位输入：如果密码为 3456，则按面板上的选台预置键：1 键 3 次、2 键 4 次、3 键 5 次、4 键 6 次就可以，这种方法适用于沃尔沃、绅宝、道奇子弹头等车型。

如果输入的是错误密码，将出现蜂鸣声，或液晶显示屏上出现“SAFE”等字样，这时需等待 1h 后方可新输入密码。如果多次输入错误的密码，则需等待更长时间方可重新输入密码，甚至有可能将音响永久锁死。

2）用通用码解码。在不知本机密码的情况下，可以输入该系列音响的通用码进行解码。

① 宝马系列车型的阿尔派音响的通用码为62463或22222。

② 起亚系列车型通用码为12345或6263。

③ 沃尔沃车型通用码为3111或3113。

④ 本田车型通用码为3443。

采用通用码解码的方法只能运用一次，如以前已使用过一次，则不能再使用。

3）无密码的解码。如果不知本机密码，通用码也无法解码时，需要用逻辑分析仪或专用音响解码器来解码。

先打开音响机身上盖，拆下磁带舱，露出底层的主电路板，仔细查看，必要时打开机身下盖，寻找如下几种型号的集成电路：93C46、85C82、24C81A、4558等。

这些集成电路都是1kB的可擦写存储器，音响出厂时将密码写入了这些存储器中。存储器中的内容是可调出和重新写入的。可以用热风枪焊下存储器，把它们插在专用插座上，用逻辑分析仪或专用解码器调出密码（也可改动密码），然后再把存储器焊上，按照所调出的密码用键重新输入。这些密码存储器在接收到正确的密码后，向主CPU输入一个指令，命令主CPU启动引导程序，音响就可以正常工作了。

如果没有专用的逻辑分析仪或音响解码器，对本田雅阁车型也可将密码集成电路93C46焊下来，即可永久解锁，但失去了防盗功能。

第五节　汽车蓝牙技术

“蓝牙”（Blue tooth）是1998年5月五家世界著名大公司——爱立信（Ericsson）、诺基亚（Nokia）、东芝（Toshiba）、国际商用机器公司（IBM）和英特尔（Intel）联合宣布的一项技术，其实质内容是建立通用的无线电空中接口及其控制软件的公开标准，使通信和计算机进一步结合，使不同厂家生产的便携式设备在没有电线或电缆连接的情况下，能在近距离范围内具有互用、相互操作的性能。

汽车系统与蓝牙技术相结合，给汽车的生产和服务带来更大的方便。如果进一步与移动电话甚至Internet连接起来，车主即可在任何时间、任何地点都能了解汽车的状况，并给予必要的控制。蓝牙技术是一种低功耗的无线技术，成本低，实现容易，便于推广。但是，要在汽车内实现蓝牙技术，还需要使蓝牙技术与CAN（控制器局域网）等技术相配合。

1. 蓝牙技术的特点

蓝牙技术的实质内容是建立通用的无线通信空中接口及其控制软件的公开标准，使通信和计算机进一步结合，使不同厂家生产的仪器、便携式设备，如车载电话、移动电话、手提电脑等，在没有电线或电缆连接的情况下，能在近距离内具有互相通信、相互操作的性能。

蓝牙技术支持“点对点”和“一点对多点”的通信，其基本网络组成是皮可网（Piconet）。通过蓝牙技术连接在一起的所有仪器就是一个皮可网。由于具有蓝牙技术的电子模块尺寸较小，能够安装在小型电子仪器中，具备发射器和接收器功能。一旦具有蓝牙技术的两个仪器相遇，便会自动建立通信联系，同时构成皮可网，此间不需要用户介入。

一个皮可网最多可以为8个活跃的蓝牙技术仪器提供地址，也可以最多同时排列256个非活跃的蓝牙技术仪器。皮可网中需要有一个核心部件——指令器，由指令器构造皮可网，其他的仪器需要与指令器适配同步。只有从指令器得到数据包的仪器才允许做出应答，这样在构造皮可网时就不会混乱。奥迪A8轿车的电话/电子通信系统控制单元就是蓝牙技术的指令器。

新一代的汽车上将包含更多的通过两个或更多的网络连接起来的微处理器，其优点是汽车参数可以通过软件个别定制，并且汽车具有更大程度上的自诊断功能。为了充分利用这些特点，有必要在汽车系统和生产工具以及服务工具（用以下载新软件、新参数或上载汽车状态、诊断信息等）间建立双向通信。这些生产工具在很大程度上是基于计算机技术的，汽车系统与生产工具之间的连接是通过电缆、直接CAN总线或网关实现的。

2. 蓝牙技术在汽车上的应用

（1）蓝牙技术在汽车上的应用场合　蓝牙技术在汽车上服务的场合如下：

1）当汽车进入服务站时，它的蓝牙站与服务站主计算机建立连接，它和汽车计算机通过蜂窝电话系统交换信息。

2）服务站主计算机提醒服务人员分配任务，同时他的计算机与汽车建立连接，并下载一些需要的信息。

3）服务人员在其计算机上获得必要的工作指示，当给汽车服务时，他可以通过计算机控制和调节一些功能，如车灯、窗户、空气、发动机参数等，也可以为任何电子控制单元下载最新版本的软件。

（2）汽车中的蓝牙网　在汽车里，每个车门、前座和操纵轮都有活动的电缆，而这些活动的电缆常常会出现问题。在这里，可以在小范围内采用无线电缆延伸器。但在CAN网络中，小范围内实现可靠的位到位无线连接很困难，因此电缆延伸器应该是网桥而不是简单的转发器。而且，在小范围内的位到位电缆延伸器需要14个无线单元，还要求网络间的兼容性，所以这种体系结构没有应用空间。

另一种方案是用一个节点相连，仅需8个基站。这样，利用电缆延伸器可把CAN网分为两个网，其中一个网络仅由一个节点组成，这就解决了高复杂性和高费用的问题。另外，基站可能与其他蓝牙特性产生兼容问题，因此应用也可减少，这就同时降低了硬件价格。汽车中的网络拓扑如图8-7所示。

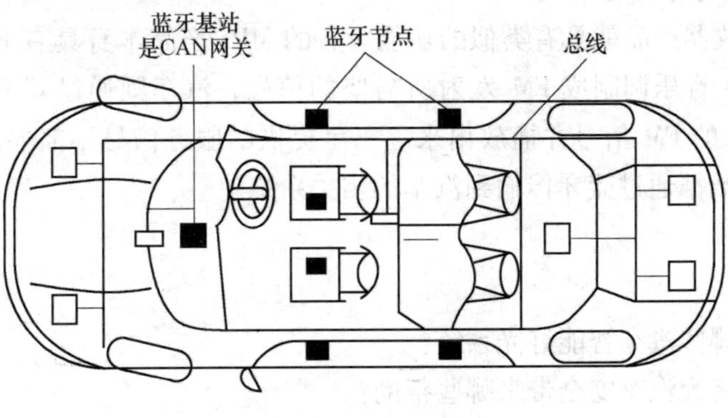

图8-7　汽车中的网络拓扑结构

(3) 蓝牙技术在奥迪 A8 轿车上的应用　在汽车上实现蓝牙技术，需要蓝牙技术与汽车原有的 CAN 总线技术、光纤数据总线技术等相连接。图 8-8 所示为奥迪 A8 轿车的总线网络示意图。

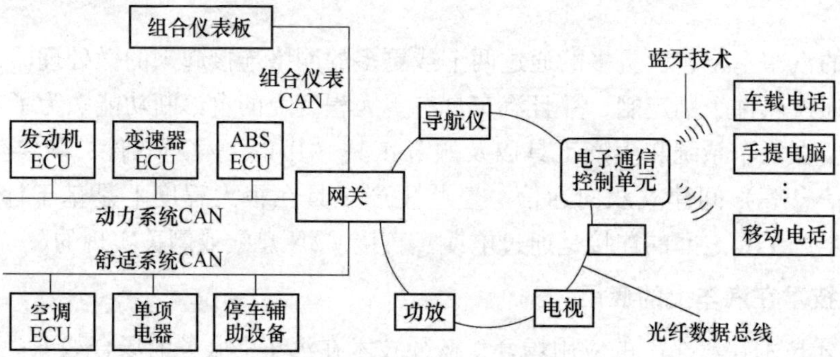

图 8-8　奥迪 A8 轿车的总线网络

CAN 总线将各个单一的控制单元以某种形式连接（多为星形连接）起来，形成一个完整的系统。连接各控制单元进行数据传输的是两根缠绕在一起的双绞线，分别为 CAN-High 和 CAN-Low。

在光纤数据总线 MOST（Media Oriented Systems Transport，多媒体定向系统传输）技术的环形结构中，控制单元通过一根光导纤维把数据传送至环形结构中的下一个控制单元，这个过程一直持续到数据返回至原先传送它们的那个控制单元，由此形成了一个闭合的环路。MOST 总线系统的诊断是借助于数据总线的诊断接口和诊断 CAN 进行的。

奥迪 A8 轿车利用电子通信控制单元等实现了蓝牙技术，不仅能用于打电话，还可以用来听音乐。在奥迪公司与韩国三星公司合作开发的车载蓝牙音乐系统中，根据三星公司与奥迪公司达成的技术合作协议，三星向奥迪 A8 汽车的收音系统发射数据，播放 MP3。三星与奥迪之间进行音乐传输，遵循了基于蓝牙技术的“Advanced Audio Distribution Profile”协议，三星可以实时地通过蓝牙连接方式向奥迪 A8 轿车发送 MP3 音乐的数据，而奥迪 A8 轿车中内置的蓝牙组件可以将三星通过蓝牙连接发送来的音乐数据实时播放，实现了手机存储资源和汽车播放资源的同时利用。

很多 MP3 播放器产品就具有类似的功能。有的 MP3 产品本身具有 FM 发射功能，它可以将其内部的 MP3 音乐调制成 FM 发射所需要的信号，汽车则通过其 FM 收音系统接收由 MP3 播放器发送来的 FM 信号并播放出来。三星提供的服务信号不需要将 MP3 音乐调制成 FM 信号，而是将数据通过蓝牙传输到汽车的相关系统中。

思考题

1）你还知道哪些汽车智能灯光系统？

2）蓝牙技术将为汽车安全带来哪些帮助？

练习题

1. 填空题

1）汽车使用的“黑匣子”通常由记录器、________、________、PC 机处理软件系统和传感器 5 部分组成。

2）汽车“黑匣子”的传感器能够向记录器提供________、________等。

3）倒车雷达是汽车________或者________时的安全辅助装置，能以声音或者更为直观地显示告知驾驶人周围障碍物的情况。

4）倒车雷达系统（PDC）的雷达侦测器通常安装在车的________或者________。

5）倒车雷达系统，当距离障碍物________m 时，报警系统就会发出“嘀嘀”声，当汽车与障碍物间距小于________m 时，“嘀嘀声”将转变成连续音。

6）AFS 的 ECU 除了具有________功能外，根据车辆________，还具有使前照灯上下转动的自动水平调节功能。

7）AFS 系统，如果灵敏度调节得________，前照灯便较早（迎面汽车离得较远）由远光变近光。

8）当在说明书、主机、电路原理图、音响面板或后车门三角窗等处发现如下标志：________、CODE 、________、ANTI-THEFT-SYSTEM，则说明该车音响具有防盗功能。

9）蓝牙技术是一种低功耗的________，要在汽车内实现蓝牙技术，还需要与 CAN（控制器局域网）等技术相配合。

10）蓝牙技术支持________和________的通信，其基本网络组成是皮可网（Piconet）。通过蓝牙技术连接在一起的所有仪器就是一个皮可网。

2. 简答题

1）黑匣子的功能有哪些？

2）倒车雷达探测原理是什么？

3）倒车雷达系统的工作原理是什么？

4）前照灯自动变光系统的作用是什么？

5）前照灯自动开灯/延时关灯系统的功能有哪些？

6）蓝牙技术在汽车上的应用有哪些？

3. 论述题

1）简述倒车雷达系统的故障诊断方法。

2）简述防盗音响密码的获取方法。

3）简述汽车音响锁死的解码方法。

参 考 文 献

[1] 舒华，姚国平．汽车电气设备构造与维修［M］．北京：金盾出版社，2006.
[2] 秦明华．汽车电器与电子技术［M］．北京：北京理工大学出版社，2003.
[3] 舒华，姚国平．汽车电器与电子技术［M］．北京：人民交通出版社，2004.
[4] 冯渊．汽车电子控制技术［M］．北京：机械工业出版社，2001.
[5] 潘承炜．汽车电气设备构造与维修［M］．杭州：浙江科学技术出版社，2006.
[6] 石锦芸．汽车电器设备原理与检修［M］．杭州：浙江大学出版社，2006.
[7] 李春明．汽车电气设备与维修［M］．北京：高等教育出版社，2007.
[8] 毛彩云，吴暮春，王海林．汽车防盗系统的发展［J］．汽车维修，2003（3）：41－43.
[9] 祁翠琴，朱晓红．天籁轿车导航系统的工作原理及故障诊断［J］．汽车电器，2007（2）：40－43.
[10] 赵锦强．桑塔纳2000GSi轿车防盗系统的故障诊断［J］．汽车电器，2008（9）：54－56.
[11] 孙家豪．红旗轿车中央门锁控制系统工作原理与检修［J］．汽车电器，2007（7）：40－41.
[12] 孙家豪．福特轿车前照灯灯光自动控制系统［J］．汽车电器，2007（8）：46－47.
[13] 韩跃涌．汽车音响防盗原理和解码实例［J］．汽车电器，2007（89）：48－49.
[14] 舒华，姚国平．汽车电子控制技术［M］．北京：人民交通出版社，2007.
[15] 简晓春，杜仕武．现代汽车技术及应用［M］．北京：人民交通出版社，2003.
[16] 迟瑞娟，李世雄．汽车电子技术［M］．北京：国防工业出版社，2008.
[17] 张蕾．汽车电子控制技术［M］．北京：清华大学出版社，2009.
[18] 张蕾．汽车空调［M］．北京：机械工业出版社，2006.
[19] 孙余凯，项缔明．汽车电动后视镜简介［J］．电子世界，2009（4）：9－10.
[20] 韩天龙．现代汽车防追尾碰撞系统的研究［J］．机电工程技术，2008（7）：76－79.
[21] 韩新江．智能化安全气囊技术系统的发展［J］．轻型汽车技术，2006（7）：38－39.